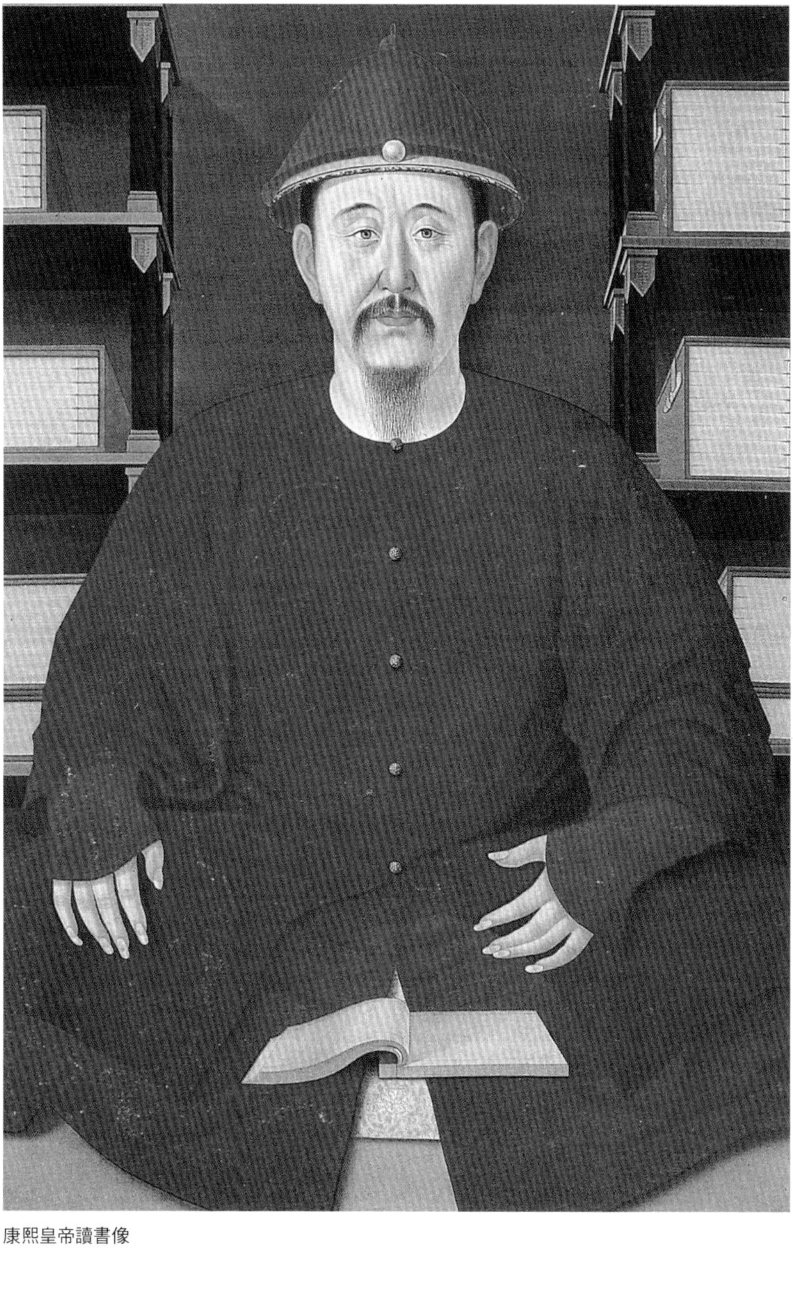

康熙皇帝讀書像

康熙皇帝朝服像

青年康熙讀書像

胤禛像，當時年約三十

雍正皇帝朝服像

雍正手持如意

雍正帝農裝像

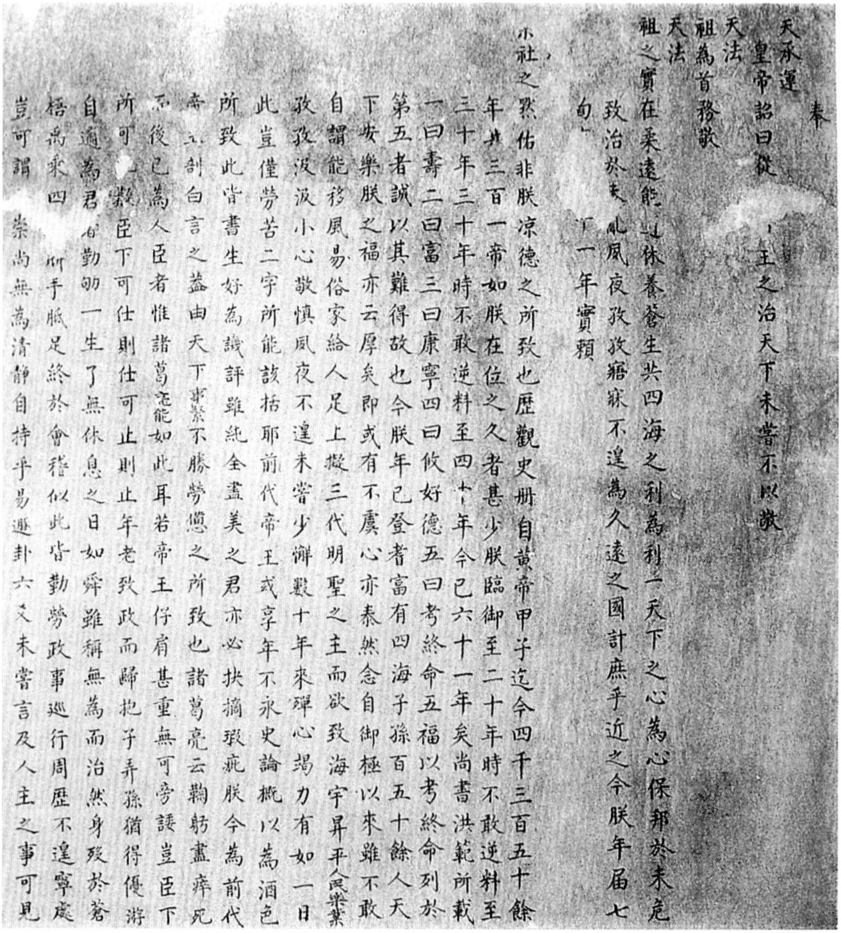
奉
天承運
皇帝詔曰從來帝王之治天下未嘗不以敬
天法
祖為首務敬
天法
祖之實在柔遠能邇休養蒼生共四海之利為利一天下之心為心保邦於未危
致治於未亂夙夜孜孜寤寐不遑為久遠之國計庶乎近之今朕年屆七
旬在位六十一年實賴
天地宗社之默佑非朕涼德之所致也歷觀史冊自黃帝甲子迄今四千三百五十餘
年共三百一帝如朕在位之久者甚少朕臨御至二十年時不敢逆料至
三十年三十年時不敢逆料至四十年今已六十一年矣尚書洪範所載
一曰壽二曰富三曰康寧四曰攸好德五曰考終命五福以考終命列於
第五者誠以其難得故也今朕年已登耆富有四海子孫百五十餘人天
下安樂朕之福亦云厚矣即或有不虞心亦泰然念自御極以來雖不敢
自謂能移風易俗家給人足上擬三代明聖之主而欲致海宇昇平人民樂業
孜孜汲汲小心敬慎夙夜不遑未嘗少懈數十年來殫心竭力有如一日
此豈僅勞苦二字所能該括耶前代帝王或享年不永史論概以為酒色
所致此皆書生好為譏評雖純全盡美之君亦必抉摘瑕疵朕今為前代
帝王剖白言之蓋由天下事繁不勝勞憊之所致也諸葛亮云鞠躬盡瘁死
而後已為人臣者惟諸葛亮能如此耳若帝王仔肩甚重無可旁諉豈臣下
所可比數臣下可仕則仕可止則止年老致政而歸抱子弄孫猶得優游
自適為君者勤劬一生了無休息之日如舜雖稱無為而治然身歿於蒼
梧禹乘四載胼手胝足終於會稽似此皆勤勞政事巡行周歷不遑寧處
豈可謂崇尚無為清靜自持乎易遯卦六爻未嘗言及人主之事可見

〈康熙遺詔〉，詔書為可見傳位於皇四子胤禛之意。此件現珍藏於北京中國第一歷史檔案館

人主原以宴息之地可以退藏鞠躬盡瘁誠謂此也自古得天下之正莫
如我朝
祖
宗初無取天下之心嘗兵及京城諸大臣咸云當取
宗皇帝曰明與我國素非和好今欲取之甚易但念係中國之主不忍取也後
流賊李自成攻破京城崇禎自縊臣民相率來迎乃剪滅闖寇入承大統
稽查典禮安葬崇禎昔漢高祖係泗上亭長明太祖一皇覺寺僧項羽起
兵攻秦而天下卒歸於漢元末陳友諒等蜂起而天下卒歸於明我朝承
席
先烈應
天順人撫有區宇以此見亂臣賊子無非為真主驅除也凡帝王自有天命應享
壽考者不能使之不享壽考應享太平者不能使之不享太平朕自幼讀
書於古今道理粗能通曉又年力盛時能彎十五力弓發十三把箭用兵
臨戎之事皆所優為然平生未嘗妄殺一人平定三藩掃清漠北皆出一
心運籌戶部帑金非用師賑饑未敢妄費謂皆小民脂膏故也所有巡狩
行宮不施采繢每處所費不過一二萬金較之河工歲費三百餘萬尚不
及百分之一昔梁武帝亦創業英雄後至耄年為侯景所逼遂有臺城之
禍隋文帝亦開創之主不能預知其子煬帝之惡卒致不克令終皆由辨
之不早也朕之子孫百有餘人朕年已七十諸王大臣官員軍民以及蒙
古人等無不愛惜朕年邁之人今雖以壽終朕亦愉悅至
太祖皇帝之子禮親王饒餘王之子孫現今俱各安全朕身後爾等若能協心保全
朕亦欣然安逝雍親王皇四子胤禛人品貴重深肖朕躬必能克承大統
著繼朕登基即皇帝位即遵典制持服二十七日釋服布告中外咸使聞
知
熙六十一年十一月十三

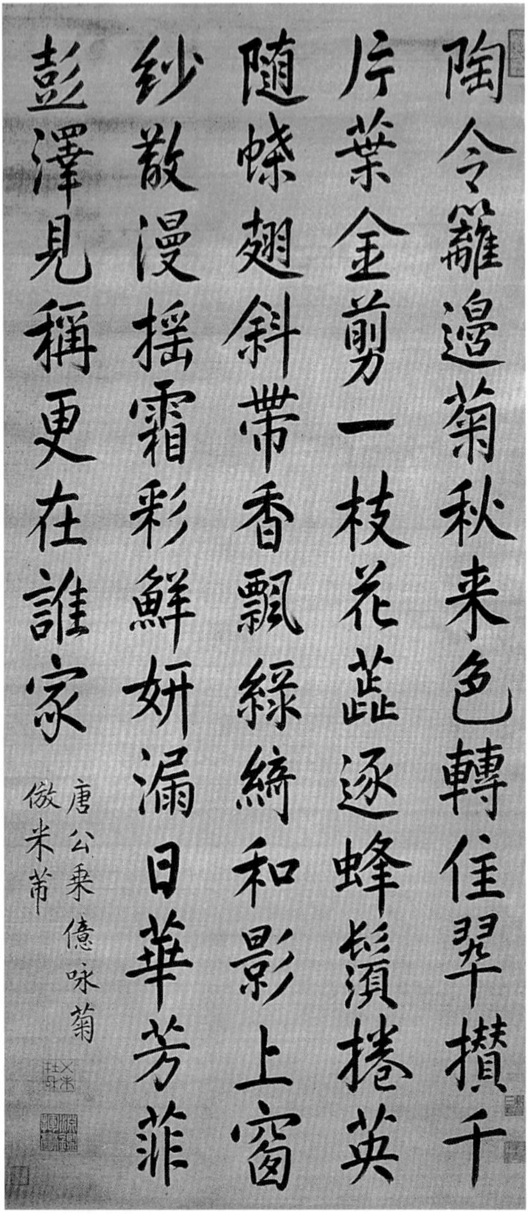
陶令籬邊菊秋来色轉佳翠攢千
片葉金剪一枝花蕊逐蜂鬚捲英
隨蝶翅斜帶香飄緑綺和影上窗
紗散漫搖霜彩鮮妍漏日華芳菲
彭澤見稱更在誰家
唐公乘億咏菊
倣米芾

康熙帝書仿米芾字軸

雍正手書對聯

北京雍和宮，原為雍親王府，雍正死後亦曾停棺與此

雍正以後的清帝寢宮皆位於養心殿

養心殿寶座

養心殿寢宮

雍正逝後，葬於易州泰陵。圖上為泰陵二柱門，圖下為泰陵隆恩殿內的金漆鳳寶座與供案、五供等陳設

1722.12.20

這一夜，雍正奪嫡

丁燕石——著

國家圖書館出版品預行編目 (CIP) 資料

這一夜，雍正奪嫡 / 丁燕石作 . -- 三版 . -- 臺北市 : 遠流出版事業股份有限公司 , 2021.03
面； 公分
ISBN 978-957-32-8975-3(平裝)

1. 清世宗 2. 傳記

627.3 110001296

這一夜，雍正奪嫡（20 周年紀念版）

作　　者——丁燕石
出版五部總監暨總編輯——林馨琴
主　　編——游奇惠
責任編輯——陳穗錚・傅郁萍

發 行 人——王榮文
出版發行——遠流出版事業股份有限公司
臺北市 10084 南昌路 2 段 81 號 6 樓
電話／ 2392-6899　傳真／ 2392-6658
郵撥／ 0189456-1
著作權顧問——蕭雄淋律師
2002 年 1 月 16 日　初版一刷
2021 年 3 月 1 日　三版一刷
售價新台幣 420 元
（缺頁或破損的書，請寄回更換）

ISBN　978-957-32-8975-3

YLib 遠流博識網
http://www.ylib.com　e-mail: ylib@ylib.com

雍正皇帝之謎

岳南

滿清王朝自興起到滅亡，歷經十二朝，幾乎每一朝都有懸案，每一代都有謎團，可謂奇案迭出，謎團連環。其懸其亂，四千年歷史無出其右者。其中，光是雍正皇帝自繼位至駕崩，短短十三年間引發的謎團，就讓後代學者、小說家、編劇忙得不亦樂乎，進而名利雙收。這裡來說四個懸案：

其一、雍正奪嫡繼位之謎

遍覽清史，康熙皇帝除了史家大肆宣揚的文治武功，還有三個「之最」，一便是後宮女人最多，有名號的後妃就有五十五位，無名號的女人則不計其數。其次是子女最多，一生有子三十五人，女二十人。再一個是，在位時間最長，從順治十八年（一六六一年）即位，至康熙六十一年（一七二二年）駕崩，在位六十一年。

由於康熙年壽且在位時間太長，繼承人又不斷出現反復，導致父子、兄弟間矛盾越演越烈。康熙五十七年（一七一八年），三十歲的皇十四子允禵被任命為撫遠大將軍，以「大將軍王」的稱號和旗幟，統率大軍平定蒙古族準噶爾部在西線的叛亂。此為康熙晚年極為特殊的安排，允禵無疑成為太子和繼承大統者的首要人選。

康熙六十一年，西部戰爭基本平息。正當允禵大功告成，欲班師回京順利當太子之時，一件驚天動地的大事將他的夢想轟然擊碎。康熙皇帝突然駕崩，皇四子胤禛神祕地繼承了大位，始稱雍正皇帝。

康熙六十一年（一七二二年）十一月初七，康熙皇帝由紫禁城駕臨京城郊外圓明園之暢春園。初八，有旨傳出：皇帝偶然受了風寒，龍體欠安，一應奏章都不必送來。

從初九日到十二日，皇四子胤禛或明或暗地不斷派人潛入內宮探視父皇病情。當他得知皇帝病情越來越重，即將撒手歸天之時，開始暗中做各種應急和奪位準備。十三日淩晨，康熙病情處於十分危急狀態。當朝皇后的胞兄、官拜步兵統領、掌管京城衛戍且一直在皇帝身邊擔負侍衛任務的九門提督隆科多，忙派人傳達詔命，令允祉、允禩、允禟等七位皇子火速趕到暢春園。胤禛也在詔令之內，但不知什麼原因，將近中午方匆忙趕到。此時，康熙帝早已昏迷不醒，趕來的皇子們未能和父親說上一句話。

戌刻（晚十點左右），一個小太監從康熙內寢驚惶失措地衝了出來，嘴巴哆嗦著說不出一句話。眾人像箭一樣向內寢衝去。只見康熙帝嘴巴微微張著，眼睛似睜非睜，早已氣絕身亡。

眾皇子哀慟之後退了出來，隆科多卻悄然進入內寢，先對康熙遺體行叩拜之禮，然後走出來，把四皇子胤禛叫到另一處房間，順手關上內門。過了好長一段時間，隆科多和胤禛再次回到眾皇子面前。突然，隆科多向眾皇子宣布：「皇上遺詔，皇四子人品貴重，深肖朕躬，必能克承大統，著繼朕即皇帝位。」

遺詔!?猶如晴天一個霹靂，幾乎所有的皇子都驚跳起來，紛紛瞪大血色的眼睛，問道：「遺詔何在!?」

隆科多望望眾人，答道：「是口詔。」

皇八子允禩漲紅著臉，怒不可遏地指責道：「你為何不早說？」

隆科多眼露凶光，硬硬地答道：「若非皇上不起，自有安排，我豈敢擅自傳詔？」

這句看似有些情理的話，噎得允禩臉色發白，差點昏倒在地。

此時，手握京師衛戍兵權的隆科多已嚴密控制了北京城。凡是可能與胤禛為敵的皇子及王公大臣，都處於他的監視和控制之中。與此同時，胤禛又手寫密書，派心腹星夜兼程送給四川巡撫年羹堯，令他火速率領精銳之師以奉皇帝密詔名義，接近允禵兵營。一旦這位皇十四子有反常舉動，將予以搏殺，能殲之則殲，不能殲則牽制其兵力，使其無法殺回京師……一切布置妥當，胤禛與隆科多等在康熙駕崩的當晚，裝載遺體回京，同時封鎖了皇宮，不許其他皇子進入。後又經過一連七天的祕密籌畫，皇四子胤禛正式登基坐殿，是謂雍正皇帝。

雍正即位，實施了一系列「弒兄屠弟」、「兔死狗烹」的捕殺行動，想把對立面與不服者都掃平蕩盡。但朝野上下關於他篡位奪嫡的傳言，此起彼伏，越演越烈。如康熙帝駕崩時，隆科多祕密修改了遺詔。遺詔是「傳位十四子」，隆科多卻改為「傳位于四子」。把「十」改為「于」字。如此這般，四阿哥胤禛就繼承大統成了皇帝，十四子允禵自西北回京後則變成階下囚。

此一傳言可質疑之處很多，如滿清皇帝遺詔用滿、蒙、漢三種文字書寫而成，即使想動手腳，漢字「十」可改為「于」字，其他兩種文字如何改動？那時的「于」字應寫作「於」，詔書有嚴格規定，不可能出現錯別字或簡體字等。

然而，隨著各種傳說的流布，民間神祕地掀起了一股反清復明的暗流，並引發了「呂留良反清案」。有學者認為，康熙帝在生命彌留的最後幾天，被謀害的可能性極大，主使人就是四子胤禛。

其二、雍正陵寢之謎

雍正十三年（一七三五年）八月二十三日子夜，雍正帝駕崩於圓明園，後葬於易州泰陵地宮。

雍正皇帝駕崩及入葬，明顯違反祖制，他沒有葬在祖父順治和父親康熙皇帝身邊，卻跑到幾百里外單獨建陵。

清朝入關後，順治皇帝駕崩，葬入京東遵化縣馬蘭峪鎮昌瑞山下孝陵。康熙帝死後，亦追其父葬入昌瑞山孝陵一側的景陵地宮。此一作法，遵循的是古代「子隨父葬，祖輩衍繼」的「昭穆之制」。

雍正即位後，也按規制詔諭大臣赴遵化昌瑞山為自己尋找百年吉壤，但遲遲沒有選中相宜的地方。後來雍正詔命臣僚捨京師以東，到京師西南一帶山脈采卜。允祥等臣僚受命後，經多處勘察，至易州境內的太平峪興隆莊一帶發現了「萬年吉地」。雍正八年（一七三〇年），位於北京以西的易州泰陵開始動工興建，至乾隆二年（一七三七年）宣告竣工，雍正帝梓宮被安葬於泰陵地宮。

至此，清朝入關後沿襲的「昭穆之制」喪葬規範，被雍正皇帝輕而易舉地擊破，歷史在這裡無聲地拐彎。日後的清朝帝王陵寢開始以京師為座標，逐漸分為兩大陵區，這便是位於北京以東一二五公里的遵化縣馬蘭峪一帶的清東陵，位於北京以西一二五公里易縣境內的清西陵。

為何雍正皇帝要棄清東陵不葬，另闢一個清西陵安身？民間的傳聞是，雍正自暢春園改詔奪嫡、陰謀篡位，繼之弒兄屠弟，不免心中有愧，怕死後受到先皇康熙降罪責罰，因此決定另選陵址，不惜違反祖制，獨自跑到易州建起陵寢來。遠隔二五〇公里的康熙無論在地下如何惱怒，也對他無可奈何了。

其三、雍正死亡之謎

關於雍正的死因，史書諱莫如深，不免使人疑竇叢生。來自民間的傳聞大致有二：一是被刺身亡，一是中毒喪命。其中被刺的說法是：雍正六年（一七二八年），湖南秀才曾靜不滿當朝統治，派人祕密上書給繼年羹堯之後出任川陝總督、宋代抗金名將岳飛第二十一代孫岳鍾琪，策動其反清復明，案發。曾靜等人鋃鐺入獄，滿門抄斬，引出涉及這一事件的前輩文人「呂留良文字獄案」，呂家遭滅族。

當呂家舉家罹難之時，呂留良之子呂葆中之女呂四娘，因在安徽乳母家中，倖免於難。年僅十三歲的呂四娘秉性剛強，得知全家遭戮的消息，當即刺破手指，血書「不殺雍正，死不瞑目」八字。於是，她打點行裝，悄悄離別乳母，隻身北上，決心刺殺雍正。途經一座深山，入一道觀覓食，被老道問出並勸阻。呂四娘暫時放棄北上計畫，隱姓埋名跟老道學習武藝。五年後，她出山混入京城，與一李姓男兒結婚，以此做為蔽身之處。一日，呂四娘短裝外出，提回一個血淋淋的人頭，對丈夫稱是從雍正脖頸上取下之物。丈夫對四娘的作為既敬佩又恐懼，陪同妻子當夜遠遁而去。次日，紫禁城內傳出皇帝駕崩的消息。因雍正的頭已被割掉帶走，臣僚們在為其入葬時，鑄了一個金頭安在雍正屍身上，以此算完屍入葬。雍正金頭入葬，一直盛傳不衰，並有許多人相信其真。

另一說法是：雍正在圓明園宮中與莊親王允祿、果親王允禮、大學士鄂爾泰、張廷玉等臣僚議事，自未至申，差不多有兩個時辰，方命退班。鄂爾泰回家不久，即得「皇上暴病」凶訊。

鄂爾泰急馳於宮前下馬，奔向皇帝內宮。宮內只有皇后一人守在御榻前，滿面淚容。莊親王、果親王相繼到來，近矚御容，都不禁大驚失色。雍正皇帝已氣絕身亡。皇后認為有人毒死了皇帝，在一旁嗚咽著說：「好端端一個人，何以立刻暴亡？須把宮中侍女內監統統招來，嚴刑拷訊，查究原因。」

鄂爾泰說道：「現在最要緊的是續立嗣君。」

莊親王回應道：「這話很是，乾清宮正大光明匾額後，留有錦匣，內藏祕詔，應即祗遵。」遂督總管太監，到乾清宮取下祕匣，當即開讀，乃是「皇四子弘曆為皇太子，繼朕即皇帝位」。

這時，皇四子弘曆等已聞訊奔入宮來，遂即奉遺詔，並命莊親王允祿、果親王允禮、大學士鄂爾泰、張廷玉為四輔臣，議定明年改元乾隆。

乾隆皇帝登基後，對其父雍正暴卒之因沒有查問。以後歷朝對此都諱莫如深，不能詳考。

要徹底解開雍正身死懸案，必親眼目睹雍正是否以金頭組合全身而入葬，或以雍正血肉頭髮之類予以化學驗證，而實現二法，必須打開雍正在易州的泰陵地宮驗明正身方得真相。

其四、雍正身後之謎

雍正入葬易州泰陵地宮，隨後有三位皇帝陵寢建於此處，這便是嘉慶皇帝的昌陵、道光皇帝的慕陵和光緒皇帝的崇陵。另有三座皇后陵。此外，還有懷王陵、公主陵、阿哥陵、王爺陵等共十四座。

晚清、民國時期，位於遵化的清東陵帝后陵寢幾乎全部被盜，其狀之慘烈，不忍睹聞。而易州的清西陵除光緒皇帝與珍妃陵墓被盜掘，其它陵寢基本保存完好。據說，盜墓賊原是奔雍正皇帝陵寢地宮而來，目的就是盜取傳說中雍正的金頭。

一九三八年秋天的一個深夜，一群不明身分的兵匪，攜帶盜掘工具，闖進易縣清西陵，揮鎬弄鍬在雍正陵寢四周盜掘起來。然雍正的陵墓過於龐大堅固，兵匪折騰了三個晚上沒找到門道，不得不放棄雍正的金頭，跑到規模最小、建築品質最差的光緒皇帝的崇陵盜掘。兵匪們挖洞毛撬門，很快打開了光緒帝與隆裕皇后的梓宮，將隨葬品劫掠一空。未久，另一夥兵匪又盜掘了光緒的愛妃——珍妃園寢地宮，隨葬品全部掠走。

雍正皇帝雖躲過了一劫，但他一生的傳奇色彩並未人世人心中抹去。上世紀五十年代末，有好事官僚看到北京昌平縣十三陵定陵地宮被考古人員打開，曾向當局提出打開唐代武則天的乾陵和易州的雍正皇帝泰陵地宮，以查驗著名的《蘭亭序》和雍正的金頭是否存在。然而，當局沒有批准，遁失一千三百多年的《蘭亭序》和雍正皇帝金頭之謎也就無法解開了。

儘管如此，世人對雍正皇帝以及他製造的多種懸案或曰謎團仍抱有很大的熱情，學者們皓首窮經追索探幽者有之，小說家憑各自想像編織懸疑故事者有之，前幾年在海峽兩岸熱播、根據作家二月河小說《雍正王朝》即其一例，這一劇碼的熱播，不但使一批演藝人員一舉成名，更帶動了朝野上下對雍正王朝的關注和探討乃至研究的興趣，此點應是當年的雍正皇帝沒有想到的。

今讀丁燕石先生大著《這一夜，雍正奪嫡》，不禁感慨。丁先生乃編輯家兼文史大家，據遠流出版公司總編輯林馨琴女士告我，丁先生雖不是一個專業歷史學家，卻對清朝歷史極感興趣，且是一個努力向學的人。為創作此著，丁先生遍覽史籍，探微索隱，數次到故宮博物院尋找資料，查看奏摺，考證文獻，經過自己的分析終成一家之言。

通覽全著，行文嚴謹，考證縝密，發前人未發之覆。對所涉人物的處境、地位、性格、才能皆有精細描繪，對歷史事件嬗遞往復，內在隱祕的因果關係，細入無間的草蛇灰線及蛛絲馬跡，洞察犀利，剖析透徹，抽絲剝繭，層層推進，直至影現形出，豁然開朗。讀到緊要處，不禁令人拍案叫絕。關於雍正生前身後的幾個謎團，丁著中有更多的細節披露，使讀者從歷史深處的暗縫裡，窺知政治與宮廷爭鬥的殘酷，進一步領略歷史大勢中人算與天算的奧妙玄機，參悟人性的複雜與宿命，從而在新的時代裡，對世道人心和功名利祿有新的思索和啟迪。

二〇二〇年一月於北京

【推薦者簡介】岳南

原名岳玉明。著有《風雪定陵》《日暮東陵》《天賜王國》等考古紀實文學作品十二部，另有《南渡北歸》《陳寅恪與傅斯年》《那時的先生》等傳記作品十餘部。

序

從拼圖到推理

三年裡，完成了兩本書。

第一本《這一年，中國有三個皇帝》，花了一年時間，於一九九九年九月一日出版。新書甫出娘胎不到一個月，就碰到「九．二一」大地震，台灣被震得晃晃盪盪好長一段時間。然而，出乎意外，《這一年，中國有三個皇帝》出書還不到一年，謬承讀者錯愛，接連出版四刷。沒話好說，只有感恩。

接下來，在寫《這一夜，雍正奪嫡》時，一方面資料較多；一方面自己身體又不時出狀況，以致跨越了兩個世紀才告完成。本來希望趕在二〇〇一年九月一日出版，也沾點前書的喜氣，怎奈事與願違，拖到九月上旬才把全部稿子送出去。幾乎就在同時——九月十一日，紐約世貿雙子星大樓被炸，舉世震驚；一週後，納莉颱風來襲，把台灣狠狠蹂躪了一頓。即將臨盆的《這一夜，雍正奪嫡》，多災多難，沒話可說，只有祈禱！

一九九四年歲末，先室伍惠齡女士安息主懷，三十六年相知相守，一朝永訣，惛然不知何以自處。經過一段艱辛地自我調適，在兄弟們的鼓勵和兒女的支持下，一頭栽進外雙溪故宮博物院的圖書文獻館，如同進入時光隧道，舉目盡皆宮府祕藏，天祿琳瑯，五千年歷史文化寶藏，繞身環列。庋藏之豐富，環境之幽靜，管理之親切，不僅在學術知識方面給人以無限寬廣的助益，在精神和心理層面更提供了一個絕對寧謐安詳的學習與寫作環境。

這一來，徹底改變了我晚年的生活方式。我又恢復了朝九晚五的規律生活，先是如飢似渴暢讀與生俱來最喜愛的史書；不久以後，中年時期主編歷史性期刊《春秋雜誌》時培養的舊習復甦，對史書中經典故事或乖漏闕疑之處，每每加以注記。久而久之，針對若干問題或事件，忍不住會提出置疑或進一步考證。

如是者經過一段時期的醞釀，乃自然而然就性之所好，選擇了一個方向——從清初歷史裡淘金。以順治帝入關之日始，歷康熙、雍正兩朝以至於乾隆繼統這一個世紀裡，滿清皇朝中所發生最膾炙人口，同時也受到後人最多置疑和談論的故事；總結近三百年來官方文獻、稗官野史和民間傳說，引用更新的資料和深入的論述，以現代人的觀點和思維方式，一一用文字表達出來。說是鑽牛角尖也好，說是遊戲筆墨也未始不可。《這一年中國有三個皇帝》就是這樣開篇的。

大清皇朝立國第一個一百年中，最為後人談論的人物，是以順治皇帝——愛新覺羅・福臨為主軸，上及於他母親孝莊文皇后博爾濟吉特氏，下至於他兒子康熙皇帝玄燁和孫子雍正皇帝胤禛。最受到議論和置疑的事，則是被稱為清初三大疑案——「太后下嫁」、「順治出家」和「雍正奪嫡」。前兩案雖在民間流傳了兩百年，繪聲繪影，煞有介事，但當清室即屋，民國肇興，宮中密檔外傳，經過多位專家學者考證，已經肯定認為「事出有因，查無實據」而降低了追索的意願。只有「雍正奪嫡」一案，愈加鑽研，越多疑竇，以致多位研究清史的學人，鍥而不捨，從各種不同的方向來探求這一疑案的真相。

晚近，中國大陸拍攝的一部電視連續劇《雍正王朝》紅遍海峽兩岸和海外華人社會，不但把雍正皇帝這位主角炒得無人不知，連帶對他是否「奪嫡」一案，也再度成為話題。

說實話，這齣歷史大戲，無論從故事的建構，到編劇、演員、場景、服裝、音樂，都是經過精心斟劃的上乘之選。然而，戲劇不可能完全按歷史照本宣科，它必然會將史實做一些增刪和改變，以迎合觀眾口味或特定需求。因此，就一齣戲劇來說，《雍正王朝》是十分成功的；但是用歷史來檢驗，它對於雍正皇帝這個人的描繪，以及執掌皇權後的行為，都不盡與史實相符。尤其是在繼承大統這一緊要關節上，輕描淡寫，草草帶過，不僅與三百年來的稗官野史和民間傳說有極大的差異，甚至和屢經刪削的官史，也相距甚遠。不過，話又說回來，戲究竟是戲，只要不太離譜，就不必加以苛責。

剛好這段時間我準備寫雍正皇帝這個人。由於相關的資料太多，我計劃用拼圖的方式，一步一步將他的思維方式、言語行為和人際關係，切割成一塊塊，由小見大，從殘缺中補其遺闕，從隱晦中撥雲見日，把這段經過父子兩代——雍正和乾隆以及他們的臣子大量篡改、刪削的歷史，仔細拼湊起來，希望能夠恢復其原貌。

經過一番努力，似乎將這幅拼圖大致完成。然而，最後卻不得不在圖中留下兩塊空白——

一是康熙之死。

一是雍正皇帝繼承大統的合法性。

誠然，將近三百年來，稗官野史和民間傳說中，早已對這兩點有了許多不同的說法，但都缺乏可信的證據。

什麼是可信的證據？大清沿襲明制設太醫院，內、外、婦、骨共分十一科，設有「太醫入直」制度，輪班執勤，奉旨傳召。宮中診療，照例詳作「脈案」；煎藥及服用過程，均詳加記錄。如同治皇帝染患天花，自發病之初以致崩逝，長達三十六天，每天都有紀錄，彙裝成冊，存於內府。甚至於康、雍、乾三代老臣張廷玉和慈禧太后的寵監李蓮英等的脈案，也都很完整的存留下來。這些醫藥檔案，如今都藏在北京中國第一歷史檔案館中。

中國衛生出版社曾請國內多位著名中醫，根據檔案館所藏醫藥史料，軼聞掌故多篇，以撰寫《清代宮廷醫話》之名出版。書中雖有「康熙帝健身術」和雍正帝以淆惑人心為名「怒殺道士賈士芳」兩則故事，但都未涉及診病服藥情形，對兩人崩逝前後的脈案及診療經過更無片語隻字。據此推測，檔案館似無康熙帝臨終前脈案，否則《清代宮廷醫話》中應不致忽視；大陸多位研究清史的學人們也同樣不會視而不見，隻字不提。

之所以把康熙帝之死列為重點之一，是因為它關係到帝位傳承。從康熙帝的病情發展以及死亡過程，可以探索到雍正帝繼位的經過，至少可以證明官方檔案有沒有作偽；雍正皇帝有沒有說謊。

我有一個心願：有生之年想循多爾袞的腳步，走一趟從盛京（瀋陽）到北京之旅。如能成行，屆時一定要造訪中國第一歷史檔案館一探究竟。

至於雍正皇帝繼承大統的合法性，雖然官方史料強調康熙帝臨終前曾召七位皇子（四皇子胤禛不包括在內）和隆科多，口傳末命由胤禛即皇帝位，但越來越多的資料顯示，當時七位皇子可能根本就沒有奉召，而承旨和口傳末命的，僅祇隆科多一人而已。

此外，見諸文字的「遺詔」，是胤禛奉「末命」繼承大統，已經當了三天皇帝後才正式公布的，而且這份遺詔本身就被認為有問題（這些，在本書中都有詳細的交代），因此雍正皇帝繼承大統，在人證和物證都受到置疑的情況下，他一直強調繼統的合法性，自然受到長期持續的挑戰，歷近三百年而不衰。

這一來，我規劃的這幅拼圖，在最關鍵處，出現了兩個空白。即使這空白已存在了幾百年，但對我來說，仍然感到挫折。

這份略顯沮喪的感覺，使我擱筆了一陣子。這段時間裡，我倒空了心中原先執著的想法，重新翻閱長久以來累積的資料和筆記，希望能從中找到一些以前忽略的東西。

就在我重新展讀雍正皇帝在《大義覺迷錄》中痛責他幾位兄弟的上諭，以及他在《上諭內閣》中多篇親筆諭旨，不斷強調他繼統的合法性時，忽然產生一種新的想法：既然我不能從已有的史料中獲得答案，又沒能從前輩學人悉心探討的成果中得到啟發，何不另闢蹊徑，嘗試化身為當事人，體察他的心性、立場、處境和企圖，加以轉化與融合，也許會有一些新發現。

在整個調適過程中，我特別融入雍正皇帝即位前期——也就是雍正元年到七年這段期間的各式「上諭」。雖然這些諭旨我大部分都看了好多遍，而且仔細做了筆記，但在我揚棄前此的框框，以新的立場和不同的思考方式再次閱讀時，似乎一字一句都隱含著當年事件發生時的情景。

這時，我想起了前幾年流行的推理小說，當一件罪案發生後，書中的主角不以行動來進行偵破，而是廣泛蒐集資料，以抽絲剝繭的方式加以整理分析，最後獲得事實真相而告結案。

感謝雍正皇帝，由於他勤快，由於他喜歡把他的心意用文字表達出來，因而留傳至今的上諭有數十萬字之多。就憑這些親筆供證，我們得以知道當年帝位傳承的若干內幕。他連篇累牘的上諭，有時前後不一，有時互相矛盾；尤其在憤怒中口不擇言所透露的祕密，雖然經過他兒子乾隆皇帝的刪削，但百密一疏，仍有若干珍貴的史料得以留傳。就這樣，我從原先規劃的「拼圖」，轉而進行「推理」。我一再仔細研讀雍正皇帝的上諭和其他文字專著，根據朝廷內外情況轉變，各方勢力消長，胤禛與皇父康熙帝之間的互動、與太子和眾皇子之間的疏密，以及他的處境、他的心情、他的打算，就文中的言語，甚至一句一字，深入探索他內心的變化與外在的表現。當然，我沒有那麼神，可以直窺三百年前一位皇帝的內心，但可以肯定的是，我已盡了力。

於是，我對「雍正奪嫡」這一公案，大膽做了一個新的結論，這既不是信口開河，更不是譁眾取寵。因為這本書，除第六章外，全書每一節文，每一個字都有所本，都是從康熙帝和雍正帝父子口中、筆下的語言文字抽取出來，經過淬鍊所寫下的。

因此，我請求讀者諸公在看書時，別急於先知道結果，請從頭順序看來，以免浪費您的時間和金錢；同時也不枉筆者辛苦一場。最後，如果讀者諸公接受這一得之愚，我會感到無比榮寵；否則，把它列為三百年來林林總總的鄉野傳說之一，又待何妨！

二〇〇一年雙十節於外雙溪

目錄

◇推薦序：雍正皇帝之謎　岳南
◇序：從拼圖到推理

【卷上】康熙皇帝——立太子恐懼症候群患者

第一章　蒐尋真相之旅——康熙皇帝薨逝的那一夜／五
冬至暢春園／七日中的劇變／《實錄》是怎麼寫的／雍正帝的回憶／西洋人的說法／重重疑雲／自曝其短的「上諭」

第二章　康熙皇帝這一大家子／二七
后妃如雲　兒女成群／皇帝也望子成龍／當了三十四年皇太子／「儲位之爭」首次交手／「皇權」神聖　碰觸不得／揮淚廢太子／多項罪行的責任歸屬／揭開皇子們奪嫡序幕

第三章　一代英主　聖明之失／九九
大阿哥與「八賢王」／復立太子過程曲折／出爾反爾　復立又廢／「八

賢王」賢與不肖／晚年留下的一個謎／賫志以歿　憾恨九泉

【卷下】雍正皇帝——捍衛皇位合法症候群患者

第四章　漫天疑雲籠罩暢春園／一六五
英雄遲暮／流言四播／長夜漫漫何時了／「誠孝」乎？「偉人」乎？／「末命」似有若無／「遺詔」似假還真／「遺詔」索隱／雍正版的傳承制度／一位強項的老太后

第五章　「大義」果真「覺迷」了嗎？／二四一
岳大將軍無端招禍／一個窮酸秀才的狂想／皇帝「出奇料理」／皇帝與秀才口舌爭鋒／自曝宮廷內幕／謀父之「謀」／逼母之「逼」／弒兄與屠弟／「屠弟」不辯之辯／一生就害在「賢」字上／九阿哥慘死「高牆」／大將軍王誓不低頭／用「祥瑞」證明「天命」／「萬言萬當，不如一默」

第六章　試將事實真相還原／三六七
開國時期的故事／奪嫡五人組／隆科多與允禩、允祥／風雪之夜一席談／允禩自我洗腦／「隆科多傳旨，遂立當今」

這一夜，雍正奪嫡

1722.12.20

從清初歷史中淘金系列之二

【卷上】

康熙皇帝——立太子恐懼症候群患者

為君者，
一事不謹，則貽四海之憂；
一時不謹，則貽千百世之患；
不矜細行，終累大德。
——康熙皇帝語錄

第一章　蒐尋真相之旅

——康熙皇帝薨逝的那一夜

三百多年來，對雍正帝繼承皇位總是有若干解不開的疑團在廣大民間流傳，甚至當大清帝國覆亡後，禁宮中不為人知的史料公諸於世，更被許多專家學者發現更多足以深入追索的疑點。

冬至暢春園

大清康熙六十一年（西元一七二二年）十一月初七日，高齡已將七十，正在京郊南苑圍獵的聖祖仁皇帝愛新覺羅・玄燁，忽然感到身體不適，於是在皇子和大臣們的簇擁下，匆匆忙忙啟駕回到近年來他大部分時間駐蹕的暢春園去。

暢春園並不在紫禁城裡，它位於北京城西郊，出西直門過海淀即是。與京城距離不過十二華里（約等於六公里），全園佔地五十多畝，是康熙帝南巡後所建第一座具有江南風味的園林，作為他「避喧聽政」之所。

這座御苑大約在康熙二十九年完工，自此以後，一年中皇帝除了元旦、祭天等國家大典必須返回京城親自主持，其他絕大部分時間都駐蹕在此園中。

在暢春園，康熙帝既遠離京城中的鬱悶、燥熱和喧囂，也脫離了紫禁城中高大、空曠、陰森、冷漠的重重殿宇，與繁複嚴苛的儀節。已經在位長達一甲子的老皇帝，在「日夕萬機，罔自暇逸，久積辛劬，漸以滋疾」的情況下，很自然地戀戀於這水木清華，遠隔塵囂，輕鬆自在而沒有太多壓力的御苑中。一如他在《御製暢春園記》中所說：「當夫重巒極浦，朝煙夕霏，芳蕤發於四序，珍禽喧於百族，禾稼豐稔，滿野鋪芬，寓景無方，會心斯遠。」正是促使他晚年長時期留在暢春園中的原因。

從南苑到暢春園，有平直寬闊的御道，由於老皇帝身體不適，御輦行進極其緩慢而平穩，使斜倚在寬大御座上的康熙帝似乎感覺不到是在長途行進中。

當御輦進入暢春園，停在入口高大雲石牌坊下，換乘由御前侍衛所準備的軟轎，由太監們扶持，前往「澹寧居」後面的寢宮憩息。

這「澹寧居」位於暢春園西北、西花園中的一棟平房，倚山傍水，濃蔭覆被，清幽寧謐，既是康熙帝日常起居之地，也是他在園中每日聽政之所。

隨駕前來的眾皇子和大臣們，分別在附近的「佩文齋」和「焦鳳軒」盥洗整容後，在皇三子誠親王允祉和大學士馬齊的邀集下，齊集「春暉堂」，談論皇帝的病情。

所謂「談論」，是因為康熙帝精通中西醫理，對自己身體尤其了解。他容或常與太醫們研究各種病情以及處方選藥，但最後總以他自己的論斷為最終決定。曾經有一段時期，他對西方傳教士所帶來的醫術和藥物給與極大的肯定，但在他進一步了解東西方人的體質在先天上有所差異以後，卻又回歸到以自己的意念和判斷為主。這是皇子們、太醫們多年來所共知的。開始時，太醫們曾以他們的專業，不厭其詳地與皇帝辯論，但每一次都被博學精研的皇帝駁得啞口無言。他們知道，以後除了善盡自己的職責，提出意見，其他都無能為力。因此，皇子和大臣們對於皇帝的病情，祇能在私下「談論」，而從不敢正面與皇帝「議論」。當然，像這樣的「談論」總是不會有結果的。

七日中的劇變

從初七日康熙帝自南苑駕返暢春園，眾皇子都留在園中祇候，晨昏兩次則至澹寧居前，透過內侍，向父皇定省問安。

初八日，內侍總管梁九功傳上諭：

朕偶冒風寒，本日即已透汗，需靜養齋戒。一應奏章，不必啟奏。

皇子們聞知，俱感寬慰，難得有此閒暇，於是各自尋找交情較好的兄弟敘話。

初九日晨，梁九功傳上諭：

傳四阿哥晉見！

皇子們見父皇單獨傳見四阿哥胤禛，俱都感到詫異，但又不便追問原因，祇好留在庭前等候了。

皇四子和碩雍親王胤禛，緊隨著梁九功進入寢宮內室，只見父皇斜倚在御榻上，錦被齊胸遮蓋得十分密實。室內燃著一大盆熊熊炭火，晨光下看到父皇雙頰微露兩團紅暈，也不知是體內發熱導致，還是被炭火烘的；祇是神情已不似前日長途歸來時般困頓。急忙快步向前跪伏榻前，一面高聲問安，一面用雙手隔著錦被抱住父皇的下肢，孺慕之情，濃濃顯現在臉龐上。

康熙帝仔細打量了他一會，鄭重宣諭：

十五日冬至南郊大祀，命你恭代。

四阿哥胤禛急忙立起身來，退後兩步，再次叩頭，並且以額觸地高聲奏道：

皇父龍體欠安，子臣理應隨侍在側，朝夕侍奉。懇請皇父另行簡派大臣恭代，以遂子臣烏私之情。

康熙帝沒理會他的要求，繼續說道：

冬至郊祀上帝，事關重大，朕躬不能親自前往，特派你恭代。齋戒祀天大典，必須誠敬嚴恪，你去為朕虔誠展祀可也。

胤禛聽罷，連連叩頭，口稱：

子臣遵旨！

退出室外，只見眾兄弟一個個睜大眼睛盯著他，想探個究竟，但卻又不便開口詢問。倒是胤禛若無其事地告訴大家他被派代表父皇前往南郊祀天的經過。接著就傳喚自己的護衛和太監，準備一應齋戒所需，即刻啟程。

紫禁城南的天壇，從明代起就是歷朝皇帝祭祀皇天上帝的所在，位於正陽門外、永定門內街東，周圍十公里，正中有高台，名曰「圜丘」，是舉行祀天大典的主要場地。附近建有齋宮，則是為了每年定期祭祀之前，皇帝來到這裡齋戒祝禱，以示虔敬的居所。

第二天，十一月初十日。四阿哥胤禛在一天之內，接連三次派遣護衛和太監，從天壇齋所前往暢春園，向臥病中的康熙帝「候請聖安」。每一次皇帝都傳諭：「朕體稍癒！」

第三天，十一月十一日。胤禛又派護衛和太監回暢春園「候請聖安」。皇帝傳諭：「朕體稍癒！」

第四天，十一月十二日。胤禛再派護衛和太監回暢春園「候請聖安」。皇帝傳諭：「朕體稍癒！」

第五天，十一月十三日。凌晨兩點鐘左右【註一】，康熙帝病情突然轉劇，於是立刻差人到天壇齋所召四阿哥胤禛回暢春園，而且「諭令速至！」南郊祀天則另行派人代理。

緊接著，在約四點鐘左右，康熙帝在御榻前召見三阿哥誠親王允祉、七阿哥淳親王允祐、八阿哥貝勒允禩、九阿哥貝子允禟、十阿哥敦郡王允䄉、十二阿哥貝子允祹、十三阿哥胤祥【註二】、理藩院尚書隆科多等八人，當面宣諭：

皇四子胤禛，人品貴重，深肖朕躬，必能克承大統，著繼朕登基，即皇帝位。

四阿哥胤禛奉召，到上午十點鐘前後，才從天壇齋所疾馳而至，趨進寢宮。康熙帝「告以病勢日臻（增）之故。」

這一整天，胤禛三次進入寢宮向父皇問安。

當天晚上八點鐘左右，康熙帝在寢宮中崩逝。

《實錄》是怎麼寫的

從十一月七日康熙帝因身體不適，自南苑返回暢春園開始，到六天後的十一月十三日晚崩逝，七天中所發生的經過情形，全部都是根據官方史料《大清聖祖仁（康熙）皇帝實錄》原汁原味演繹而來，無論時間、地點、人物、對話，均嚴格照本宣科，以存其真。

《康熙實錄》是在康熙帝崩逝後，由他的兒子——皇位繼承人大清世宗憲（雍正）皇帝胤禛，於雍正元年二月，命大學士馬齊、張廷玉、蔣廷錫為監修總裁官，花了將近九年時間纂修完成的。在雍正帝親撰的序文中，盛讚這部實錄「發金匱之祕藏，稽綸言於政地，表年繫日，敬謹編輯，紀言紀事，鉅細靡遺」。他也曾「齋肅展禮，親加詳閱」。

除了《康熙實錄》將康熙帝人生最後旅程的七天加以記述而外，他的繼承人雍正帝逝世後纂修的《雍正實錄》中，也同樣對這七天所發生的事加以記載。

《雍正實錄》卷一所載，從十一月初七日康熙帝自南苑返回暢春園起，至十三日雍正帝奉召自天壇馳回暢春園，趨進寢宮，康熙帝「告以病勢日臻（增）之故」這一大段文字，與《康熙實錄》完全相同，祇有在「趨進寢宮」四字之前，缺少了時間——「巳刻」（上午十點左右）兩字。如果不對照《康熙實錄》，就無從知道雍正帝是什麼時候進入寢宮的。還有，從「告以病勢日臻之故」這一句下面，《康熙實錄》記載雍正帝曾「三次」進入寢宮向皇父問安；而《雍正實錄》則記為「五次」。

除了上述雍正帝入宮「時間」和問安「次數」不同，《雍正實錄》還在「戌刻，聖祖賓天」這句話下面多出一段極其重要的文字：

上（雍正帝）哀痛號呼，擗踊不已。尚書隆科多進曰：「大行皇帝，深惟大計，付授鴻基，宜先定大事，方可辦理一切喪儀。上慟哭仆地，良久乃起，趨至御榻前，撫足大慟，親為聖祖更衣。……」

隨即，諸王大臣恭議殯殮大禮，奉大行皇帝遺體還宮，在分配職務和指派人選時，首次顯現新皇帝對眾多兄弟們的親疏好惡。

他命七阿哥允祐守護暢春園；十二阿哥允裪回乾清宮布置靈堂和祭奠所需几筵。這兩項都是無關緊要的差使，允祐和允裪也和他似無恩怨。

然後，他命在藩邸時就交情很好的十六阿哥允祿和世子弘昇「肅護宮禁」，也就是負責禁宮中的安全責任。

至於準備儀仗、警蹕護衛與肅清自暢春園回京御道以保護新皇帝安全的重責大任，則由最親密的兄弟十三爺允祥，和參與密勿，親承「末命」的尚書隆科多兩人全權負責。

而隨同康熙帝自南苑返回暢春園，七日中朝夕守候並親承「末命」的三阿哥允祉、八阿哥允禩、九阿哥允禟、十阿哥允䄉四人，俱都被摒除在外，無事可做，形同外人。這豈不是有些怪異，有些不近情理？

《雍正實錄》是在雍正帝崩逝後，由他的兒子——皇位繼承人高宗純（乾隆）皇帝於雍正十三年十二月，命三等伯鄂爾泰任監修總裁官，大學士張廷玉、福敏、徐本、三泰等為總裁官，花了六年時間纂修完成的。首席總裁官張廷玉，歷事康熙、雍正、乾隆祖孫三代皇帝，都備蒙寵信，並且負責主修康、雍兩朝《實錄》，前後歷時二十年之久。在昔日專制皇朝中，實為異數。

雍正帝的憶述

除了兩部《實錄》記載如上述，繼位的雍正帝在當了七年皇帝之後，為了平息國中盛傳他「得位不正」的傳言，親自編纂了名為《大義覺迷錄》這本書，書中有一篇「上諭」，是他親自撰寫，其中一段就是敘述康熙帝由生病到崩逝這七天的經過情形。

其實，這篇《上諭》和兩部《實錄》的內容，並沒有不同，祇是增加了兩點：

一是他確認了眾位皇子在康熙帝崩逝當天每個人所在的位置：三阿哥、七阿哥、八阿哥、九阿哥、十阿哥、十二阿哥和十三阿哥等七位皇子與尚書隆科多確曾在清晨四點鐘前後一同到澹寧居內室康熙帝御榻前，聆聽父皇在四阿哥胤禛還沒有到達之前，就宣諭「命皇四子即皇帝位」的口詔。其他五阿哥允祺因冬至被派往孝東陵行禮，不在京城；十六阿哥允祿、十七阿哥允禮、十五阿哥允禑、二十阿哥允禕等則都在寢宮外面等候。

一是〈上諭〉後面增加了下面一段話：

> 及朕馳至問安，皇考告以症候日增之故；朕含淚勸慰。其夜戌時，龍馭上賓，朕哀慟號呼，實不欲生。隆科多乃述皇考遺詔，朕聞之驚慟昏仆於地。誠親王等向朕叩首，勸朕節哀，朕始強起辦理大事。

末尾，雍正帝還畫蛇添足的加了這樣兩句話：

> 此當日之情形，朕之諸兄弟及宮人內侍與內廷行走之大小臣工所共知共見者。

西洋人的說法

康熙帝崩逝和雍正帝繼位的全部經過，在官方史料中，就祇以上三則，內容劃一，文字精簡，其他就無從尋覓了。至於稗官野史傳聞雖多，但絕大部分屬於民間傳說，不足採信。倒是當時在暢春園鄰近作客的一位義大利籍天主教神父馬國賢（Father Pipa），在他的回憶錄中提到十一月十三日晚親身經歷的故事比較可信；而且字裡行間，似乎也透露了些許信息：

一七二二年十二月二十日（康熙六十一年十一月十三日），我當時與Anglo神父暫住在皇上（康熙帝）一位叔父家中。當用畢晚餐，忽然聽到一陣陣嘈雜的聲音從宮中（暢春園）傳出，我深諳這個國家的情況，因此立刻將室門關閉，並且下鍵；同時告知我的同伴，如果不是皇帝駕崩，就是北京城裡發生暴亂了。

為了滿足我的好奇心，我攀上一堵鄰街的牆向外面張望。令人震驚的是，我看到大群馬隊正在向不同的方向疾馳。最後，在一隊步卒通過時，我聽到他們在交談中說：「康熙皇帝晏駕了！」

後來，我從御醫口中獲知，康熙皇帝欽點四皇子雍正為繼承人，立刻即位，並得到眾人的擁戴。新皇帝首要做的，是為大行皇帝（死去的皇帝）「更衣」，並在當晚移靈。新皇帝則乘馬在眾皇子、皇孫和宗室王公簇擁，以及無數武裝士兵護衛下，前往紫禁城。

第二天，我和Anglo及Scigel神父回到京城，原想去宮裡向康熙皇帝之死表示悼念，但卻始終沒有獲得允許。康熙皇帝崩逝後數日，當大喪儀注正在進行，新皇帝雍正同時宣布了大行皇帝的遺詔，正式宣示由他繼承皇位。這在整個帝國，興起一陣驚詫。

從上面三份應該屬於最具權威性的官方史料，以及一份由外國人親眼目睹的紀錄看來，康熙帝因病去世，壽終正寢，和雍正帝奉遺詔繼承皇帝位，都是信而有徵，無可置疑。然而，三百多年來，對雍正帝繼承皇位何以總是有若干解不開的疑團在廣大民間流傳？甚至當大清帝國覆亡後，禁宮中若干不為人知的史料公諸於世，不僅未能釋疑解惑，更且據以被許多專家學者發現更多足以深入追索的疑點。

容我們把三百多年來，廣大民間對「雍正奪嫡」（說白了就是雍正的皇位是非法取得的）這一「奇案」所有一些離奇傳說暫時擱置，等以後將整個事件經過縷述清楚，再來逐項加以破解。本書開宗明義第一章，理應先就前述三份官方文書中「不可解之處」一一加以揭示，使讀者有一些概略的印象和合理的懷疑，然後再正式進入本題。

《康熙實錄》十一月初十日記載，皇四子胤禛【註二】被派往天壇齋所致齋，當天就三次派護衛和太監回暢春園去向康熙帝問安；第二天和第三天也同樣派人去請安。每一次護衛回報都是：「上諭：朕體稍癒。」《實錄》中對這三天的記錄，用字遣辭完全相同，並無二致。

既然從初十到十二日這三天裡，康熙帝的病體每天都在「稍癒」，也就是表示日漸好轉中，怎麼會在短短不到十小時內突然病勢轉劇以致崩逝？當然，年近七旬的老人，因感冒這樣小毛病引起嚴重併發症而導致死亡的病例，所在多有，到今天仍然是老年人最需要注意的。但是，發病之初，除了康熙帝自己說「偶冒風寒」之外，病情發展如何？御醫診斷及用藥經過等等，不但《實錄》隻字未提（《康熙起居注》則因五十七年康熙帝以《起居注》內容有外洩情事發生而諭令停止注記），翻遍所有官書野史，也都找不到一點蛛絲馬跡。這與大清末季同治、光緒兩帝存檔的大量脈案與處方相較，難怪民間會對康熙帝之死產生莫大懷疑。

康熙帝在十三日丑時，也就是凌晨兩點左右，病情突然惡化，於是下令急召四皇子胤禛儘快從天壇齋所前來暢春園。暢春園與天壇距離約十二華里，派去傳旨的侍衛，與聞知父皇病危的胤禛，必定都心急如焚，快馬疾馳，因此一去一來的時間加起來應該不會超過兩小時。而《實錄》

記載胤禛到達暢春園進入寢宮已是上午九點多或十點多鐘了。照這種計算，胤禛從凌晨三點多接奉諭旨，到進入父皇寢宮，一共花了將近六、七個小時，除去回程所需一小時，其餘的五、六個小時變成了空白，他到那裡去了？他在做什麼？

《實錄》記載：康熙帝在十三日凌晨兩點多鐘病情惡化，除了立即派人召回胤禛，並於四點鐘左右召三阿哥誠親王允祉等七位皇子以及尚書隆科多，宣告以四皇子胤禛「克承大統，即皇帝位」的「末命」時，胤禛不在場，因為他還沒到暢春園。（事實上如果快馬加鞭，來個「四百里加急」、「五百里加急」，應該可以趕上。）

胤禛是在上午九點鐘左右進入寢宮的。當時，雖然說康熙帝病勢轉劇，但胤禛來到後，康熙帝仍能和他談「病勢日增之故」，可見康熙帝這時還很清醒，並沒有進入昏迷狀態；也可以說，清晨四點多鐘緊急召見七位皇子和隆科多宣布由胤禛繼位的「末命」並沒有特殊急迫性，多延幾小時，等到胤禛抵達以後再宣布也還不遲！

十三日這一天，從上午十時左右到晚間八時左右，胤禛曾多次進見康熙帝「問安」。奇怪的是，接連幾次進見，康熙帝除了「告以病勢日增之故」外，絕口不談已宣諭將皇位傳給他的事，一直到崩逝都無隻字提及。這樣重大的事，不但康熙帝不說，甚至連承受「末命」的七位皇子和隆科多，在這漫長的九、十小時中，也沒有紀錄說曾有任何一個人向胤禛提起，連暗示都沒有。

一直要等到康熙帝嚥下最後一口氣，胤禛哀痛呼號，捶胸頓足時，才由隆科多「乃述遺詔」。《實錄》記載他當時的反應是：「慟哭仆地」，而他自己在《大義覺迷錄》的「上諭」中則說：「朕聞之驚慟昏仆於地。」這個「驚」字用得突兀，也用得有學問。

《實錄》記載，康熙帝有「遺詔」，不過這份遺詔是在三天以後才公諸於世。換言之，雍正是在當了三天皇帝後，世人才正式知道他接到了「任命狀」。其實，這份詔書是康熙帝在三年前，也就是他六十六歲時就寫好了，並且口諭眾皇子和滿朝文武。當時他表明：

此諭已備十年，若有遺詔，無非此言。披肝露膽，罄盡五內，朕不再言。

遺詔通篇都是摘錄自這份諭旨，祇是在最後加上一段：

雍親王皇四子胤禛，人品貴重，深肖朕躬，必能克承大統，著繼朕登基，即皇帝位。即遵典制，持服二十七日釋服。布告天下，咸使聞之。

就憑這份遲來的遺詔，才讓雍正繼皇帝位有了合法性。

自曝其短的「上諭」

《大義覺迷錄》是世宗憲皇帝胤禛於雍正七年因呂留良、曾靜、張熙等謀逆案，親自將有關資料彙編而成的一部書。全書共分四卷，計收雍正帝親撰上諭四篇，謀逆案主犯曾靜、張熙二人口供四十八條，內閣九卿等遵旨覆訊曾靜併請正法暨曾靜所寫〈歸仁說〉一篇。

雍正帝為使此書深植全國民心，擴大影響，在這本書刊刻之初，曾諭曰：

著將呂留良、嚴鴻逵、曾靜等悖逆之言，及朕諭旨，一一刊刻通行，頒布天下各府州縣，遠鄉僻壤，俾讀書士子及鄉曲小民共知之。並令各貯一冊於學宮之中，使將來後學新進之士，人人觀覽知悉。

由於皇帝指令全國省、道、州、縣、鄉各級學官必須詳加研讀，並規定每月初一、十五向全國人民宣講，因之這本書的內容在當時幾乎無人不知，無人不曉。其普及之廣，似乎祇有晚近的「小紅書」（《毛語錄》）差可比擬；後之來者如什麼「嘉言錄」、什麼「主張」之類的書，就瞠乎其後多矣！

等到雍正帝崩逝，他的兒子高宗純皇帝弘曆繼位，登基不過一個多月，就迫不及待將這本書列為「禁書」，諭令全國將原頒各書收回彙送禮部「徹底銷毀」。

當初，雍正帝在對這件謀逆案「拍板定案」後，曾特別頒有對此案「子孫永不許翻案」的諭旨，他的兒子乾隆帝竟然在父皇「屍骨未寒」之際，斷然翻案，除了「徹底銷毀」雍正帝極其重視並親自纂編的這本書，還將已蒙恩赦，在家宣講皇帝德意的謀逆案主角曾靜、張熙全家大小殺戮罄盡。

乾隆帝此一舉措，當然有他的理由。他敢冒大不韙，置父皇的嚴諭於不顧，斷然翻案，而且嚴竣對待已被赦罪的曾靜、張熙，自有其不得已之處。整本書中最讓他受不了的，應該算是雍正帝在第二篇諭旨中「逆賊忽加朕以謀父之名」，並且對此一指控詳加解釋的那一段。因為這一指控經雍正帝之口道出，不管作何解釋，都在歷史上留下了一段紀錄，而這一類的紀錄總會帶給後世無盡遐想空間。最嚴重的是：雍正帝如果有「謀父」之舉，那麼他當然是「得位不正」；如果他「得位不正」的話，乾隆帝的繼承權同樣在歷史上站不住腳。

乾隆帝為了父皇在歷史上的地位，更為了他本身皇位繼承權的合法性，自然不得不痛下殺手，不惜冒「不肖」之名，推翻父皇「不得翻案」的嚴諭，將這本書徹底銷毀，更將謀逆案的一干人犯誅殺殆盡，使整個「指控」無形中消失。

然而乾隆帝沒想到在他這樣嚴苛的銷毀禁令之下，仍有漏網之魚，甚至連宮中都藏有一本，留待今日翻印。以致從雍正帝親筆上諭中，所透露他繼位時若干訊息，提供後人更多的探討空間，這應是雍正帝與乾隆帝父子始料未及的。

從這本書的諭旨中，發現當年全國南北各地群眾對雍正帝的「指控」——也可以解釋為輿論的指責和傳播，除了前面提到最嚴重的「謀父」而外，還有「逼母」、「弒兄」、「屠弟」、「貪財」、「好殺」、「酗酒」、「淫色」、「好諛」、「任佞」等一共十項大罪。

這十項指控中的後六項，在中外歷史上很多帝王們都曾經犯過同樣的錯誤，不足為奇；但前四項罪名則是十分嚴重的，尤其中國數千年來向以禮義之邦著稱，倫常之變史書責之最嚴，以唐太宗李世民之豐功偉蹟，尚因「玄武門之變」而千百年來始終遮掩不住這一瑕疵，其餘概無論矣。此所以雍正帝不得不親自提槍上陣，與民間傳說全力周旋；而乾隆帝則以疾風迅雷手段冀求一舉消滅全案於無形。惜乎父子兩人傾兩朝皇帝之力，仍然無法達到各自所持的目的，而使歷史永久記載和流傳這一公案，讓後之來者悠游其中，興起無限思考空間。

且讓我們從這廣闊的空間中，以及浩繁紛雜的史料裡，踵武前賢，擴大視野，仔細爬梳，於一字一行間，疑其所疑，信其所信，對雍正帝這個人，和他繼位的經過，再作一次蒐尋之旅，希望能在前輩學人們的既有成就中，使這段歷史更增加一些供後人足以鑽探研求的空間。

【註一】

中國古代將一日劃分為十二個時辰、並且以「地支」作為代號。它是這樣劃分的：子、丑、寅、卯、辰、巳、午、未、申、酉、戌、亥。

每一個時辰，等於今天的兩個鐘頭，其排列是：

子時——午夜十一時至一時
丑時——夜一時至三時
寅時——凌晨三時至五時
卯時——晨五時至七時
辰時——上午七時至九時
巳時——上午九時至十一時
午時——正午十一時至一時
未時——下午一時至三時
申時——下午三時至五時
酉時——黃昏五時至七時
戌時——傍晚七時至九晚
亥時——晚間九時至十一時

由於一個時辰比較長，所以還有比較細的分別以應實際需要。如子時就有子初、子正和子末之分；午時也有午時三刻的準點時間，但仍區分較大，不像今天有分、有秒那麼精確。

由於史書記時方面都僅祇記載某一個時辰，如果照錄的話，恐怕今天年紀較輕的讀者會不太清楚，所以本書大膽地把所有的時間都一律採取中間定位的寫法，如子時就寫為午夜十二時；午時就寫為正午十二時。這樣，雖然不是很精確，但對於數百年前某一事件發生的時間，為了讓更多讀者容易了解，些許的差異，應該是可以容許的。

【註二】

康熙皇帝兒子們的名字，本來第一個字都一律以「胤」字作為排行，第二字則一律都從「示」字偏旁，如皇長子胤禔、皇太子胤礽、皇三子胤祉、皇四子胤禛……等。一直到康熙帝崩逝，皇四子胤禛繼位，為了避雍正皇帝的「諱」，所有兄弟們的「胤」字都改為「允」字，只讓雍正帝一人保留「胤禛」的御名。還有一個例外的，皇十三子是怡親王胤祥，本來已與眾兄弟一同由「胤祥」改為「允祥」，但在他病逝後，雍正帝為了紀念他對自己的忠勤，特別將他的名字恢復為「胤祥」，以示與眾不同。卻不想禮部的官員為了討好皇帝，硬要堅持臣子的名不得和皇帝相同，因而很奇怪的引用「缺筆」的怪招來，把「胤祥」的「胤」字削去左邊那一撇，變成了奇奇怪怪的「乚」字，留在官史裡，直到如今。

本書從開始就將眾位皇子的名字寫成「允」字，祇有雍正帝一人仍用「胤」字，不是為了討好他，而是為了使讀者們不致感到錯亂。

此外，兩本《實錄》中，都將雍正帝的名字寫為胤「禛」，但在康熙帝遺詔中卻寫成胤「禎」，禛、禎二字原本是同一個字，祇是寫法不同而已，本書為了從俗，一律用「禛」字。

第二章　康熙皇帝這一大家子

康熙皇帝言教身教，選擇國中最有學問的師傅，親自制訂最嚴格的規制來教育眾位皇子，誰知在他生前死後的四、五十年間，眾位皇子們為了皇位繼承人之爭，鬧得父子反目，兄弟相殘。

大清聖祖康熙皇帝愛新覺羅・玄燁，是世祖順治皇帝福臨的第三子。順治帝因染天花英年早逝，玄燁奉遺詔繼位，年號康熙，時年僅八歲。

他們父子二人童年和青少年時期的處境極其相似。

順治帝六歲即皇帝位，在他叔父攝政王多爾袞掌理政務之下，是一位標準的「兒皇帝」，所受到的惡劣待遇，使他終其生都難以釋懷。

順治七年，多爾袞病逝，這時福臨已十三歲，經過長年宮廷鬥爭的淬鍊，一旦「親政」，正式接掌皇權，立刻展開「秋後算帳」，痛下殺手，不僅將他一度尊稱為「皇父攝政王」的多爾袞掘墳開棺，剉骨揚灰，甚至撤其廟享，斷其宗嗣。

雖然如此，當順治帝以一個從孩童剛跨入青少年時期的新手，執掌政權後，表現不凡。對於國家大政能夠察納忠言，順應時勢，重用漢族官員，接納漢文化，使定鼎中原不到八年的滿族統治者，大體穩定了入關初期的紛亂時期，這一情況，得歸功於他的母親——孝莊文皇后。

孝莊的聰慧才智和精明能幹，是中國歷史上眾多皇太后們所望塵莫及的。大清入關之初的前半個世紀，主幼臣疑，內有權臣侵蝕皇權，竊窺帝位；外有三藩割據，流寇竄擾，前朝苗裔猶在，人心思念故明，危疑震撼，不可終日。然而孝莊肆應其間，一面撫慰朝廷上下，使軍政事務順利進行；一面全心培植教育親生的小皇帝。在國事家事都不可偏廢的情況下，她做得極為成功，不但使多爾袞不臣之心消弭於溫婉柔情之間，朝政得以平順進行；順治帝也在她嚴厲督教之下，卓然有成。為大清皇朝開國之後，奠定堅實的基礎。

順治帝英年早逝，康熙帝玄燁繼位時還不過八歲。初期，同樣受到輔政大臣的挾制，尤以鰲拜最為不臣，獨霸朝綱，號令群臣，生殺予奪，為所欲為，視小皇帝如無物。康熙帝在祖母孝莊太皇太后調教之下，祖孫二人聯手演出一場驚心動魄的宮廷除奸動作大戲。在孝莊縝密策劃下，由十五歲的小皇帝親自率領一批與他年齡相近的宗室侍衛，以極其熟練的「角觝」（摔跤）之術，出其不意扳倒有巴圖魯（勇士）稱號的輔政大臣鰲拜，幽禁終身，又一次結束了一場權臣威脅皇權的鬥爭。開啟了史無前例執政長達六十一年的「康熙皇朝」，以及以後一個多世紀的「康雍乾盛世」！

后妃如雲　兒女成群

愛新覺羅・玄燁這位在中外歷史上都享有盛名的大清國皇帝，在位六十一年，活到六十九歲才晏駕，由他的四子胤禛繼位。

玄燁登基，改元康熙，因此一般習稱他為康熙皇帝，有些外國學者甚至因崇敬他而尊之為「康熙大帝」。

康熙帝的家庭非常複雜，家人眾多，後宮中究竟有多少和他有過關係的女人，沒人搞得清楚。清史學家閻崇年教授根據正史和檔案紀錄指出，經過冊封的后妃，共有五十五人。檔案資料中並且顯示，在康熙四十六年——也就是他五十四歲時，後宮中有「大答應」、「小答應」和「學生」共二百四十七人。以「答應」和「學生」這樣用實際行為來命名，而且有「大」、「小」之分，叫起來似乎會給人有一種異樣的感覺。

在他的后、妃及「答應」中，為他生育過子女的，有四十人，一共生育了三十五個兒子和二十個女兒。就生兒育女來說，在中國歷代帝王中他算是夠多的了。

康熙帝大婚時，實際年齡是十一歲半，新娘子則比他大三個月。當第一個兒子出生時，他只有十三歲半，尚未成年；但是在最後一個孩子降生時，他已是六十五歲的老翁了。其間長兄與幼弟的年齡相差五十四歲，已達到祖孫三代的差距。

三十五個兒子中，實際年滿十六歲進入成人的，只有二十四位，他們是由十七個后、妃、嬪等所生育。弟兄中，有的同母，有的異母。

康熙帝的兒子多，令他煩惱的卻也不少。現在先把比較出頭露臉的幾位特殊人物簡單介紹一下。

皇太子允礽：康熙帝的第二個兒子。由於他大哥允禔的母親不是正宮皇后，因此皇帝冊封年齡較小，由孝誠仁皇后赫舍里氏所生的允礽在一歲半時就被正式立為皇太子，地位僅次於皇帝，所有的兄弟都要對他行臣下之禮。他當了長達三十四年的皇太子，最後被父皇因他「不法祖德，不遵朕訓，肆惡虐眾，暴戾淫亂」而給廢掉。半年後復立為太子，三年後又再被廢，並予禁錮，以至於死。

皇長子允禔：惠妃納喇氏所生，雖是長子，但以生母是庶妃而當不上太子，因此一直憾恨於心，不斷在暗中謀算太子。太子第一次被廢後，他被人告發請喇嘛作法「魘勝」太子，致使太子神智昏亂。康熙帝大怒，除將他革除爵位圈禁，逐出宗牒，並復立允礽為皇太子。

皇三子允祉：在眾皇子中，是個做學問的人，寫得一手好字、好畫，也能作詩。康熙帝曾親自給他講解西洋傳來的幾何學以培養他的科學知識，並參與纂輯《古今圖書集成》這一部大類書，是清初一位傑出的學者。他對參與政治鬥爭沒有太大興趣，因此未曾涉入「儲位之爭」。雖然如此，當他的四弟胤禛繼位成為雍正皇帝後，仍被迫害致死。

皇四子胤禛：也就是後來的皇位繼承人雍正帝。在眾皇子爭奪「儲位」最激烈的階段，他虔心佛道，廣結善緣，全力爭取父皇和兄弟們的好感，以不爭為爭。最後，一夜之間，他在出人意表的情況下，取得帝位。他的雙重性格，在當上皇帝後，表現得兩極化。對國家大政，國計民生，官箴民瘼，全力以赴，甚至宵旰勤勞，不惜傷毀自己的健康；而對昔日反對他，忽視他，或有礙他登上帝位的人，不管多麼親密，甚至至親骨肉，他都會不計一切，用最殘酷的手段來處置。因此，在歷史上，他算是一個極有爭議的對象，也是本書探討和研究的主角。

皇八子允禩：這位輕裘緩帶，善於製造民意和塑造形象以烘托自己，並且心思細密，長於組織的皇子，是最早站出來挑戰皇太子寶座的阿哥。由於他的企圖暴露得太早，手下擁護他的人馬太過猴急，惹起康熙帝極大反感，很早就對他加以懲治，但他一直是爭奪皇太子位的主要角色。康熙薨逝的那一晚，整個形勢突變，他四哥胤禛當上皇帝，在這位比他陰梟狠毒的兄長肆意玩弄之下，終於憾恨而亡，且累及妻兒。

皇九子允禟：畢生崇拜八阿哥允禩，始終認定八阿哥當皇太子、繼承皇位是天公地道的事，不但出錢出力，甚至挺身為他擋災擋難。他不在乎得罪太子，也不怕觸怒父皇，勇敢地站出來力挺八阿哥。最後，他的願望落空，當上皇帝的四阿哥假臣下之手將他圈禁起來，活活熱死、悶死、餓死！

皇十三子允祥：這位十三爺，很早就被父皇圈禁在宗人府裡，時間雖久，並沒受什麼大罪，但卻幸運地逃脫了那綿延十多年，眾家兄弟相互纏鬥，滿朝文武拉幫結黨的皇太子之爭。他原就十分親近四阿哥，如今這位兄長剛當上皇帝，正需要兄弟們的全力支持，而允祥的小心謹慎，恭順唯命，自然份外契合，不但立即封王，而且終其身信用不衰，是雍正帝對眾家兄弟中僅有的、最好的，有始有終的一位。

皇十四子允禵：是唯一與雍正帝同母的兄弟。在他成長階段，和他的同胞兄長就不太親近，認為他假道學；反而與八阿哥允禩、九阿哥允禟交情甚好，因此也被歸諸於允禩一黨。這位小弟聰明幹練，坦誠率直，但是性格卻急躁倔強。晚年的康熙帝，似乎有些偏愛這個小兒子，縱使允禵跟他鬧彆扭頂撞他，也被原諒。康熙五十七年，剛滿三十歲的十四阿哥，欽命為撫遠大將軍王，秉正黃旗（天子自將）大纛，西征準噶爾，被視為「接班人」的強烈暗示，他本人也居之不疑。不想康熙六十一年十一月十三日夜，父皇崩逝，四阿哥繼位，這一打擊，使他完全忘卻了君臣之禮，幾乎連拜見新的皇帝哥哥都不願意。以當時情況，那有可能，終於在發了一頓不適當也不必要的脾氣後，被派去看守父皇陵寢，直至雍正死後，乾隆繼位，才被釋回，仍擁有貝勒封號，並得善終。

除了上述這幾位牽涉到皇儲或皇位之爭的阿哥們，其他大部分皇子年齡都比較幼小，最小的二十四阿哥在康熙帝崩逝時才不過六歲，其他比較大的也都不過十來二十歲，在連續的宮廷鬥爭中都祇能坐山觀虎鬥，根本不起任何作用，所以就不必細談了。

皇帝也望子成龍

中國歷代皇朝中，以滿清一族家法最嚴，尤其是對皇子們的教育與生活，有一套極其嚴格的「控管」。

皇子誕生，不論生母是皇后、貴妃、妃、嬪，都得靠邊站，另由選定的四位乳母、四位褓母、若干名太監和宮女帶領，另行居住養育。每年只有年、節、萬壽等慶典場合可以一見親生母親，為數不過三、五次而已。因此，皇子們與母親的關係十分疏離，難得能營造親密的「母子之情」。

皇子們從牙牙學語開始，就有專人教以滿語、漢語和蒙語，以及行止坐臥等宮中規定一般生活儀節。六歲起，每逢大朝或慶典，都得冠袍靴帶上朝，見習站班當差。有因個子太小，跨不過大殿高闊門檻，還得要由侍衛或太監抱進殿去。

皇子們入學讀書也是從六歲開始，這跟今天的孩子入學的年齡差不多，不過當年皇子們課業之重和在學時間之長，差別就很大了。

皇子們讀書的地點稱為「上書房」。先是在皇宮內的兆祥所，後來移到暢春園去，以便康熙帝就近督促。上書房的師傅們都是經由皇帝精挑細選的名儒，康熙帝時，身為「帝師」的有張英、熊賜履、李光地、徐元夢、湯斌、耿介等，都是清初學有專精的大學問家，同時也是順治、康熙兩朝的重臣。

皇子們的漢人老師，稱為師傅，負責講授漢文儒家經典；滿人老師則稱為諳達，諳達又分為兩種，教授滿、蒙文的叫內諳達，指導弓箭騎射技藝的叫外諳達。各司其職，有條不紊。

皇子們的功課表排得很滿。清晨五點鐘以前就得前住上書房，先自行溫習前一天師傅們教的課文，按照先滿、次蒙最後漢書的次序朗讀或默誦。一個小時後，師傅到來，講解經書。年齡較小的皇子，因為課程簡單，一般都是在正午時分就下課，讓他們先行各自回宮；較年長的，則須繼續留到下午兩點多，有時要到四、五點。

皇子們去上書房讀書，是沒有周末和星期日的；也沒有寒、暑假和春假。一年三百六十五天，祇有元旦、端午、中秋三個全天和小年夜、大年除夕兩個下午可以放假。偶爾因為生病或特殊原因如皇帝萬壽、本人生日之類，經過報准，可以有一兩天休息。因此，一年的假日總加起來，將不超過十天。和今天比較起來真是天差地遠。

上書房的規矩十分嚴格。進入書房，除讀書、寫字和聽講，不准有任何其他行動。一整天，可以到「下屋」——也就是類似休息室的偏間——去「歇息」一兩次，每次不得超過十五分鐘，還得師傅允許才能去。推想去「下屋」大概不外是上廁所、飲水以及活動一下筋骨之類。如果時常找藉口多去「下屋」幾次，或者甚至溜到院子去「閒玩」，就要受處罰了。當然，學生們都是龍子龍孫，身為臣下的師傅也不敢太過分，所謂處罰，一般都是多讀若干遍課文，或者多寫幾百個字。比較嚴重的，則是罰學生從盤膝而坐的榻上下來，站立讀完指定的書篇。這好像和今天學生被「罰站」有同一意義，但卻是最嚴厲的處罰。至於體罰，則是師傅們做夢都不敢想的事。

此外，各位皇子的侍衛和太監，只准站在室外或外間等候，各處太監都不得在室外行走或窺視，也不得稍有喧嘩，否則就會受到嚴懲。

每天，師傅會講解一段經文或指定學生就一段課文加以講述。遇到會講讀的師傅，有時會就往古先賢佳言懿行用較輕鬆的話語宣講。但這樣的師傅太少了，除了像乾隆朝的紀曉嵐、劉墉寥寥一二人有一點幽默感並且膽子比較大，一般都是死抱住經書講些乾澀枯燥的所謂「微言大義」。究竟皇子們能夠接受多少，大有疑問。

皇子們從幼年開始的嚴格教育以及生活規範，是康熙帝親訂的。他不但手訂此一規制，並且認真執行，親自監督。他兒子雍正帝和孫兒乾隆帝繩其祖武，發揚光大，以致有清一代十個皇帝大體來說，除了最末的宣統帝年齡太小且在位時間太短不論，其他各朝皇帝不僅遠較明代的皇帝要好，即使上溯唐、宋，也不遑多讓。

首先，讓我們來看一段乾隆時一位入直內廷的學士，親眼目睹皇子們入學情形的筆記，證明前面所說清朝對皇子的教育十分嚴格不是隨便「蓋」的。

乾隆朝以內閣中書入直內廷的趙翼（雲崧），在他的筆記《簷曝雜記》中，有以下描述：

本朝家法之嚴，即皇子讀書一事，已迴絕千古。余內直時，居早班之期，率以五鼓入（約在清晨天明之際），時部院百官未有至者，惟內府蘇拉（閒散白身人在內府供役者）數人往來。黑暗中殘睡未醒，時復倚柱假寐，然已隱隱望見有白紗燈一點入隆宗門，則皇子進書房也。吾輩窮措大專恃讀書為衣食者，尚不能早起，而天家金玉之體日日如是。

既入書房，作詩文，每日皆有程課。未刻畢（下午二時許）則又有滿洲師傅教國書（滿文）、學國語（滿洲話）及騎射等事，薄暮始休。然則文學安得不深？武事安得不嫻熟？宜乎皇子孫不惟詩文書畫無一不擅其妙，而上下千古成敗理亂已瞭解於胸中。以之臨政，復何事不辦！因憶昔人所謂生於深宮之中，長於阿保之手，如前朝（指明朝）宮廷間逸情尤甚，皇子十餘歲始請出閣，不過官僚訓講片刻，其餘皆婦寺（太監）與居，復安望其明道理，燭事機哉？然則我朝諭教之法，豈惟歷代所無，即三代以上，亦所不及矣。

《康熙起居注》中，有好幾段詳細記錄皇太子和皇子們接受教育的情形，以及康熙帝諄諄訓誡，甚至躬親檢驗成果的經過，內容生動，頗為感人。現在轉述出來，以與今日學生們上課情形做一比較。

《起居注》類似歷代皇帝的日記，每天都有兩位以上的起居注官隨侍在皇帝左右，從上朝、聽政、召見官員、訓諭、經筵、臨雍、大閱、耕耤、祭祀等一切行動和言語，事無鉅細，有聞必錄，秉筆直書。雖然當初有規定起居注官必須認真照實記錄，甚至皇帝亦不得任意增刪，以存史實之真。然而，絕大多數皇帝為了身後之名，都會加以刪削增添或篡改，起居注官在生死一線之間也不得不加以妥協。不過《起居注》因為是按時記錄皇帝即時發生的一切言行，一日一記，一月一編，一年結一次稿，經過整理，繕寫正本，送內閣加以保存，傳之後世。即使在整理核對時，皇帝的黑手可以伸入，但究竟有權涉入的人不多，存真的部分，較其他的官史如《實錄》、《

諭旨》等需要經過眾多人手纂編、傳鈔，以個人的好惡取捨來比較，要真實可信得多。

康熙二十六年（西元一六八七年），五月二十九日，《起居注》記錄康熙帝為皇太子選擇老師時對群臣的諭示。他說：

自從皇太子就學以來，朕於聽政之暇，時時指授，罔或有間，故學問漸有進益。如《四書》、《易經》、《書經》、《禮記》今俱已誦習。如此等處，諸臣在外，未必悉知。

但朕日理萬機，精神有限，課誦之事，恐未能兼，致誤皇太子精進之功。著於漢大臣內，擇其學問優長者，令「專侍」皇太子左右，朝夕勸導，庶學問日進，而德性有成矣。爾等會同九卿選擇具奏。

康熙帝為了怕耽誤皇太子的學業，要從漢大臣中選擇學問好的人來「專門陪侍在皇太子左右」，「經常勸導而使皇太子的學問日益增進」，這樣的說法，好像是為皇太子找「伴讀」，而不是請「師傅」。這兩者的差別很大，中國歷朝皇帝為太子或皇子請老師都有一定的禮儀，整個過程嚴肅而誠敬，對老師則敬禮有加。皇室如此，平民百姓更是虔敬恭肅，禮敬惟恐不周，從來沒聽說要老師「專侍左右」的。也許康熙帝是大清入主華夏的第二代君王，中原文化浸潤未深，所以有這樣的表現。這已是題外之話，說過就罷。

隔了兩天——六月初二日，康熙帝在瀛臺勤政殿聽取部院各衙門官員奏事完畢，當年先帝順治爺彌留時承旨撰寫遺詔由玄燁繼位的先朝老臣大學士王熙，就前天皇帝提出為皇太子找「專侍」的事回奏：

> 臣等遵旨公議，皇上諭教皇太子，無間於朝夕寒暑，工夫切實精密。皇太子睿齡十四，讀完諸經，學問大成。聖父聖子，此自古所未有，堯舜所不及，中外臣僚無不深知，無不欣慶。
>
> 今蒙上諭以萬幾勤勞，命臣等擇學行兼優者輔導皇太子，苟有此等人可以勝任，稍紓皇上勤勞，臣等敢不公同舉出。只因實無其人，聖明亦所洞鑒。

這一大段馬屁十足，跡近肉麻的話，是昔日專制時代臣下對皇帝的標準制式語言。一個才十四歲的孩子，竟能讀完「諸經」——「諸經」者，所有的經書也。康熙帝祇不過說他讀過《四書》、《易經》、《書經》、《禮記》四本書而已，到了臣子的口中就變成了「諸經」——而且「學問大成」；既然已經學問大成，又何需再找人「輔導」呢？至於接下來頌揚「聖父聖子，此古所未有，堯舜所不及」，真是誇張到了極點，不知這位簪纓世家，兩朝重臣的王大學士怎樣說得出口？康熙帝又怎麼領受得了？

之所以不嫌肉麻，不怕囉嗦而把這段話照錄出來，是為了故事發展到後來，這位皇太子的所作所為，有極其出人意表的情況發生。讀者在這裡先有一點印象，等看到後面時，再來翻閱這一段話，當會有極深的感嘆！

六月初六早晨，康熙帝在瀛台勤政殿聽政完畢，向大學士明珠及王熙等提出為皇太子講書的三個人選：一個是吏部尚書達哈塔，專負責講授滿文；另外兩個是禮部尚書湯斌和詹事府少詹事耿介，都是理學大家，原就擔任過皇太子講官。明珠奉諭傳問九卿對這三個人選的意見，達哈塔自認「原係庸愚之人」，不敢擔此重任；湯斌和耿介都說，自己年過六十，諸事健忘，「衰老之人，豈能當此重任！」從三人異口同聲表示不敢接受，可見這個職位絕對是個「燙手的山芋」。

康熙帝對已經決定的事，豈容朝臣推辭，不過他為了表示慎重，仍然回顧九卿問：「你們覺得怎樣？」九卿當然眾口一辭回奏：「這三個人，皇上選得極為允當！」於是康熙帝鄭重宣諭：「皇太子講書關係緊要，必簡老成謹慎之人。湯斌居官很好；耿介雖然年老耳朵重聽，但卻素有賢名，還可以講書。達哈塔誠實。這三人俱著朝夕於皇太子前講書。」

於是，皇太子的三位師傅，就在皇帝慎而重之的選擇下決定了。

第二天，初七日下午，康熙帝駕臨暢春園門，皇太子和皇子四人陪侍，內大臣、侍衛分列左右，大學士明珠、起居注官庫勒納等六人侍立於左；尚書達哈塔、湯斌、詹事耿介等三位新任命的皇太子講官進前跪伏。皇帝諭曰：

皇太子從來惟知讀書，嬉戲之事一切不曉。即朕於眾子，當其稚幼時，亦必令究心文學，嚴勵禮節者，蓋欲其明曉道義，謙以持身，期無隕越耳！

爾等皆有聲望於外，茲特命爾等訓導東宮……爾等宜體朕意，但毋使皇太子為不孝之子，朕為不慈之父，即朕之大幸矣！

最後這幾句話確是皇帝內心的殷望，說得十分懇切；聽在三位師傅的耳中，更有如五雷轟頂一般，不知如何回答才好。然而皇帝的話，不能不回，於是湯斌感動之餘，叩頭如搗蒜，連聲回奏：

皇上豫教元良，曠古所無，即堯舜莫之及！

康熙帝對湯斌這樣誦聖之言，不像前兩天那樣坦然接納，他老實不客氣地教訓這位理學大師說：

大凡奏對，貴乎誠實，爾此言皆讒諂面諛之語。今實非堯舜之世，朕亦非堯舜之君，爾遂云遠過堯舜，其果中心之誠然耶。

今人面相頌揚，而退有後言，或三四人聚論，肆其譏議者有之。大凡人之言行，務期表裏合一，若內外不符，實非人類。

康熙帝對他選的三位師傅，原寄予莫大期許，所以才說出不願皇太子為不孝之子和自己為不慈之父的心底話來。湯斌竟以如此不誠的諂諛之言回奏，難怪他會立刻翻臉，痛加訓斥。沒想到他所說這番話，一語成讖，二十年後竟然真的應驗了！

康熙帝決定了皇太子的師傅，接下來差不多有一個月的時間，他經常前往園中皇太子和皇子們讀書的上書房巡視，有時甚至一天兩三次，可見他對皇太子和皇子們的教育何等重視。以六月初九、初十兩天為例，《起居注》是這樣記載的：

初九清晨，皇太子至無逸齋讀書。達哈塔、湯斌、耿介等進入，行大禮後侍立於東；起居注官庫勒納、田喜霄侍立於西。皇太子朗誦幾節《禮記》、經義一篇，聲韻清遠，句讀鏗鏘，反覆抑揚，諷詠不輟。

過了一陣，皇太子對湯斌說：

書已唸熟，可不可以背誦了？

湯斌站立回答：

昨天皇上曾諭令背書，現在請皇太子自行決定。

皇太子說：

書已很熟了，你們要背我就背，要等一下就等一下。

湯斌於是跪下來回話道：

謹候皇太子復誦書。

就在這時，侍衛前來傳諭：

皇上令你們與皇太子背書。

由此可見皇帝平日工作或晏息之時的澹寧居與無逸齋大概距離很近，聲咳相聞，所以可隨時加以指示。

湯斌在皇太子書桌前跪下，皇太子將書交給他，他雙手捧接，皇太子背誦，通篇一字不漏。

這時，侍衛又出來傳諭：

皇上馬上來，可伺候。

康熙帝來到無逸齋，問湯斌道：

皇太子書背得可熟？

湯斌奏道：

甚為純熟。

皇太子侍立榻傍，將所讀的書捧進給父皇，然後背轉身朗誦所讀的書，也照樣一字不錯。

康熙帝很滿意地離去。

皇太子坐下，侍衛將紙筆置於桌上，這時正值盛夏，溽暑炎蒸，皇太子凝神端穆，冠服嚴整，儀態從容，伏案作書，持筆甚敬。而湯斌和耿介二位師傅則因年老體衰，長久侍立，好幾次都幾乎仆倒在地。

下午時分，侍衛在苑中放置箭靶，皇太子出門立階下，左右奉上弓矢，皇太子連射三回，中的甚多。

射完箭重新入座，湯斌、耿介同跪在書桌之前。皇太子對湯斌說：

你可以在書中隨便選一節，由我來講說。

湯斌指著《大學．湯之盤銘曰》一節及《中庸．回之為人也》一章、〈修身則道立〉一節請講。

皇太子不假思索，闡發奧旨，言簡而義盡，詞約而理明，經傳神情，了然心口，湯斌與諸臣相顧悅服。

這時已值薄暮，皇太子還令湯斌選書誦讀，湯斌乃奏道：

天道暑熱，皇太子用功太多，請休息。

皇太子同意下課，諸臣群趨而出。

《起居注》這一天的紀錄，真實傳達了皇太子課業之重，和讀書時間之長；但在另一方面也看出像《起居注》這樣要求真實，記錄嚴謹的官書，有太多難以令人信服之處。

諸如：雖然皇太子當時祇不過是一個十四歲的少年，讀完《四書》，並能全部背誦，在父皇嚴格要求之下，是有可能的。但說他連《易經》、《書經》、《禮記》這三部的古書都能全部「誦習」而且可以加以講解，似乎有些誇大其詞了。此外，皇太子讀書寫字時，在盛暑之下，不揮扇，不解衣冠，目不旁視，身不斜倚，無惰容，無倦意，正襟危坐，口誦手披，這那裡是一個十四歲的孩子，倒像廟裡那尊坐在蓮座上的泥菩薩！

接下來，再將康熙帝命皇太子和皇子們，在眾大臣面前，各自展現其允文允武的教育成果那一段經過加以敘述，以證明做康熙皇帝的兒子，實在不容易。

七月初十下午，康熙帝率皇太子、皇長子、皇三子、皇四子、皇七子和皇八子等來到無逸齋，南面據案而坐，群臣分東西侍立，湯斌率先向前啟奏：

皇上教皇太子過嚴，當此暑天，功課太多，恐皇太子龍體勞苦。

皇帝曰：

皇太子每日讀書，皆是如此，雖寒暑無間，並不以為勞苦。如果是勉強而為，則不可能如此從容。你們大家都親眼目睹，可曾有一絲一毫勉強嗎？

說到這裡，康熙帝命令起居注官尹泰和德格勒傳旨：

朕宮中從無不讀書之子，如今諸皇子雖然不是有大學問的人所教，但卻都已能讀書。朕不是好名之主，因此，向來太子及諸皇子讀書的情形，沒有故意令人知道，因而朝廷之外容或有未知曉的。今天特召諸皇子前來講誦，汝等試觀之。

說完，取案上經書十餘本，親授湯斌，並說：

你可以隨便指點，令諸皇子誦讀。

湯斌隨手翻點，三阿哥、四阿哥、七阿哥、八阿哥依序向前，各讀數篇，純熟舒徐，聲音朗朗。

湯斌又命大阿哥講《四書》中〈格物致知〉一節，三阿哥講《論語・鄉黨》首章，都能逐字疏解、融貫大義。

這時，康熙帝對大家說：

皇五子向在皇太后宮中育養，皇太后因為愛他，不讓他讀漢書，衹要他學習清書（滿文）。如今他漢書雖然沒讀，卻已通曉清書了。於是命他讀清書一篇，段落清楚，句句明亮。康熙帝接下去又說：

> 朕幼年讀書，每篇必讀一百二十遍，因為不如此則文中義理不能淹貫。所以在教太子和諸皇子讀書時，都是如此。顧八代（曾任禮部尚書，直尚書房，雍正帝曾從受學）曾說太多，認為數十遍就夠了，朕殊不以為然。
>
> 即皇太子寫字，每寫一紙，朕改抹之處多，「加點」（表示尚可）者少，未曾「加圈」（表示讚許）。諸皇子在宮中從來就沒有人敢讚好的，若有人讚，朕就會批評他。一直到前天，講官（湯斌等三人）入值，親見皇太子讀書、寫字，加以稱讚，皇太子纔第一次聽到人對他說一個「好」字。

說到這裡，就命湯斌等寫字，湯寫唐詩一首，耿介寫成語一行。起居注特別對這兩幅字下了評語：「字俱平常」；並且說「其餘諸臣皆謝不能寫」。臣下們如此，不過是為了在皇帝面前凸出皇太子和皇子罷了，不能太認真。

康熙帝一時興致大發，寫了宋儒程顥的七言詩一幅和「存誠」兩個大字，「秀麗，蒼勁，皆有法度」。諸臣莫不欣忭讚揚。

皇帝「親灑宸翰」後，意猶未盡，命侍衛在院中張立箭靶，三阿哥、四阿哥、五阿哥、七阿哥、八阿哥同射，各人都中三箭、四箭不等。又命皇太子和大阿哥同射，皇太子中三箭，大阿哥中二箭。

康熙帝一時技癢，命親近侍衛佟圖與他同射。皇帝連發皆中，諸臣仰見皇上及太子、諸皇子射，「靡不咨嗟稱歎」。

這時，暮色四合，皇帝與眾皇子回宮，諸臣也各自散去，結束了緊張刺激的一個下午。

除了一般經書儒學由皇帝擒選的師傅教授，康熙帝自己也隨時隨地以言教和身教感訓諸皇子們。由於他本身不但漢學精通，對西洋科技新知方面也涉獵甚廣。舉凡數學、天文學、地理學、測量工程學、醫學和農學等最新歐西的科學知識，他都透過大量來華傳教士的管道，深入研習。這是中國歷代皇帝所難以獲得的機遇。

康熙帝曾在巡視北京通州河堤時，皇太子、四阿哥、五阿哥、八阿哥、十四、十五、十七阿哥等隨侍，他命皇太子和眾位阿哥們親自分釘木樁，學習使用羅盤，記錄丈量數據等實際工作。

曾親為三阿哥允祉講解幾何學，並培養他的科學技能。

除了以上的官方紀錄，有一位天主教法國傳教士白晉（Bouvet Joachim），在一六九七年（康熙三十五年）寫給法國皇帝路易十四的報告中，證實了上面的情形。在報告裡他敘述康熙帝對年紀較長的十四位皇子受教育情形：

> 這些皇子的教師都是翰林院中最博學的人，他們的師傅都是從青年時期起就在宮廷裡培養的第一流人物。然而，這並不妨礙皇帝還要親自去檢查皇子們一切活動，瞭解他們學習情況，審閱他們的文章，並要他們當面解釋功課。
>
> 皇帝特別重視皇子們道德的培養以及適合他們身分的鍛鍊。從他們懂事時起，就訓練他們騎馬、射箭與使用各種火器，以此作為他們的娛樂和消遣。他不希望皇子們過分嬌生慣養；恰恰相反，他希望他們能吃苦耐勞，儘早堅強起來，並習慣於簡樸的生活。這些就是我從神父張誠（Gerbillon Joannes Franciscus）那裡聽說的，是他在六年前隨同皇帝在韃靼山區旅行回來後講的。
>
> 起初，皇帝只把他的長子及第三、第四子帶在身邊。到打獵時，他還叫另外四個兒子隨同前往，其中年齡最大的只有十二歲，最小的才九歲。整整一個月，這些年幼的皇

子與皇帝一起整天在馬上，任憑風吹日曬，他們身揹箭筒，手挽弓弩，時而奔馳，時而勒馬，顯得格外矯健。他們之中的每個人，幾乎沒有一天不捕獲幾件野味回來。首次出獵，最年幼的皇子就用短箭獵獲了兩頭鹿。

皇子們都能流利地講滿語和漢語。在繁難的漢文學習中，他們進步很快。那時連最小的皇子也已學習《四書》的前三部，並開始學習最後一部了。皇帝不願讓他們受到任何細微的不良影響，他讓皇子們更在歐洲人無法辦到的最謹慎的環境中成長起來。皇子們身邊的人，誰都不敢掩飾他們任何細小的錯誤，因為這些人明白，如果這樣做，就要受到嚴厲的懲罰。

康熙皇帝以數十年心血，言教身教，選擇國中最有學問的師傅，親自制訂最嚴格的規制來教育眾位皇子，照理說，諸皇子們應該個個都是國之菁英，邦家棟樑，為君的，仁民愛物，撫馭萬民；為臣的，盡瘁國事，忠勤事上，君臣一心，永垂百世的才是。誰知在他生前死後的四、五十年間，眾位皇子們為了皇位繼承人之爭，鬧得父子反目，兄弟相殘，最後連帝位傳承都成了有清一代最大一件疑案，鬨傳三百年，至今無解。讀史至此，不禁喟然長嘆：權力腐蝕人心，敗壞人倫，有如是者！

當了三十四年皇太子

康熙十三年五月三日，孝誠仁皇后赫舍里氏誕生一子，取名允礽。第二年十二月十三日，皇帝冊封年僅一歲半的這位皇子為皇太子，是大清王朝第一位也是最後一位受正式冊封的太子爺。身為父皇的康熙帝這時也才不過二十一歲，正當年富力強，心智日漸成熟的階段。

允礽不是皇長子，他還有一位長兩歲的大哥允禔，但他卻是嫡長子，皇帝與元后孝誠仁皇后所生。

大清自太祖努爾哈齊以降，歷太宗、世祖三朝，都沒有預立皇太子的制度，更不重嫡、庶之分。康熙帝在成長階段，學習儒家經典，接觸儒家名臣，受漢文化影響極深。他從中國歷朝統治與傳承的過程裡，深切感覺到預立儲君和嫡庶之別的重要性。在「帝國紹基垂統，長治久安，懋隆國本以綿宗社之祥」的要求下，他一改祖宗家法，不但揚棄「八王互推共主」的祖制，而且有了嫡庶之分。

康熙帝從小就在祖母孝莊太皇太后嚴格管教之下成長，加以親政之初值三藩之亂，新朝立國未久，情勢危殆，嚴苛的客觀環境使他深切體會為君之難，治國之艱，因此對皇子們的養成教育十分重視。皇太子是準備將來繼承帝位的儲君，自然對他傾注更多心血，寄予更大希望。

因此，從太子幼小時，皇帝即在日理萬機之餘，親自教他認字、讀書；六歲入學，更是慎選名師，嚴予督教。稍長，就帶他隨班上朝，學習理政治國之道；並同出外巡幸各地，藉以了解民間疾苦。從前一節所引《起居注》內容來看，皇太子在青少年時期的才智言行是頗令父皇滿意的，認為他在經書、騎射、言詞、舉止上都能合乎要求，將來定可克紹箕裘，不負自己悉心栽培的一番心血。

從《起居注》來看，皇帝對皇太子的學業最重視和關切是在康熙二十六年五月下旬到七月上旬這段時間，也就是皇太子進入青少年時關鍵時期。

皇太子六歲入學時的啟蒙師，是康熙朝名臣張英和李光地，後來還加派大學士熊賜履教授性理諸書。以一代名臣、大儒來教導乳臭未乾的孩童，簡直就像找了幾位諾貝爾獎得主來教一個小學初年級的學童一樣，皇太子究竟學到些什麼？沒有人知道。一直到十四歲，大家才知道他讀過了《四書》、《易經》、《書經》和《禮記》。究其實，除了《四書》，能「誦習」其他三部書已經大大的不容易了。因為約略翻閱過這三部書的人都知道，先是認識書中一大堆奇奇怪怪的生字和每一段落斷句（按：在一百年前的中國書本中，都沒有標點符號，啟蒙時，都是跟隨著老師唸，慢慢熟了以後才開始知道何處斷句。再下來到開始講授內容時，進入點、校階段，也就是以一本全無標點符號的書，由學生自己加以圈點，到了這個程度，就表示可以參與考試了。）沒有三、五年的苦功是辦不到的，逞論了解文中經義。

康熙二十六年，皇帝親點湯斌等三人為皇太子「侍讀」。湯斌原任江寧（南京）巡撫，在此以前，曾在宮中做過經筵講官（專門向皇帝講授經義和治國之道的官），皇帝對他印象不錯，因此諭示吏部：

江寧巡撫湯斌，在講筵時素行謹慎，朕所稔知，及簡任巡撫以來，潔己率屬，實心任事，允宜拔擢大用，風示有位。

這說明湯斌不但學問好，官聲也不錯，於是就把他調到京中「大用」。然而，在一個多月之後，就因權相明珠的構陷去職。此後，康熙帝就再沒有為皇太子另請師傅。《起居注》中，也就從此不提皇太子就學讀書的事。由此看來，《起居注》所記錄皇帝的言行，是有選擇性的，僅記他想要或者需要記錄的內容，其他都可以略過。

自從湯斌等三人解除了太子師的職務，皇太子的學習生涯就從官書裡消失了；至於他青少年時期的生活言行如何，更付闕如。一直過了二十年，康熙四十七年九月，皇太子已經三十四歲，忽然晴天霹靂，康熙在行獵途中，召諸王大臣、侍衛及文武官員齊集行宮之前，命皇太子允礽跪地，垂淚細數其「不法祖德，不遵朕訓，惟肆虐眾，暴戾淫亂」種種罪行。皇帝說到傷心處，「

痛哭仆地」，當諸大臣扶起他後，斷然宣示：

太祖、太宗、世祖之締造勤勞，與朕治平之天下，斷不可以付此人，俟回京昭告于天地宗廟，將允礽廢斥！

並下令將皇太子「即行拘執」。

記得二十年前，康熙帝曾鄭重囑託湯斌等三位太子師：

爾等宜體朕意，但毋使皇太子為不孝之子，朕為不慈之父，即朕之大幸矣！

不想這一段肺腑之言在二十年後竟然成真，難怪讓這位聖祖仁皇帝傷心痛哭不能自已以致仆倒在地，隨後更臥病三個月之久，其淒苦傷痛之深，可以想見。

「儲位之爭」首次交手

其實，從一些史料中，早已有若干蛛絲馬跡，顯露皇太子在成長過程中，由於客觀環境影響，不由自主地正逐漸走上一條與康熙帝教誨和期望相違背的道路。而康熙帝對兒子的行為長期姑息和縱容，則也是責無旁貸。

現在讓我們從史料中蒐尋皇太子以一個「惟知讀書，嬉戲之事一切不曉」的模範生，何以變成「口不道忠信之言，身不履德義之行」，「不孝不義，暴虐慆淫」的壞坯子？原因何在？經過如何？

康熙二十九年（公元一六九〇年）七月，噶爾丹入侵，皇帝除派裕親王福全為撫遠大將軍，恭親王常寧為安北大將軍，分別領軍征討，自己也御駕親征。

七月十六日，康熙帝親率大軍出古北口。

十八日，進駐古魯富爾堅嘉渾噶山。皇帝「身體違和」。

二十三日，皇帝病勢未見好轉，發高燒，於是經諸臣之請，即日回京。回程緩緩而行，日行二、三十里。

二十四日，時年十七歲的皇太子胤礽、與十四歲的皇三子胤祉奉召從京中馳驛來迎。病中的皇帝見胤礽覲見時，毫無憂戚之意，頓感其「絕無忠愛君父之念」，心中十分不快，二話不說，當時就把他逐回京裡去。

這是康熙帝對皇太子的不滿，第一次見諸官史。距他在諸大臣面前暢談他對太子從小就親自教誨，以及對太子表現良好的滿意和得意之情囑望期許之殷，其間相隔不過三年而已。

如果把這一段經過單獨來看，也許可以作如下的銓釋：

或許是一個十七歲的大孩子急匆匆從京裡趕到長城以外的大漠之地，探望病中的父親，乍見皇父的病並不是想像中那麼嚴重，一時回不過神來表現出「憂戚」之情，是可能的。似乎沒有嚴重到「絕無忠愛君父之念」的地步。甚至也許他連為什麼被趕回京去的原因都不知道。

至於康熙帝作如是反應，則是可以理解的。連日軍情緊急，大戰一觸即發，加以自己發燒已五天，無論身體狀況和精神狀態都處於低潮，什麼事都感到不如意，看什麼都覺得不順眼。叫皇太子趕來迎接，希望看見的是兒子一面孔的擔憂焦急和關切，希望從中獲得一些慰藉。這是人之常情，皇帝也不例外。然而，生長在深宮中的十七歲孩子，根本不可能想得那麼多，更體會不到父親此時的心情，直覺反應一出來，一切就弄砸了，連申訴解釋的機會都沒有。

雖然筆者越俎代庖，替他們父子各自作了一番解釋，但這件事的背後卻並不單純，也不可能把它當作一件單獨事件來看。前面的一番解釋，不過是一時的感覺而已。

前文說過，皇二子允礽因為生母是正宮皇后，所以才被冊封為皇太子。孝誠皇后赫舍里氏可是來頭不小，她祖父是順治帝指定為康熙帝輔政四大臣之首的索尼；叔父則是在康熙八年率領一批少年侍衛，帶領「善撲營」好手，協助小皇帝玄燁智擒權臣鰲拜的索額圖。這父子兩人在康熙帝接掌帝位初期，對政局的安定，曾有極大貢獻。因此孝莊太皇太后為了拉攏索尼，特降懿旨，冊立索尼長子噶布喇之女赫舍里氏為皇后。成婚時，康熙帝才十二歲【註一】。青梅竹馬，兩小無猜，婚後鶼鰈情深，十分恩愛。九年後，允礽誕生，皇后則於當天因難產而逝。康熙帝哀戚逾恒，因悼念愛妻，推愛及於允礽，一年半後就冊封他為皇太子，褓抱提攜，逾於諸皇子，期望之殷，也勝於諸皇子。

隨著時間推移，皇子越來越多，年齡也日益增長。年齡較長的皇子背後，都有一些依附和支持的力量在形成。於是宮廷之內，朝廷之上就逐漸出現了一些所謂的「朋黨」，進而在朋黨與朋黨之間，產生了黨爭。

最早的一次「黨爭」，出現在康熙二十七年（公元一六八八年）二月。主角是擁護太子集團和反太子勢力兩股力量，訴求比較單純，不過是為爭取朝廷中人事和行政的主導權而已。

擁太子集團當然是以皇太子的外叔祖父索額圖為主，由於他是皇太子生母的三叔，自然對這位侄孫愛護有加。為了抬高皇太子的位階，他以議政大臣身分在內閣會議上倡議，凡是皇太子服御諸物，俱用黃色（皇帝專用的顏色），所定一切儀注，也幾乎與皇帝相同。

康熙九年，索額圖被授予保和殿大學士，十一年加太子太傅銜，十九年授內大臣，再晉議政大臣，二十五年授領侍衛內大臣。既是外戚，又是朝廷重臣，經過十多年卵翼培養，門生故吏滿天下，地位之隆，權勢之大，可以想見。皇太子在他百般護持下，如果自己不能把持，絕對可以做到為所欲為、無所不為的境地。

朝廷中另一股相對的勢力，則是以大學士明珠為首，支持皇長子胤禔的力量。明珠是大阿哥生母惠妃納喇氏的哥哥，以權變、機詐、形誠實詭侍主。康熙帝親政初期以及執政中期，極受寵遇，與索額圖並為康熙朝中期兩大勢力。

明珠得主之專，是從康熙帝親政初期「撤藩」開始。當時，開府雲南、兩粵和福建的平西王吳三桂、平南王尚可喜和定南王耿精忠等三藩，雄據長江以南半個中國，跋扈囂張，需索無度，已成割據之勢，視朝廷如無物。這時，康熙帝甫擺脫了權臣鰲拜的掌控與壓迫，對於遠處南疆的三個藩王擅權與貪索，雖然十分不滿，但因中原甫定，民心未固，不敢貿然出手，祇能盡量低調以對。

不想三藩的野心與日俱增，更不把這位少年天子放在眼下。康熙十二年（公元一六七三年），平南王尚可喜首先以退為進，上奏請求「撤藩」——撤去平南王建制，歸老遼東——以測驗朝廷態度。緊接著，平西王和定南王也同聲響應，先後請求「撤藩」。這對剛滿二十歲的康熙帝來說，是繼八年前剪除鰲拜之後對他智慧和膽識又一次的重大考驗。

康熙帝召群臣共商對策，戶部尚書米思翰和刑部尚書莫洛二人，主張皇帝同意三藩所請「撤藩」；諸大臣以干係重大，都不敢表示意見，默然以對。在短暫尷尬的沉默中，明珠竊窺帝意，力主乘此機會撤去三藩，以免蹈唐代藩鎮之禍。義正辭嚴，忠藎之心，溢於言表。三藩跋扈不臣，皇帝心中久有「撤藩」打算，祇不過在等待時機而已，如今既然機會送上門來，一見有人附和，立刻毅然裁決：

三桂等蓄謀久，不早除之，將養癰成患。今日撤亦反，不撤亦反，不若先發。

於是立刻下詔撤藩，這一來，吳三桂先以殺朝廷簡派的雲南巡撫朱國治，自稱天下都招討兵馬大元帥正式反清；耿精忠和尚可喜之子也立即響應，隨之而反，半壁山河變色，一時大清江山岌岌可危。朝廷中畏難苟安之臣爭相歸咎建議撤藩的米思翰和莫洛，索額圖更請皇帝誅殺附和最力的明珠。康熙帝回應道：

這是出自朕意，其他人何罪之有！

不但一肩承擔起整個成敗的責任，而且從此對明珠言聽計從，信任有加。三藩之亂平定後，康熙帝念及前情，還曾對群臣說，以前廷議撤藩時，惟明珠等能稱旨，並說：

當時有人請誅殺建議的人。朕若從之，這些人都已經含冤於九泉之下了。

自此以後，明珠官位日隆，權勢益盛，政以賄成，結黨營私，與索額圖傾軋無虛日。

索額圖生而貴盛，賦性倨傲，廷臣中不阿附他的，當眾就會加以斥責辱罵。而明珠則故示謙和，輕財好施，以招新進，凡是不入他門下的，則以陰謀陷害。索額圖倡言擁戴皇太子，而明珠則暗中支持大阿哥。雙方高來高去，明爭暗鬥，無一日無之，無一事無之。朝廷上下，滋長著黨同伐異的乖戾之氣。

朝廷中朋黨之爭漸熾，首輔明珠擅權納賄的情況益烈，以康熙帝之明，自然不會任令其發展下去，於是在康熙二十七年，因御史郭琇的糾劾，將明珠和他的主要同黨大學士余國柱以貪黷之罪罷斥。

他的對手索額圖則在康熙四十一年以「助允礽潛謀大事」交宗人府拘禁，不久就死於幽禁之所——後來康熙帝承認是他下令誅殺的。

康熙二十七年二月明珠獲罪後從輕發落，與十五年後索額圖的重判，寬嚴之間，何可以道里計，原因就在於前者僅是被指控濫權與貪黷的行政過失，而後者則因儲位之爭延伸「圖謀大位」的謀逆大罪。定的罪名不同，兩人的下場也就有天壤之別了。

以康熙帝之明，要說他完全不知道明珠擁大阿哥是不可能的。然而在二十七年時，皇帝正全面性的支持皇太子，太子的行為也很正常，索額圖以外叔公的身分力挺太子也被視為理所當然。明珠偏袒大阿哥，一方面他在表面上功夫做得比較隱密，不牽連太廣，另一方面康熙帝當時壓根認為在自己卵翼下，不可能有那一個皇子或其支持者敢對皇太子有挑戰之心。何況這時除大阿哥外，眾皇子都年紀還小，朝廷內外亦無奧援，「儲位之爭」應是「不可能的任務」。至於明珠有此意向，皇帝以為他不過因甥舅之情，有所偏愛而已，「癬疥之疾」略加懲治，自可消弭於無形。故不願大張旗鼓、嚴加處理，以傷聖明。可是，他卻怎麼也沒料想到，大風起於蘋末，二十年後皇太子第一次被廢，所引發的風波，就是大阿哥明裡暗裡所煽動。不但皇太子被廢禁錮，大阿哥也同遭重譴，廢去王爵，削去宗籍、貶為庶人，終身圈禁。

第一次與儲位有關的朋黨之爭，因為雙方都涉入不深，皇帝也沒有太在意的情況下，不著痕跡地落幕了。但是，人性的醜惡面和客觀情勢的推波助瀾，相互激盪，經過一段時期的醞釀和發酵，「儲位之爭」不但表面化，而且愈演愈烈，甚至有轉化為「皇位之爭」的可能。

「皇權」神聖，碰觸不得

這一件大清朝宮廷中父子、兄弟、和君臣之間錯綜複雜的鬥爭，時間長達三十餘年，歷經兩個朝代，牽涉其中的人極多，其複雜性在中國歷代皇朝中也是罕見的。

首先，讓我們先來談整個事件裡主角中的主角——康熙皇帝。他是一位具有女真和蒙古雙重血統的少數民族菁英，卻又深受漢民族儒學傳統思想的浸潤，「敬天法祖」以及「倫理道德」使他在做人和做皇帝兩方面，都有一定的框框，不容逾越。然而天生「寬厚包容」的個性，卻又使他有很大妥協性。對國家政務、黎民百姓如此；對家事與家人亦如此。於是，當堅持與妥協同時出現時，他就會感到十分痛苦。其間的糾纏牽絆，就算是皇帝也難以解脫。

皇太子胤礽，隨著年齡增長，在父皇蓄意培植下，參與朝政，甚至在皇帝因出征或南巡而離開京城時，受命處理朝政，是一位名副其實的「儲君」。

當康熙帝在處理明珠與索額圖之間的鬥爭時，已開始注意到皇太子身後有一股力量逐漸在進行擴權，甚至某些部分逐漸侵蝕到皇權。

皇帝已經給予太子在他名下所容許的最大權力，但如果碰觸到皇權，則是萬萬不可的。就在父子二人相互試探皇權的進退時，皇帝藉一件有關禮儀的事發難了。

康熙三十三年（公元一六九四年），皇帝四十一歲，太子二十歲。三月，禮部研擬祭祀奉先殿儀注時，將太子的拜褥與皇帝的拜褥一同擺在大殿門檻以內。皇帝覽奏時，立即諭知禮部尚書沙穆哈：「皇太子拜褥應設在殿門檻之外。」沒想到沙穆哈奉旨後竟奏請皇帝將這一旨意「記於檔案」。康熙帝大怒，嚴詞責問他：「是何意見？」立即交部議處。結果，沙穆哈遭到革職處分。

依例，皇帝無論前往任何祭典，都是祇有他一人在殿內致祭，其他從皇子以下的王、公、大臣們都得在殿外陪祭，從不容許任何人進入殿中陪祭。康熙帝正位三十三年，向無此種情形，當然諭令將皇太子拜褥移往殿外。沒想到這位執掌禮儀的尚書大人竟然向皇帝請求將這一更改皇太子拜褥放置地位的旨意「記檔」，如此大膽，反而勾起皇帝一腔疑團，因此才會厲聲問他：「是何意見？」

《實錄》在記述這段經過時，並沒有清楚說明沙穆哈後來作何解釋，但可以想像得到的是：康熙帝這時對皇太子及其黨羽的所作所為，侵蝕甚至威脅到皇權這一點，已經有了警覺。皇帝認為沙穆哈撰擬儀注時，縱然不是受到指使，也是為了討好皇太子，刻意抬高太子的地位與皇帝相埒；等到諭示他將拜褥移往殿外時，又恐以後太子會怪罪於他。在這樣患得患失的心理下，才會脫口而出，要求「記檔」（按：要求「記檔」是表示反對將太子拜墊移入殿內是皇帝的意思，與他無關），一言之失，幾乎闖出滔天大禍。如非康熙帝素性仁厚，而且這時他對皇太子還寄以厚望，不願下手太重，故意從輕發落。如換做他的兒子雍正帝，或者孫子乾隆帝，豈能如此輕易放過！

康熙帝使用「殺雞儆猴」這一招，是希望皇太子和太子周邊以索額圖為首的黨羽們知所警惕，自行收斂，並沒有想對皇太子的「儲君」地位有所更替。他仍然循著一貫態度和方法培育這位未來的接班人。

諸如：康熙三十五年（公元一六九六年）二月，皇帝二次親征噶爾丹，命隨軍諸王及皇子們分駐八旗各營；皇太子胤礽則留京代皇帝處理政務，並諭議政大臣等：

此次各部院衙門本章，停其馳奏。凡事俱著太子處理。若重大緊要事，著諸大臣會同議定，啟奏太子。

這一諭示，等於是由「太子監國」，把國家重擔，除皇帝親自領軍征伐之事而外，完全交付給皇太子。像這樣的情形，在康熙四十七年（公元一七〇八年）以前，還有過好幾次。由此可見康熙帝對太子的信任與支持是一貫的，也是持續的。

而皇太子本人和他黨羽們是不是也一心一意以孝侍父、以忠事君呢？恐怕未必！

前文提到兩個故事：第一件是皇太子被父皇認為「侍疾無憂色」而誤會他「無忠愛君父之念」；第二件則是奉先殿祭祀儀注乖謬，涉及太子侵權，禮部尚書被黜。前者事情發生時，太子僅十七歲，不知輕重，皇帝一時情緒不好，說過也許就忘了。後者，闖禍的是禮部尚書，皇太子是否涉入並無證據，從皇帝事後不加深究看來，事情也不算太嚴重。

嚴重的是皇太子日漸成長，以索額圖為首的太子黨在朝廷內外擴張勢力，結黨營私。太子本人則在有權與無權之間擺盪。

康熙帝在全心培育太子這段時間裡，曾釋放出一些權力，以考驗和培訓太子的治國能力。後來逐漸發現太子和他周邊的人有弄權和侵權的動作，卻未能及時採取有效防範措施，一味因循延宕，自怨自艾，終於發展到不可收拾的地步而遺憾終身。

揮淚廢太子

皇太子究竟有那些大逆不道的行為，逼使這位聖祖仁皇帝最後非把他廢掉不可呢？讓我們從康熙帝在四十七年九月初四日行獵途中，召諸王大臣、侍衛及文武官員齊集行宮之前，命皇太子跪在地上，他則流著眼淚傾訴的一番言語中，找出一些足以令人信服的理由來。

在康熙帝宣布廢太子之前，曾有一些徵兆，顯示他即將有重大的宣示，甚至等不及回到京裡而提前在回京途中的行宮前宣諭，並立即將太子拘執。

康熙帝在四十七年五月十一日前往長城外熱河避暑山莊憩夏，七月十八日轉往木蘭圍場打獵。隨駕的有皇太子、大阿哥、十三、十四、十五、十六、十七和十八阿哥等八位皇子。

農曆八月，口外圍場的日夜溫差較大，年方七歲的十八阿哥允祄可能因受風寒而轉成肺炎。允祄是當時康熙帝十分寵愛的密妃所生；因母及子，尤其年過半百，對這個小兒子自是倍加喜愛。然而允祄的病勢在御醫百般療治之下，不但不見好轉，反而日益惡化。皇帝自然焦慮不已，群臣也因耽心皇帝年事較高，恐他難以承受而無不擔心。不想皇太子竟若無其事，一副與己無關的態度，甚至當康熙帝以「伊係親兄，毫無友愛之意」相責時，太子竟有怒意。這使康熙帝再一次看到了太子的冷漠無情。

康熙帝可能更進一步想到，朕躬健在時尚且如此，有朝一日他一旦繼位又將如何？因此，在痛心之餘又多了一份擔心。

九月初二日，皇帝諭扈從諸大臣等：

自十八阿哥患病以來，朕冀其痊癒，晝夜治療，今又變症，諒已無濟。朕躬所係（繫）甚重，上恐貽高年皇太后之憂，下則天下臣民咸賴予一人。區區稚子，有何關係，朕乃割愛，即此就道。

「區區稚子，有何關係」八字實隱含椎心之痛；「割愛就道」，則是已埋下了痛施辣手種籽。兩天之後，廢太子之詔傳諸天下了。

這是私情，所言所行，可意會而不可以言傳。另外一件事則可供公評，因而在事前預為宣告，以示鄭重。

八月二十八日，也就是宣諭廢太子之前七天，康熙帝在回京途中駐蹕森濟圖哈達之北，命侍衛吳什、暢壽、存柱三人傳諭隨從諸大臣：

近日聞諸阿哥（不止一位阿哥）常撻辱諸大臣、侍衛；又每尋釁端，加苦毒於諸王、貝勒等。諸阿哥現今俱未受封爵，即受封後，除伊屬下人外，凡有罪過，亦當奏聞，候朕處分。伊等何得恣意捶撻乎？……

諸阿哥擅辱大小官員，傷國家大體，此風斷不可長。伊等不遵國憲，橫作威勢，至今臣僕無以自存，是欲分朕威柄，以恣其行事也。豈知大權所在，何得分毫假人！即以裕親王、恭親王，皆朕親兄弟也，於朕之大臣侍衛中，曾敢笞責何人耶？……

嗣後諸阿哥如仍不改前轍，許被撻之人，面詰其被撻之故，稍有冤抑等情，即赴朕前叩告，朕且欣聽處理，斷不罪其人也。

為了顯示諭旨的嚴重性，皇帝最後還加了那麼一句：

若吳什、暢壽、存柱三人，將朕斯旨，或隱一言，不宣諭明白，使眾咸知，即將伊等正法。

這道諭旨雖說是「傳諭隨從諸大臣」，沒有特別指名亂打人的人是誰，但七天後康熙帝垂淚細數皇太子的罪行時，開宗明義第一條就是指斥太子：

朕思：國惟一主，胤礽何得將諸王、貝勒、大臣、官員，任意凌虐，恣行捶撻耶！如平郡王訥爾素、貝勒海善、公普奇，俱被伊毆打。大臣官員以至兵丁，鮮不遭其荼毒。……

這段話也就是上一封諭旨的註解，但在「鮮不遭其荼毒」這句話接下來卻又有這樣一段話：

朕深悉此情，因諸臣有言及伊之行事者，伊即讎視其人，橫加鞭笞。故朕未將伊之行事，一詢於諸臣。

康熙帝早就知道皇太子這等惡行，同時也知道諸臣怕捱打，敢怒而不敢言；皇帝為了避免諸臣可能被打，亦不願——或不敢詢問諸臣有關太子的行為。

沒想到八歲即位，智擒鰲拜，平定三藩，開疆拓土，聲名遠播的康熙大帝，竟也會軟弱遷就到如此可憐的地步。

皇太子「任意凌虐，恣意捶打」上至王公貝勒，下至文武百官，實在是駭人聽聞的事，歷朝歷代除了極少數皇帝曾在金殿上打人而被冠以「昏君」之名外，似乎沒聽過太子和皇子（大阿哥允禔也曾「擅自」責打康熙帝的「侍衛執事人等」多次）敢如此胡作非為的。沒想到這樣荒謬橫暴的行為，竟出自於「祖宗家法極嚴」的大清皇朝。

雖然像這樣「亂打人」的事在康熙帝的諭旨中說得十分嚴重，並且命傳旨的人必須照實宣達，使眾周知，如有隱漏一言或者講不清楚，就要「提頭來見！」但是，從諭旨中明顯可以感覺到，在「打人」這一部分，皇帝內心其實並不十分在乎，說得這樣重，不過是安撫曾經被打過的王公大臣而已。重點則在於他認定皇太子擅自打人是「欲分朕威柄」，侵奪了神聖的皇權，「國惟一主」，「豈知大權所在，何得分毫假人？」這才是諭旨中畫龍點睛之筆。

就這件「打人」的事來看，一方面透露了康熙皇帝過去二十年裡，對皇太子迴護縱容之情；另一方面也感受到即使以聖明、包容、寬厚著稱的康熙帝，一碰到皇權遭受侵蝕時，即令是親生嫡子——而且是早就決定了的接班人——他的反彈，仍然是非常、非常強烈。

權力不可以假人，古今中外，莫不如此，於今為烈！

根據史料顯示，康熙帝對皇太子的多次罪行，據他自己說，都早已「洞悉」，不過一切都因他迴護與縱容，而致舉朝知之，舉國知之，知之而不敢言。

既然早在「聖明洞鑒」之中，為什麼康熙帝又選在一個特定時間與一個特殊地點，完全沒有預警的情況下，宣布令他有椎心之痛的「廢掉皇太子」這樣震驚全國的重大決定呢？史料中並無隻字透露半點消息，祇能就當時情況作較為合理的研判。

康熙帝對皇太子本身胡作非為，和以索額圖為首太子黨們日益張狂的動作，透過密摺制度，早已有所了解。祇是他一方面對自己掌控政柄有絕對信心；一方面因孝誠仁皇后難產而逝，面對皇太子有一份既憐惜又虧欠的感情。於是，凡皇太子所作所為，他都盡量從好的一面去想；至於壞的一面，他則盡量找理由替太子開脫，或者另尋代罪羔羊。久而久之，就形成了一道縱容與迴護的屏障，太子日益驕縱、無所忌憚；而群臣畏其權勢，或則鉗口不言，以求自保，或則趨炎附勢，助紂為虐。

朝中文武百官如此，皇太子的兄弟們面對這一情況又是如何呢？

康熙帝的兒子很多，與皇太子年齡相近的也不少。雖然都同樣是父皇親生的兒子，但在朝廷規制下，皇太子與皇子在身分和地位上就天差地遠了。一旦身為皇太子，就是「儲君」——未來的皇帝，而眾皇子則是臣子。名份一定，就有君臣之分，永遠無法逾越。諸皇子見皇太子時，不能像兄弟見面時作揖打千，而是要跪地磕頭的。逢年過節拜見了皇太后和皇上，更要立即去拜望皇太子，所有儀節，都另有一套，幾乎與皇帝差不多。

允礽一生下來不久，就被康熙帝冊封為皇太子。那時除了長他兩歲的皇長子允禔而外，其他的兄弟都還沒出生，因此很長一段時間，這位太子爺做得平平順順，安安穩穩。隨後，兄弟們逐漸增加，卻又都在父皇嚴厲的管教之下，循規蹈矩，對這位太子哥哥在禮數上既未曾稍有逾越，內心自然也不敢有非分之想。除了大阿哥允禔的腦子裡曾經一度閃過「嫡長之間」的問題，很快因靠山明珠的垮台而趨幻滅。宮廷之中，朝廷內外，沒人有過挑戰皇太子的意圖。

部分皇子和他們周圍的人產生挑戰皇太子地位的想法，應該是從康熙三十七年（公元一六九八年）三月，皇帝的一道諭旨開始的。這一天，康熙帝宣諭，分別冊封年齡較長的數位皇子為郡王、貝勒。其中：。

大阿哥允禔封多羅直郡王（二十六歲）。

三阿哥允祉封多羅誠郡王（二十一歲）。

四阿哥胤禛（二十歲）、五阿哥允祺（十九歲）、七阿哥允祐（十八歲）、八阿哥允禩（十七歲）俱封為多羅貝勒。

這時，二阿哥允礽（二十五歲）已經做了二十三年多的太子。受封諸皇子都必須隨班上朝，參與國家政務，並且分撥佐領，自立門戶，各有屬下之人。

這一分封，使幾位年齡較長的皇子們取得了部分權勢，而為了擴張既有權勢，就免不了各自糾結私黨，壯大聲勢。這樣惡性競爭的結果，破壞了眾兄弟平等，唯皇太子獨大的長期均衡態勢。先是諸皇子之間明爭暗鬥，經過一段時間後，情勢發展成為大家將目標對準皇太子及太子黨，也就是如今大家習知「先聯合次要敵人，集中力量對付主要敵人」的戰略。

皇太子允礽以「儲君」身分，本已有他一定的優勢，再加上康熙帝的包容和支持，照理說這些「初出茅廬」的皇子們難以撼動。但他周邊的太子黨人卻為了壯大集團的力量而肆意擴張，過程中免不了與大部分皇子們發生衝突。以一敵眾，卻也佔不了太多的便宜。

皇太子面臨的問題，除了眾兄弟虎視眈眈，蓄勢待發，他自己本身所犯的錯誤更為嚴重。

從史料上蒐尋，找不出自從他十四歲時，康熙帝替他精挑細選的三位老師去職以後，長達二十年之久的青壯年時期裡，還有誰在他身邊「侍讀」。史書上祇簡單記載他經常隨侍父皇出巡、圍獵，或偶爾代表皇帝處理朝政之類的短暫活動。當他在父皇身旁，是一個健碩挺拔，弓馬嫻熟，言語文學無不過人的備位儲君；雖然偶爾受到責備，也會生氣頂撞——這在封建專制時代，是大得不得了的事——但每一次康熙皇帝都隱忍下來。

從這一點看來，康熙帝對皇太子的感情，有很長一段時間是極其深厚的，就像一般民間常見的老父，雖然表面嚴肅，但內心卻一團火熱，愛之唯恐不周，迴護唯恐不及。

因此，如果追究皇太子「驕縱」的過失，皇帝本身需要負最大責任。

多項罪行的責任歸屬

康熙帝廢斥太子的諭旨，就是以指責他「任意凌虐、恣行捶撻諸王、貝勒及大臣」做為開場白。

另一項「隱忍優容」更是康熙帝親口招認的。他自我坦白：

朕知允礽賦性奢侈，著伊乳母之夫凌普為內務府總管，俾伊便於取用。孰意凌普更為貪婪，致使包衣下人無不怨恨。

皇帝既然明知太子「賦性奢侈」，竟然特意派其乳母之夫去當專管宮中銀錢的內務府總管，好讓太子「便於取用」；最後反而責怪凌普「更為貪婪」，這是什麼邏輯？這已不是「隱忍優容」，簡直是「助紂為虐」。在這種情況之下，回過頭來再表示自己即位以來，諸事節儉，身穿舊衣，足用布襪，豈不是廢話連篇！

接下來，他自曝驚人內幕，指皇太子曾遣使邀劫外藩入貢之人，將進御馬匹，任意攘取，以致蒙古俱不心服。種種惡端，不可枚舉。然而，他卻坦承：

朕尚冀其悔過自新，故隱忍優容，至於今日。

像這樣邀劫外藩入貢，攘奪御馬的罪行，與一般搶劫的盜匪相較，其嚴重何止千百倍，如此尚能「隱忍優容」，則何事不可「隱忍優容」？

其實，在康熙帝的諸多指控中，還有更荒唐到令他「赧（羞）於啟齒」的部分。雖然在《康熙實錄》中一語帶過，未曾詳加敘述，但從其他史料中，可以拼湊出一段比較完整的內容。

康熙四十二年、四十四年和四十六年（公元一七〇三年、一七〇五和一七〇七年），皇帝三次到江南巡視。四十六年最後一次是皇太子全力促成的。皇帝以不願勞擾南方百姓，加以體力衰退，怠於遠行，數度拒絕南行。後來在皇太子詭言「溜淮套防汛工程必須皇帝親臨閱視，否則無法完成」為理由，並發動江南官員百姓屢屢上書請求，皇帝才勉強同意。

皇太子如此熱心鼓勵父皇南巡，主要是為了前兩次隨侍父皇到江南各地，不但收到大量珍貴禮物，而且每到一地所獲得的待遇和享受，尤其是姣童、美女，其嬌艷柔媚，色藝雙絕，都使他念念不忘，因而全心全力促成皇帝南巡以重溫舊夢。因為如果不是隨侍父皇，或受差遣，皇太子是不可能單獨離開京城的。

這次南巡，康熙帝已五十四歲，做了四十六年的皇帝，日理萬機，精神體力都已大不如前，泰半時間都在行宮中看戲或休息；而皇太子正值三十出頭的壯年，精力旺盛，又是識途老馬，自然玩得昏天黑地，不亦樂乎。

美饌佳人，夜夜笙歌早已不在話下；賣官鬻爵，日進斗金更是門庭若市。皇太子和太子黨的人都有「樂不思蜀」的感覺。

皇太子和他的親信手下胡作非為，難道康熙帝會不知道嗎？當然知道！否則他後來在廢太子的諭旨裡也不會說出「赧於啟齒」的話來。

康熙帝是從什麼管道來了解皇太子的行動呢？無他，依靠的是「特務制度」而已。「特務」自古迄今，都是當權者、領導人的耳目，鼎盛時期以明朝的「廠、衛」——東廠和錦衣衛最為著名。大清入關建政，革除「廠、衛」疵政。到康熙中葉，皇帝漸漸感覺到統治疆域遼闊，人口眾多，下情不易上達，官吏賢否難於掌握，因此發展出一套「密摺」制度來。由皇帝親自遴選專人，以祕密奏摺呈報所見所聞的事直接上達天聽；皇帝也可以逕行密旨詢問或調查特定對象與事故。如《紅樓夢》一書作者曹雪芹的祖父曹寅，就是其中最有名的一位。曹寅的母親是康熙帝的乳母，因此深獲信任，授以肥缺，對外名義上是江南織造，事實上則是一位「坐探」，江南各地所發生大小事件，甚至包括水旱災荒，收成好壞在內，都按時直接密報給皇帝。其中大部分密摺如今仍存藏於故宮中。

這一階段，康熙帝選用了一位新的密探，此人名叫王鴻緒，康熙十二年一甲二名進士——也就是俗稱的「榜眼」，在三鼎甲（前三名）中位居狀元之後，探花之前。歷任編修、日講起居注官、翰林院侍講、侍讀學士等皇帝身邊文學侍從之臣，有很長一段時間隨侍皇帝左右，君臣相知甚深，因此被康熙帝選上。

他在康熙四十六年四月二十四日接受委任後所上的奏摺中有這樣的幾句開場白，可見一位密探受委任後的心情：

三月十七日，臣恭接密封御批，隨即回至臣寓，啟封密看。仰蒙我皇上委任，至深感激無地；更蒙諭臣「親手密密寫來奏聞，不可令人知道，有人知道，爾即不便矣。欽此。」仰見睿慮周詳，惟恐臣有不密，以致為人嫉忌，生出口舌是非。真天地父母之恩也，不覺感而泣下。

臣自蒙聖主密委，凡有奏摺，皆係臣親手書寫，並無旁人得以窺見，況此事關涉甚多，尤其當慎之又慎，時刻凜遵者也。

從這一開場白看得出王鴻緒奉委後心情激動，感激涕零之態，躍然紙上。倒是全篇讀來，行文平庸，敘事不實，完全不似一位文學侍從之臣所應有的文采斐然，條理明晰。康熙帝得花點功夫才能看明白。真不知他的榜眼是怎麼點上的？

王鴻緒第一和第二兩份密摺，都是將查訪所得，江南各地有人販賣人口並且涉及官府甚至宮廷的事，奏聞皇上。

報告中首先提到的是：蘇州關差章京（官職）某，買崑山盛姓之女，又買太倉吳姓之女，再買廣行鄒姓之女。

革職科員陳世安在蘇州買人，要營謀恢復官職。

原任陳平州知州范溥，如今捐候補僉事，在京城裡多所活動。日前因為「進花」，給以御箭（按：可能是一種特許的通行證或身分證明），范溥遂持此御箭，帶領娼妓四處行走。范某又在常熟縣花五百兩銀子強買趙朗玉的兒子，因其子並非戲子（當時戲子屬賤籍，可以買賣），於是疏通蘇州督糧同知姜弘緒出公文強要去。范某多次強買平民子女，都藉御前（皇帝身邊）人員之名。如果其父母不願，就由姜弘緒辦文票強要，票上均用隱語，男的稱為「小手」，女的稱為「玉蛹」。被強買的「小手」和「玉蛹」大都下落不明。

密摺中最令人驚詫的是：當時康熙帝正率皇太子和大批官員、侍衛等在南巡途中，行程包括蘇州、太倉、崑山等地，買人的事也發生在這幾處地方。前面提到的幾個人都是官員，有的在職，有的罷職營謀復起，有的則藉此鑽門路以謀升官發財。但看起來都是中低層官員，似乎值不得驚動皇上。不過在密摺末段，王鴻緒竟提出兩位令人驚詫的人物，這兩人官職雖不太高，卻是皇帝身邊十分親近的人。

一個是「侍衛五哥」。（電視連續劇《雍正皇朝》中有一位由十三爺推薦給康熙帝，義氣干雲，形象正派的御前侍衛張五哥，深獲皇帝信任，可能就是借「侍衛五哥」之名。因為官史中從未見「張五哥」這個人，而「侍衛五哥」則屢見他替康熙皇帝傳達諭旨。）密摺中說這位五哥：

買女人一名，用價四百五十兩，又買一女子價一百四十兩，又一婢價七十兩。方姓媒婆成交。

另一人也是侍衛，名叫「邁子」，王鴻緒說他「現在各處買人」。對於邁子，康熙帝特別硃批「無此名人」。

密摺最後說：「紛紛買人者甚多，或自買，或買來交結要緊人員，都是揑造買主姓名，虛騙成局，即使是被賣去的父母，祇能到仲介去處收取身價銀兩，根本不知買主是誰。」

這一道密摺雖奏聞了幾件買賣人口案，以及涉及兩個皇帝近身侍衛，卻沒有什麼值得皇帝特別注意的事，因此只批「知道了」三字存檔，並未加以處理。

隔了一個多月，康熙帝已由南方回京，王鴻緒又有二次密奏。這回除了繼續奏報新查得買賣人口之事外，還特別報告一件所探得的祕密。他說：「皇上聖駕到蘇州虎丘的那兩天，第一次密報中所提到的范溥，向他一位姓程的親戚表示：『有漢大臣說我的壞話，我去送駕不太好。』姓程的問：『這個消息是不是太監向你通風報信的？』范溥回答：『不是太監，是御前第一等人通知我。』」報告寫到這裡，皇帝硃批「此第一等人是誰？」

王鴻緒接下去又說：「范溥在山東包攬捐納（仲介以銀子捐官），又是查昇（南書房行走，天子近臣）第二子的親家，平日引他結交侍衛和各王府中人，所以有人送信給他。」

然後，王鴻緒緊張兮兮地奏報：「以范溥之神通廣大，加以查昇之多言好事，臣將來必受其中傷，謹預為奏明。」在奏摺中像這樣先替自己留地步，似乎已有些過分。但他卻繼續有所要求。他以一個全責從事機密工作的特勤人員身分，十分直率地警告皇帝：「皇上行事，至慎至密，人莫能測，真千古帝王所不及。但恐近來時候不同，有從中窺探至尊動靜者。伏祈皇上密密提防，萬勿輕露，隨事體驗，自然洞鑒。臣此密摺，伏祈即賜御批密發，並望特諭總管，面交臣手，以免旁人開看之患。又摺子封套之後，用紙加封，紙寫南書房謹封字樣，以隱臣名。」這封密摺，康熙帝硃批祇有一個字：「是！」

過了幾天，王鴻緒第三次密奏，答覆康熙帝所問：「此第一等人是誰的問題。」他說：「臣初得范溥告訴伊戚之語，心中畏懼異常，即託人再訪問其所言『第一等人』還是親近侍衛們，還是更在上一層的人？程姓云，這不敢說，因此不得其人名。臣在揚州時，復託人回蘇再訪程姓，昨得家信云，程姓說：『這人豈是平常人，我萬萬不敢說！』」

奉皇帝硃批：「范溥一事，再無一人知道，若有人說出，非侍衛馬五說了。第一人卻一點不知從那裡說起。」

王鴻緒第二封密摺，康熙帝衹批了一個「是」字，而不是一般的「知道了」，一方面表示同意他對御批密摺發還時多加謹慎的要求；更深的意義則顯示皇帝對摺中「密密提防從中窺探至尊動靜」一點，特加重視。

至於對第三封密摺的硃批，從「范溥一事再無一人知道」以下，語意曖昧，難以確切了解真意為何，其中「侍衛馬五」四字，是否即指「侍衛五哥」其人，也有待查證。

王鴻緒以上三封密摺，連同其他密書小摺和康熙帝密諭三件都儲存在一個有七個小抽屜的匣子裡，藏於北京故宮懋勤殿內。原摺均用紙加封，封面一如王鴻緒所請求的僅寫「南書房謹封」，而不露姓名。

史料中找不到康熙帝在南巡途中，或回京以後，對密摺中所說情節和一干涉案人員如何處理，祇知道買了五個婦女的「侍衛五哥」仍然做他的御前侍衛，而且經常奉皇帝之命宣達諭旨。

但是，即使完全沒有處理，康熙帝對密摺中所述有「御前第一等人」通風報信，以及王鴻緒警告「有人從中窺探至尊動靜」，請皇上「密密提防」，而且要「萬勿輕露」，必然會感到十分震驚。他一定持續在默默「隨時體驗」中。不然的話，他不會在宣諭廢斥太子時一再說出：「鳩聚黨與，窺伺朕躬起居動作」，「朕不卜今日被鴆，明日遇害，晝夜戒慎不寧」的話。

一個做了四十多年皇帝的人，竟然日夜耽心自己將會遭到謀害，而且下手的人可能就是自己苦心培植，深寄厚望的愛子和接班人，這樣的遭遇和感受，實在是極人間之至痛至慘。

皇太子之所以「驕縱」至此，除了康熙帝，他的外叔公索額圖更是罪魁禍首。甚至連康熙帝都指他是「本朝第一罪人」。

索額圖早年就是皇帝的侍衛，康熙七年一度出任吏部侍郎，不久就自請解任，情願回到皇帝身邊，復任一等侍衛。這次回任侍衛，應該是為了協助皇帝解決輔政大臣鰲拜。鰲拜定罪後，索額圖立刻被授為大學士，權勢日盛。康熙十九年，因病請求解任，皇帝獎其「勤敏練達」改命為內大臣，隨後又授以領侍衛內大臣。他之所以被改任為內大臣和領侍衛內大臣，主要原因可能因為他是皇太子的外叔公，而且是皇帝足堪信任的人，因此要他多花些心思在皇太子身上。

沒想到索額圖過於溺愛這位沒娘的孩子，先是在籌議皇太子儀制時，大量抬高其位階，一切都似乎和皇帝相埒。康熙帝在位的歲月日益綿長，太子也隨之長大成人，以索額圖為首的太子黨人漸感不耐長久等待，於是在朋比徇私，貪黷弄權之餘，漸生不臣之想，冀求皇太子早日明正大位。於是遂有所謂「窺伺」、「被鴆」、「遇害」之說。再加上眾皇子均以皇太子為目標，讒言蜚語則溯之於索額圖，長此浸潤，康熙帝心所謂危，終於在四十二年五月以「結黨妄行，議論國事」將他逮捕，交宗人府拘禁，不久死於幽禁之所。

索額圖以外戚至親侍康熙帝近半世紀，屢立功勳，一門顯貴，僅以「結黨妄行，議論國事」

這八個字就將身為外戚姻長，在朝四十餘年的老臣，垂暮之年身繫囹圄，似乎不像以寬厚包容著稱的康熙帝所應為，但當皇帝在廢斥太子所宣諭罪狀中明白示知：

> 索額圖助伊（太子）潛謀大事，朕悉知其情，將索額圖處死。今允礽為索額圖復仇，令朕晝夜戒慎不寧。

這就完全可以解釋康熙帝何以如此一反常態，痛下殺手，毫不留情。不僅如此，在諭示廢斥太子後，餘憤未息，還將索額圖兩個兒子和親信等六人立即正法。

這一切都緣於索額圖助太子「潛謀大事」。「大事」何指？捨「謀逆」、「篡位」而外，還有什麼比這更「大」的「事」！

而且，由此可以證實前述王鴻緒密摺中的所謂「御前第一等人」和「窺視至尊動靜」的人，「密密提防」的人，都是指的皇太子允礽。祇因事關重大，他萬萬不敢點明罷了。至於皇帝呢？他應該早已心知肚明，祇以尚在觀望，所以當時並未窮追逼問。

揭開皇子們奪嫡序幕

康熙帝自己坦承包容太子的罪過已「二十年矣！」為什麼會在圍獵歸途中，迫不及待宣諭廢斥太子？是什麼原因促使他等不及回到京城，而要在塞外荒漠之地痛哭流涕宣布此一重大決定呢？

前文曾提到事情發生前幾天值得注意的兩件事，一是十八阿哥允祄病情轉劇，皇帝說了幾句好像不是很近情理的話；另一件則是皇帝傳諭訓斥眾皇子撻辱諸王公大臣的事。其他並無任何不尋常的事故，促使皇帝做如此重大的決定。

經過反覆檢驗康熙帝九月初四日在布爾哈蘇台行宮前的口諭廢斥太子全文，從中獲得些許啟示，認為康熙帝是在沒有預警之下，由於心理因素，一時衝動展現的非理性行為。何以有此想法？請先看口諭中的一段話：

十八阿哥患病，眾皆以朕年高，無不為朕憂慮。伊（太子）係親兄，毫無友愛之意。因朕加責讓，伊反忿然發怒。

前面說過，兩天前康熙帝才因十八阿哥允祄病情惡化，恐將不治，因而在焦急絕望中說了幾句不近情理的話，然後忽然就道。這些話明眼人一看就知道是在傷痛焦急情形下脫口而出的非理性言語，其實心裡所切望的，仍是愛子能轉危為安。這是一位老父對幼子在生死關頭所顯示內心深處的愛。這時的康熙帝，已經不再是一位萬乘之君，而僅是一個眼睜睜看著兒子即將走向死亡之途的老父親，他除了不捨，就只有因無助而演化的躁急和憤怒。

這時，他不但祈求幼子能轉危為安，更需要親近的人給予安慰和同情。

當時隨駕的皇子們，年齡最大的大阿哥允禔已三十六歲，皇太子允礽也已三十四歲，兩人都早已進入中年；生病的十八阿哥允祄則才剛滿七歲，其他各位阿哥都在十歲到二十歲之間。

這樣看起來，能夠擔起安慰父皇責任的，應該是大阿哥允禔和皇太子允礽二人。允礽以皇太子身分，而且最蒙皇帝愛顧，更是不二人選。沒想到允礽的反應竟是「毫無友愛之意」。當皇父責備他時，更「忿然發怒」。以康熙帝此時的心情，皇太子用這樣方式和態度回應，簡直就是捋虎鬚，批龍鱗，自尋絕路！

專制時代，君臣、父子五倫之最，位階之分最嚴。身為皇太子，既是臣子，更是兒子。一般平民百姓對於君主和父親敬之如天，視之如神。自古以來，就有「君要臣死，不敢不死；父要子亡，不敢不亡」的俗諺，深植民心。忠孝二字是一個人做人、立身的根本，不忠者抄家滅族，遺臭萬年；不孝者大逆不道，凌遲處死。逆倫重案，甚至罪及下至州縣，上及督撫各級官吏；事件發生所在州縣城垣亦令「切角」——切去部分城牆，以示儆懲。

康熙帝自己說他已包容太子「二十年」。太子長時期胡作非為、敗德惡行，嚴重違背自己意願，多年來都在十分痛苦地強自隱忍，委屈求全，所希望的就是能夠感化他棄惡從善，以虔敬的心，接下自己耗盡畢生精力，兢兢業業所建立的大清帝國，並能垂奕百世。

在皇太子頂撞皇父的當時，康熙帝並沒有即時反應——史料載太子曾有過幾次觸怒皇帝的紀錄，皇帝似乎都隱忍下來。這一次太子「忿然發怒」，好像皇帝當場也並沒有什麼表示。可是就在頂撞事件發生的當天，或第二天，十八阿哥就病逝了。【註二】

愛子死訊傳來，皇帝墜入傷痛深淵。幼兒依依膝下，笑語喧聲，拈鬚索糖，稚態宛然的情景，一剎那都奔向眼前來，獨自思前想後，很自然就會聯想到皇太子對這位幼弟的無情，進而對自己的頂撞，再進而二十年來種種惡行罪戾。愈想愈氣，愈氣愈恨，肝火愈積益盛，就像蓄勢已久的火山一般，轟然巨響，一發不可收拾。管不得皇帝尊嚴，在京在外，更不計後果如何，立刻傳召隨侍王公大臣、文武官員等，就在行宮之前，命皇太子允礽當場跪地，歷訴其諸般罪行，邊哭邊訴，說到傷心之處，甚至痛哭仆地不起。所有在場的人，也都一同叩首流涕，哭成一團。

這就是康熙帝宣諭廢太子當天的經過。前段所述情節，是執筆人在讀史後，以一個同為人父的立場，懸揣整個事件經過和當事人康熙的意念行為。當然會與實際發生的情況有所差異。但是，如果繼續觀察康熙帝在隨後幾天的言語行為，至少可以認為九月初四宣諭廢斥太子，是未曾經過深思熟慮，因一時刺激而臨時倉促決定的。

廢斥皇太子事件的後續發展，大約可分為兩個不同階段，但其走向，則都是為了復立允礽為皇太子。說來似乎有些不近情理，既然如此，何必又要有廢太子之舉呢？此所以本文認為這是康熙帝一時衝動所作的決定，並沒有經過深思熟慮，謀定而後動，因而接下來才會全力謀求補救。

第一個階段，是於宣諭廢太子後第三天開始。

初七日，皇帝命御前侍衛吳什等，傳諭諸大臣、侍衛及全體官兵，說明：

> 今事內（廢太子事）干連人等，應正法者已經正法，應充發已經充發，事皆清結，餘眾不更推求。嗣後有人首告，朕亦不問，毋復疑懼。

這諭旨的內容，是告知廢太子一事已經結束，以後決無株連，以釋群疑，以安眾心。對象特別著重「侍衛及官兵人等」、「本營及後營人等」。因為這時皇帝正在口外行圍，隨行的大都是「官兵人等」，如因疑懼導致譁變，危險極大。不過諭旨末節有這樣兩句話：

> 朕頃因悵恨不寧，中心煩悶，故於眾人危懼不安之處，未暇宣明諭旨。

「悵恨」者何？因何「煩悶」？都是值得探討的。

初九日，皇帝諭隨行文武諸臣，就皇太子「暴戾悒淫」事作更進一步的說明。他說：

朕歷覽書史，時深警戒，從不令外間婦女，出入宮庭；亦從不令姣好少年，隨侍左右，守身至潔，毫無瑕玷。見（現）今關保、吳什（兩御前侍衛）俱在此，伊等自幼隨侍朕躬，悉知朕之行事。今皇太子所行若此，朕實不勝憤懣，至今六日未嘗安寢。

原來皇太子竟是一個「雙性戀者」，而且前文提到王鴻緒給皇帝的密摺中，所述一切「姣童」與「少女」人口買賣情形，最終都歸結到皇太子身上。難怪康熙帝因之「六日未嘗安寢」，更且「涕泣不已」。這一天，皇帝嘮嘮叨叨講了一大篇，從祖父太宗皇帝說起，到他多年執掌政柄的感觸，完全是一個老年人在感到受了委屈以後的訴苦，惹得全體文武官員也隨之「嗚咽」。這表示事件發生六日夜後，皇帝的情緒仍然十分低沉。

又過了兩天，康熙帝的態度開始有了些許改變。

九月十一日，皇帝駐蹕「兩間房」（地名），諭隨侍官員：

近觀允礽行事，與人大有不同，晝多沉睡，夜半方食，飲酒數十觥不醉，每對越神明，則驚懼不能成禮；遇陰雨雷電則畏沮不知所措。居處失常，語言顛倒，竟類狂易之疾，似有鬼物憑之者。

前段所述晝寢夜食，飲酒不醉，對於一個長年生活放蕩，無所羈勒的人，似乎並不是什麼希罕的事；何況是一人之下，萬人之上的皇太子，突然之間變為一個罪大惡極的階下囚，這樣的行為轉變，應該是很自然的。

至於接下來的一段，重點是在「竟類狂易之疾，似有鬼物憑之者」兩句話。從事件發生到這一天，不過短短七日而已，皇帝所宣諭皇太子的全部罪行，一剎那間，全部找到了原因和理由——好像是瘋了！也可能是被鬼附身了！由於這個「個案」還在醞釀中，所以皇帝用了「竟類」和「似有」兩個不確定的字眼。

又過了四天，皇帝對於「鬼附身」有了比較具體的說法。九月十五日，皇帝駐蹕孫河地方，諭大學士等：

> 允礽宮人所居擷芳殿，其地陰暗不潔，居者輒多病亡。允礽時常往來其間，致中邪魅，不自知覺。以此觀之，種種舉動，皆有鬼物使然，大是異事！

這一來，「有鬼附身」之說，經由皇帝之口定了調。於是自此以後自康熙帝以下，從皇子、諸王、大臣等都統一口徑，將允礽所有不法情事，都歸於「鬼物使然」。至於諭旨末句「大是異事」四字——用口語化來說，就是「這真是件怪事！」，史官照寫於《實錄》之中，似乎更說明整個事件的發展方向，都是由康熙帝一個人所主導。

為了落實有「鬼附身」的說法，第二天皇帝返抵京城的當天，大學士等遵旨，召集諸王、貝勒等，副都統以上大臣，九卿、詹事、科道官員等，齊集午門內，皇帝宣諭曰：

當允礽幼時，朕親教以讀書……騎射、言詞、文學，無不及人之處。今忽為鬼魅所憑，蔽其本性，忽起忽坐，言動失常，如見鬼魅，不安寢處，屢遷其居。啖飯七、八碗尚不知飽；飲酒二、三十觥亦不見醉。匪特此也，細加訊問，更有種種駭異之事……以此觀之，非狂疾何以致是？

雖然在短短七天之中，皇帝對允礽從「竟類」和「似有」的懷疑態度，變而為「非狂疾何以致之」的堅決肯定，但他自己似乎也覺得這樣的轉變也許太輕忽，因此當諸王、貝勒、滿漢文武大臣官員一齊跪地奏請「公同具本上奏」，以冀對廢斥太子一舉稍有轉圜空間時，康熙帝斷然諭示：「朕志已定！」當即告祭天地、太廟、社稷，「廢斥皇太子，著行幽禁」！

康熙帝這四十七年皇帝，的確沒有白做，此一宣示，諸王大臣無不稱頌聖明，三呼萬歲！

九月初四日，康熙帝宣諭廢允礽皇太子名位，並立即加以拘執，交由大阿哥允禔看守，十六日返抵京城，命設氈帷（帳幕）於上駟院（飼養御馬的所在）旁，並加派四阿哥允禛與允禔共同看守。

十八日，將廢皇太子事遣官告祭天地，同時將允礽移禁于咸安宮。祭天之前，皇帝命允禔率眾皇子將告天祭文送給允礽看。允礽看了以後說：

我這皇太子是皇父給的，皇父要廢就廢，不必告天。皇父若說我別樣的不是，事事都是有的，祇是弒逆的事我實無此心。

康熙帝得知此言，立刻命人打開允礽頸項上的鐵鍊，並且傳諭他：「因為你得了瘋病，所以鎖你。」

康熙帝對廢太子後第一階段的補救措施，在回到京城順利完成。接下來，他立刻進行第二階段更形複雜、困難的後續處理。

九月二十五日，康熙帝召見眾皇子。在此之前，當皇帝廢皇太子並予拘執，交大阿哥允禔看管時，允禔乘機奏曰：

允礽所行卑污，大失人心。相面人張明德曾相允禩（八阿哥）必大貴。今欲誅允礽，不必出自皇父之手。

皇帝聞言，立命允禔將張明德拿交刑部尚書巢可托、左都御史穆和倫審問。

皇帝這天召見眾皇子，先追述允禔所說的這段話，然後說：

言至此，朕為之驚異。朕思允禔為人，兇頑愚昧，不知義理。倘可同允禩聚集黨羽，殺害允礽，其時但知逞其兇惡，豈暇計及於朕躬有礙否耶？似此不諳君臣大義，不念父子至情之人，洵為亂臣賊子，天理國法，皆所不容者也！

其實，皇帝對大阿哥允禔本來印象就不好。九月初四就曾提到：

朕前命直郡王允禔善護朕躬，並無欲立允禔為皇太子之意。允禔秉性躁急愚頑，豈可立為皇太子。

接著，不久後又曾對諸皇子說：

前召爾等面諭時，允禔奏：伊弟兄等嗣後同心合意，在皇父膝下安然度日，似此亦非善言。假使爾等內有不肖人行非禮事，亦可眾人一心助之而行乎？允禔既將人毀謗，欲致之死地，今又為和好之言，誰其信之？且允禔於朕之侍衛執事人等，擅自責打者不少，今被打之人尚在也。

由於可見大阿哥允禔在皇父眼中是何等樣人。康熙帝早不表態，遲不表態，卻選在皇太子被廢的當口，發出如此強烈責備和鄙視言詞，眾皇子中覬覦皇太子位的人，當然明瞭皇父的意之何在——允禔已經出局了！

不僅此也，康熙帝接下來又對八阿哥允禩採取了同樣行動。允禩在九月初四日皇太子被廢的第二天，皇帝任命他署理內務府總管事，負責查察原總管凌普貪黷一案。

八阿哥沒選好日子，竟在皇帝當著眾皇子痛責大阿哥後，啟奏所查凌普家產一案。這又正好給皇帝一個借題發揮的機會。上諭：

凌普貪婪巨富，眾皆知之。所查未盡，如此欺罔，朕必斬爾等之首。八阿哥到處妄博虛名，凡朕所寬宥及所施恩澤處，俱歸功於己，人皆稱之。朕何為者？是又出一皇太子矣！如有一人稱道汝好，朕即斬之。此權豈肯假諸人乎！

看將起來，康熙帝如果不是因十八阿哥允祄之死，傷心錯亂，就是老糊塗了！「暴戾淫亂」

如皇太子、「兇頑愚昧」如大阿哥被廢、被斥，猶可說是罪有應得；八阿哥以「妄博虛名」入罪，且嚴重到「如有一人稱道汝好，朕即斬之！」這那裡是一代聖明之君所說得出口的！究其實，「此權豈肯假諸人乎」一句話，才真真透露出做了四十多年皇帝的康熙爺，對「權力」的放不下，同時也開始對失去「權力」有了危機感。「權力」之腐蝕人心，有如是者！

這段故事還沒結束。第二天，還演出更精采一齣父子喊打、喊殺的宮廷寫實鬧劇。九月二十九日，康熙帝可能整晚沒睡好，清晨傳詔諸皇子入乾清宮。乾清宮是皇帝處理軍國大政的所在，今天早朝在此，皇帝把家事當國事來處理了。

皇帝諭曰：

當廢允礽之時，朕已有旨，諸阿哥中如有鑽營謀為皇太子者，即國之賊，法斷不容。廢皇太子後，允禔曾奏稱：「允禩好！」春秋之義，人臣無將，將則必誅！大寶豈人可妄行窺伺者耶？

允禩柔奸性成，妄蓄大志，朕所深知，其黨羽早相要結，謀害允礽。今其事皆已敗露，著將允禩鎖拿，交與議政處審理。

康熙帝話猶未了，和八阿哥允禩交好，而且長久謀劃支持他謀奪太子位的兩個弟弟——九阿哥允禟和十四阿哥允禵——在下面咬耳朵：「你我這時還不講話，再等何時？」於是允禵出列奏道：

八阿哥無此心，臣等願保他！

皇帝早已知道他和允禩是一黨，在氣頭上，當即斥責他們倆人道：

你們二人（允禟、允禵）指望他當了皇太子，日後登極做皇帝，好封你們兩個親王嗎？你們的意思說你們有義氣，依我看，都是梁山泊義氣！

允禵一時衝動，竟然賭咒發誓，出言頂撞。這一來皇帝真火了，拔出佩身割肉的小刀說：「你想死現在就死！」揮手就刺，一旁跪著的五阿哥允祺急忙緊抱皇父雙腿，不使行動；諸皇子也跪地叩首，同聲求情。皇帝收了小刀，揮手去打允禵，又被九阿哥允禟抱住，氣得他連打了允禟兩嘴巴。然後命諸皇子將允禵當場在金殿上責打二十大板，與允禟一同趕出宮去。

從這一點來看，大清皇朝入關定鼎之初，雖然未脫草莽之氣，然而尚能保有其純真樸質的一面，頗為難能可貴。雍、乾以後，帝權愈盛，專制益嚴，人性中的純真被虛假所取代，類似演出就很難再看到了。

【註一】

《清代史》第一七八頁，孟森著，正中書局出版：「太子母孝仁皇后，索尼之女，大學士索額圖之妹。」

故宮庫藏《清史稿》后妃傳抄本原傳：「聖祖孝誠仁皇后赫舍里氏，滿洲正黃旗人。父噶布拉，領侍衛內大臣，康熙四年納為后，生皇子承祜，殤。繼生皇二子允礽，十三年崩於坤寧宮。」

《清史稿》二一四卷，后妃列傳：「聖祖孝誠仁皇后赫舍里氏，輔政大臣、一等大臣索尼孫，領侍衛內大臣噶布拉女。康熙四年七月冊為皇后。」

《清史稿》二六九卷，〈列傳〉五十六：「索額圖，赫舍里氏，滿洲正黃旗人，索尼第二子。」

《滿名臣傳》卷十九〈索額圖列傳〉：「索額圖滿洲正黃旗人，姓赫舍里氏，內大臣一等公索尼第三子。」「先是，索額圖之兄噶布拉任領侍衛內大臣，以冊諡孝誠仁皇后推恩所生，封一等公。」

綜上所述，孟森（心史）先生把康熙帝敬愛的孝誠仁皇后輩份弄錯了，她應該是大清開國勛臣索尼的孫女，索尼長子噶布喇之女，噶布喇（拉）二（或三）弟索額圖的姪女。

【註二】

至於「孝誠仁皇后」寫為「孝仁皇后」應為排版漏排所致。

《康熙實錄》五十四年九月（丁丑）初四日所載皇帝召諸王大臣宣諭太子罪行並予廢斥的全文後，下面另有一小節：「皇子允祄薨」五字。十八阿哥的死訊，皇帝究竟是在宣諭之前，還是宣諭之後得知，無可考證，但是在同一天則是事實。《實錄》記事總以皇帝為主，其他則列後，因此不無可能皇帝前一晚或者初四凌晨時就得到幼子死訊，於是立即召集群臣，宣布廢斥太子。

第三章　一代英主聖明之失

為甚麼康熙帝在復立太子一事上會表現得如此舉棋不定，進退維谷呢？他近半個世紀治理偌大一個帝國的英明睿智，何以晚年會有如此令人置疑的表現呢？

康熙帝親手揭開了諸皇子因覬覦皇太子位而結黨互鬥的帷幕，並將大阿哥允禔和八阿哥允禩嚴加罪責，本以為儲位之爭將會從此平息，沒想到眾皇子之間的明爭暗鬥，竟然因此一催化反而全盤登上枱面，愈演愈烈。這卻是皇帝始料所不及的。

大阿哥與「八賢王」

康熙帝突然宣布廢太子，原是帶有一些意氣用事的成份。但經過短時間觀察，他赫然發現眾皇子中鳩聚黨與，謀奪儲位者大有人在，而且行動詭異，手段陰毒。於是正好將計就計，引蛇出洞，使主要對象一一曝光，以便徹底解決。所以他會在公布皇太子種種罪行之後，雖然立刻找出了「鬼魅所憑，蔽其本性」的理由，加以解套，但在諸王大臣善體上意，欲加轉圜時，他則堅決表示「朕志已決！」祭告天地，立將皇太子予以廢斥，著予幽禁。這一動作，留給有意謀取儲位的皇子們很大的想像空間。

首先發難的是大阿哥允禔。

當康熙帝宣諭廢太子，即將加以拘執那一天，允禔乘機奏言：

今欲誅允礽，不必出自皇父之手。

意思是：要殺允礽，不必皇父親自動手，我可以代勞！他是想乘皇帝急怒攻心，神智昏亂時，火上加油，促使他立刻下令將允礽誅除，以免隨後又再變卦。這是一劑猛藥，對症的話，藥到病除，也可因此得遂所願；如果是下錯了藥，天威難測，後果不堪設想。

結果是允禔完全會錯了皇父的意思，康熙帝心裡，壓根兒就沒有想到要殺皇太子。縱然這時皇帝的布局還沒周全，未便即時出言斥責或降罪於他，但卻在宣諭之前表示：

朕前令直郡王允禔善護朕躬，並無欲立允禔為皇太子之意。允禔秉性躁急愚頑，豈可立為太子。

話是說得夠清楚明白了，但皇帝為了緩和當時情勢，仍然交付他在回京途中負責看守皇太子的任務，直到回抵京城，允礽被拘禁於上駟院旁時，才加派四阿哥胤禛共同看守。後來康熙帝諭諸皇子時還提起當時：「皇太子被拘返京途中，如果不是朕委任親信侍衛加意防護，廢太子必為允禔所害。」可見當時情勢十分複雜緊張。

接下來一個多月，皇帝雖然幾次在傳諭眾皇子時，間中對允禔予以言語譴責，但卻始終未有任何動作。直到三阿哥允祉出奏，指他串連蒙古喇嘛，以法術「鎮魘」皇太子，致皇太子「種種悖謬之事，實被魘魅而然」的陰謀暴露，再加上皇帝進一步發現他還與八阿哥允禩結黨，合謀爭取儲位。終於在廢皇太子後不久，將允禔革去王爵，予以幽禁。

允禔是康熙帝的長子，卻因生母不是皇后而當不上皇太子，也永遠沒有機會當皇帝。雖然每次康熙帝出巡都奉命隨侍，但卻未得皇父的歡心。除了念念不忘儲位，他並沒有大過失，甚至找蒙古喇嘛鎮魘皇太子一案，是不是真由他主導都很難說。但他卻在三十六歲的英年，被削爵幽禁，長達二十六年之久，直到雍正十二年才鬱鬱而逝。

康熙帝處置了大阿哥允禔，立刻將目標指向眾所矚目的八阿哥允禩。

皇八子允禩在有清一代，尤其是康、雍、乾三朝共一百五十多年中，絕大部分的官書裡，都被描寫成一位負面形象的失敗者；但奇怪的是，非官方的野史或筆記中，則對他有相當正面的肯定。

先來看康熙帝對這個兒子的評語：

當皇帝發覺他一心想爭奪皇太子位時，就指斥他是一個「到處妄博虛名」、「乘間沽名」、「欺誑眾人」、「性奸心妄」的偽君子；甚至明白表示由於他的生母「出身微賤」，根本沒有立為皇太子的可能。

然而，當廢太子的事件過去，康熙帝決定復立允礽為皇太子，這時一天烏雲散去，皇帝病體痊癒，心情舒暢，在與諸皇子閒談每個人在他心目中的感覺時，含蓄地表示：「八阿哥之為人，諸臣奏稱其賢。裕親王（康熙帝的二哥福全，兄弟感情甚篤）存日亦曾奏言八阿哥心性好，不務矜誇。」在這樣的場合，借他人的話來讚許八阿哥，應該是出自內心的，祇因以前生氣頭上把這個兒子說得太不堪，一時轉不過彎來罷了。

至於允禩在兄弟間心目中的地位，和他與朝廷文武百官們的互動，似乎與他和皇父之間的關係有兩極化的分野。

早期有意謀奪皇太子儲位的皇子，以大阿哥允禔和八阿哥允禩最為積極。其他年齡較長的三、四、五阿哥等，雖有此意，卻祇敢深藏於心，靜觀風向，表面上絲毫不露顏色。

大阿哥允禔雖然年紀最長，但由於個性乖僻，不善與人相處，在皇太子的光環照射之下，心理極不平衡，於是與眾兄弟和朝中諸大臣都沒有太多往來，單打獨鬥，缺乏支援，以致蒙古喇嘛「鎮魘」案一出，立刻身敗名裂，眾叛親離，遭到悲慘下場。

八阿哥允禩則恰恰相反，他年紀不大，雖被認為「出身微賤」，但卻行動積極，動作頻頻。對外，他禮賢下士，輕財仗義，特別尊重南方名儒，支持他們講學出書。有了讀書人這一階層大力替他義務宣傳，於是「八賢王」的美名通國皆知，甚至連康熙帝都有所耳聞。（其實，終康熙之世，他最高祇被封為「多羅貝勒」的爵位，直到雍正帝即位，為了羈縻他才封為「廉親王」。）

八阿哥除了對外的公共關係做得聲名遠播，在朝廷中也獲得許多元老重臣的鼎力支持。如康熙帝的舅舅佟國維和兒子領侍衛內大臣鄂倫岱、武英殿大學士馬齊、理藩院尚書阿靈阿、已故權相明珠之子左都御史揆敘，漢尚書一度為康熙帝密探的王鴻緒等，都被歸類為「八皇子黨」，在允礽被廢後，全力支持允禩為皇太子。

除了政府（朝廷）與民間，都凝聚了很強大的支持力量，皇室中的親貴們，也有一些站出來挺八阿哥的。如裕親王福全之子保泰、安親王之子孫瑪爾渾、伍爾占，以及貝子蘇努等。

眾皇子中，自始至終支持八阿哥，甚至出錢出力，生死與共的，要算是九阿哥允禟了。他們倆並非一母所生，年齡相差兩歲。允禟從一開始就認定在眾多兄弟中，祇有八阿哥是皇太子的不二人選，同時也是最適當的皇位繼承人。他的支持是無條件的，至死都無怨無悔。

前文說過，大阿哥允禔在康熙帝宣諭廢斥皇太子時，特別指明並無立他為皇太子之意，已知儲位無望，於是退而求其次，說有個名叫張明德的相面術士，認為八阿哥「丰神清逸，仁誼敦厚，福壽綿長，誠貴相也」，希望皇父考慮以他為皇太子。

允禔這一席話，不但害了自己，更害了允禩。因為他的話既坐實了他與允禩兩兄弟聯手合力扳倒皇太子，甚且有圖謀大位之想。此所以康熙帝認為「允禩柔奸性成，妄蓄大志」，「大寶豈可妄行窺伺者耶？」於是將允禩鎖拿，並撤去「多羅貝勒」爵位。從此以後，在康熙帝心目中，允禩永遠排除在「皇太子」的考慮之列。

然而，從史料中，若隱若現地透露一些訊息，顯示允禩的人氣，無論在朝廷或民間，始終維持一定的高標準；而康熙帝也在不時訓斥與不斷以行動改善他們父子關係的矛盾中左右擺盪。諸如在削爵後不到兩個月的短時間裡，又恢復他貝勒的爵位；同時，皇帝每次出巡或圍獵，隨行的眾皇子中，都會有他的名字。然而，隔一段時間，又會提出他謀奪儲位的事來訓斥一頓，隨後又雨過天青。

就此觀之，康熙帝對允禩的感情是十分微妙的，好像有一些與他對待皇太子允礽相似，遇到問題總是踟躕不前，欲行又止。

雖然四阿哥胤禛即皇帝位後，在諭旨中，強調自己在藩邸時祇知讀書坐禪，修心養性，從未涉及與眾兄弟結黨營謀皇太子事。但是，仍然一度被康熙帝認為他與允禩是一黨的。

康熙五十五年（公元一七一六年）九月，皇帝奉皇太后自熱河行宮回鑾途中，得知八阿哥允禩染患傷寒症，立刻問四阿哥胤禛：「八阿哥染病，你曾派人去探視沒有？」

胤禛回答：「還沒派人去看。」

皇帝說：「你應當派人去看。」

隔了幾天，皇帝一行來到距京城不遠的密雲縣。四阿哥胤禛上奏：「臣使人往看八阿哥允禩，病勢甚重。臣打算先回去（允禩這時臥病在暢春園附近）看視。」

皇帝答應了。隔一天，皇帝心裡犯嘀咕，立刻發來上諭：「四阿哥隨駕在外，祇有他一個人，竟放下護駕的事，奏請先回探視允禩。看他如此關切之殷，也像是與允禩一黨的。既然如此，允禩有關醫藥諸事，就由四阿哥負責料理好了！」

通篇上諭，含有不滿和責怪之意，並直截了當將胤禛列入允禩一黨。尤其是在諭旨末段，將「醫藥諸事交由胤禛料理」，分明就是把允禩的病勢好壞，甚至死活都歸由胤禛負責。這是何等嚴重的事。

康熙帝老年時常會胡亂發脾氣，有時發的像是孩子脾氣，有的則是帶有酸味的醋意；而且在發過以後，很快就後悔，再謀求補救。幸而他秉性仁厚，大部分是口頭責備，最多也不過罰俸降級之類不傷脾胃的處罰，很少因為一般性錯誤或罪行而被嚴懲的。

這則上諭嚇壞了四阿哥，他在五天後，找到一個機會，趕到皇帝駐蹕的湯泉行宮向皇父奏報：「前者在旅途中，皇父問道：曾經派人去看過八阿哥沒有？當即派人去看望，回報說八阿哥病勢甚重，因此才奏請前往探視。臣不知輕重，實屬錯誤，罪所難免。況臣素不諳醫藥，如今既已送允禩到家，臣已無可料理之事，特來奏知前後始末。」

這一主動坦白和請罪的行為，「上方釋然」——皇帝放心了。

康熙帝為了四阿哥想親自去看重病中的八弟——而且還是皇父授意的，卻被指為「允禩一黨」加以斥責，逼得胤禛表態認錯而後已。殊不知在此之前幾天，也就是康熙帝知道八阿哥染病時，《實錄》就載有：

> 上聞八子多羅貝勒允禩染患傷寒，降旨：十四阿哥允禵向來與八阿哥允禩相好，著伊同太醫商酌調治。

四阿哥與十四阿哥同為自己親生兒子，而且還是一母所生，何以皇帝竟有如此大的差別待遇，實在令人費解！是不是這一段時期，皇帝內心中對於「儲位」問題，已經開始萌生出另一個新的想法了呢？下文自有交代。

就眼前來說，斥責四阿哥這件事，凸顯了康熙帝在廢皇太子後，對眾皇子們結黨一事的嚴重關切。皇子們的一舉一動，都會使他聯想到與「結黨」甚至「謀逆」有關。皇子的結黨，祇有一個目的，那就是爭奪儲位，於是在這段時間，我們可以大膽地推測：

——康熙帝患有嚴重的「立太子敏感症候群」。

這一病症的徵象是：杯弓蛇影、疑神疑鬼、坐臥不寧、躁鬱不安、猶豫不決。不但嚴重影響皇帝的龍體欠安，同時也間接使禁宮內外、朝廷上下，都籠罩在一種爾虞我詐、詭譎不安的氣氛中。

八阿哥允禩病勢的後續發展，以及康熙帝的態度，說明了一切。

允禩患的是傷寒，一種傳染病，在當時被認為是「惡疾」，正住在暢春園路旁的府邸治療。這時，皇帝甫由承德避暑山莊度假完畢，返回京郊暢春園途中。

八月二十三日，御駕駐蹕距京城不遠的密雲縣，不再行進。二十五日，皇帝降旨：允禩臥病在暢春園路旁，適當聖駕回宮途中，為恐不潔之物衝撞，應將他移回京城家中。並命諸皇子「議奏」——商量後回報。四阿哥胤禛這回率先表示「應移回家」；問及諸皇子，也都表示「應當移回」。祇有九阿哥表示反對，認為：「八阿哥今如此病重，若移往家中，萬一不測，誰來承當？」主張將移允禩的事再奏聞皇帝。

皇帝又降旨說：

八阿哥病極其沉重，不省人事。若欲移回，斷不可推諉朕躬令其回家。

如此模稜兩可，又拒絕承擔後果的上諭，經過眾皇子慎重會商，最後還是做了「移回」的決定。

所幸八阿哥後來很快就痊癒了，落得皆大歡喜的結局。康熙帝對他前此的態度，或有些許歉意，於是命將「所停允禩之俸銀俸米，俱照前支給。」允禩的俸銀俸米前因結黨營謀太子案被皇帝下令停止支給，如今因一場大病，得以恢復，連同前不久，皇帝也已將他多羅貝勒的爵位恢復，似乎他的處境有了逐漸改善的態勢。

復立太子過程曲折

康熙帝以廢皇太子事祭告天地，並詔告全國，已完成了一切法定手續，接下來就是積極進行他預計中的補救措施——如何能夠在不損及自己尊嚴與獲得眾皇子、王、大臣及文武百官共識情況下，恢復允礽的皇太子名位。

廢皇太子原不是皇帝本意，祇不過一時擦槍走火，才弄成如此尷尬的局面。沒想到就因此一大錯失，暴露出幾位皇子長時期在暗中結黨謀奪儲位的陰謀，兄弟之間相互圖謀之烈，已幾近生死關頭。如果再不嚴肅面對，即時處理，拖下去連自己的未來都難以想像。

康熙帝畢竟當國四十餘年，雖然歲月不居，漸現老態，但將近半個世紀經驗閱歷的累積，對這樣歷朝往代所在多有的故事，處理起來似乎還難不了他。

廢皇太子後，皇帝經常哭哭啼啼，言必念及太皇太后（祖母孝莊文皇后），傷痛之餘，纏綿病榻，三月不起，這些悲情都是感情豐富，尤重親情的自然表現，但卻也不無滲入些許做「秀」的成份。

首先，他否決了諸王、大臣有意斡旋的請求，堅持廢斥皇太子，以顯示他的英明與果斷。接下來，大阿哥、八阿哥、九阿哥、十四阿哥分別結黨圖謀儲位的陰謀被陸續揭發，他立刻對另立皇太子一事做出莊嚴宣示：

> 今立皇太子之事，朕心已有成算，但不告知諸大臣，亦不令眾人知。到彼時，爾等只遵朕旨而行。

如此諭示，斷絕了皇子們希冀儲位的念頭，同時也嚴令諸大臣不得說三道四，干擾他的「睿斷」。康熙帝果決而明確地表達他維持皇權神聖不可侵犯的決心。

對於復立允礽為皇太子，皇帝實在花了很大一番心血，也作了很大功夫。允礽之被廢，是出於他一人之意，一己之口。一個多月前，他在眾皇子和諸王、大臣以及八旗護駕官兵之前，垂泣而道，歷數皇太子的罪行——為了大清國，為了列祖列宗，為了億萬臣民，非把他廢掉不可。說到痛心、傷心處甚至仆倒在地，久久不起。像這樣的情況，如果在短時間內就立刻翻案，何以堵悠悠之口？英明睿哲如康熙大帝，怎會如此魯莽粗率。他自有一套營造氣氛，製造輿論，言之成理的說法和做法，務使「復立」一舉，既順天心，復應民情。

康熙帝是在四十七年九月初四日宣諭要廢斥皇太子的七天之後——九月十一日就埋下了復立的伏線。

這天，皇帝對大學士等曰：「近觀允礽行事，與人大有不同……居處失常，語言顛倒，竟類狂易之疾，似有鬼物憑之者。」於是，「狂易」、「鬼魅所憑」、「時見鬼魅」等言詞，連續幾天大量出現在皇帝上諭之中，加深了人們對於「狂易」、「鬼魅」的印象。

同時，皇帝毫不避諱地將當日所宣示關於皇太子「不法祖德、不遵朕訓、惟肆虐眾、暴戾淫亂」等種種罪行，選擇時間、場合重複加以宣諭，以配合「鬼魅」之說。

接下來，三阿哥允祉舉發大阿哥允禔串通蒙古喇嘛，以巫術「鎮魘」皇太子的事爆發，皇太子種種不法罪行的根由被「找到了」，皇太子被廢斥的合法、合理性也受到置疑。於是，一切都有了轉圜空間。

不僅如此，八阿哥允禩在大阿哥、九阿哥、十四阿哥支持下，謀奪儲位的意圖暴露，因而導致政局不安，更強化了康熙帝復立允礽為皇太子的正當性與必要性。

雖然經過一個多月的醞釀和布置，並且還在有意無意間透露若干意向，康熙帝仍然覺得時機尚未成熟，為了加強他復立皇太子的合理與合法性，他走了一著「欲擒故縱」的險棋。

十一月十四日，距離廢皇太子已兩個多月；大阿哥被革去王爵，予以幽禁也過了半個月。在暢春園養病中的皇帝，召見滿漢文武大臣，指名額駙達爾漢、親王班第與在座的滿漢大臣等會同研議，「於諸阿哥中，舉奏一人」為皇太子，並且強調：

> 大阿哥所行甚謬，虐戾不堪。以外（除他而外），於諸阿哥中，眾議誰屬，朕即從之。

康熙帝何以會出此怪招？群臣都在猜疑。為了避免選邊站，絕大多數的滿漢大臣都表示：「此事關係重大，非人臣所當言，我等如何可以推舉！」祇有侍衛內大臣阿靈阿認為：「適才面奉諭旨，務令舉出人選，豈可推託！」阿靈阿原是擁八阿哥的急先鋒，一見皇帝如此宣諭，正中下懷，完全沒有考慮皇帝此一想法背後是否暗藏玄機。

於是，被認定為「八皇子黨」的四位主要人物：阿靈阿、鄂倫岱、揆敘、王鴻緒等「遂私相計議，與諸大臣暗通消息，書『八阿哥』三字於紙，交內侍梁九功、李玉轉奏。」

不及片刻，梁九功就出來傳達諭旨：

立皇太子之事，關係甚大，爾等各宜盡心詳議。八阿哥未嘗更事，近又罹罪，且其母家亦甚微賤。爾等其再思之！

原來說得好好的，除大阿哥允禔外，「眾議誰屬，朕即從之」，竟然當場變卦。這一來，諸王大臣俱都看出皇帝別有所指，而且早有定見，於是乾脆回奏：

此事甚大，本非臣等所能定。諸皇子天資俱聰明過人，臣等在外廷，不能悉知。皇上如何指授，臣等無不一意遵行。

於是，這一天所議，到此為止。皇帝對於所得到的答案雖然不盡同意，但卻可以接受。於是溫語諭知：

今日已暮，爾等且退，可再熟思之。明日早來，面有諭旨。

留給大家多一個夜晚來猜皇帝心中的啞謎，這是康熙帝邇來經常對群臣耍弄的把戲，每每在可以臨門一腳時，故意盪開，等大家茫然不知所措時，再一言而定大計，以示聖意玄妙，深不可測！

第二天一早，文武群臣再次齊集暢春園澹寧居。康熙帝先是海闊天空，不著邊際的做一些「夢」，然後才單刀直入，點到正題：

近日為皇太子事，夢中見太皇太后，顏色殊不樂，但隔遠默坐，與平時不同。皇后（太子生母孝誠仁皇后）亦以皇太子被冤見夢。皇太子前日魘魅，以致本性汩沒，因召至左右，加意調治，今已痊矣！朕初謂魘魅之事雖見之於書，亦未可全信，今始知其竟可以轉移人之心志也。

話已越說越明白，群臣終於了解皇帝心意之所在，於是眾口一詞，直截了當的回奏：

皇上灼見，廢皇太子病源治療已痊，誠國家之福，天下之福也——伏祈皇上即賜乾斷，頒示諭旨。

康熙帝不放心，還再追問了一句：

群臣皆合一否？

諸臣高聲齊奏：

臣等無不同心！

取得了諸王、大臣和文武百官的保證，康熙帝拿出一份早已寫好「釋放廢皇太子」的御筆硃書，親口對大家宣布，以昭示其重要性和認真的態度。

其實，這一道御筆硃書的內容，都是這兩個月來，皇帝反覆替廢太子「解套」的說辭，但其中出乎大家意料之外的是硃書中的一句話：

今朕且不遽立允礽為皇太子，但令爾諸大臣知之而已。

「不遽立」，也就是不立刻復立允礽為皇太子，但卻不保證沒有復立的可能。因為諭旨的末尾說：「允礽斷不報復讎怨，朕可以力保之也。」允礽如果不被復立為皇太子，就沒有「報復讎怨」的權力；皇帝「力保」，就說明他一定會被復立為太子。

為甚麼康熙帝在復立太子一事上會表現得如此舉棋不定，進退維谷呢？他近半個世紀治理偌大一個帝國的英明睿智，何以晚年會有如此令人置疑的表現呢？

仔細探討起來，似乎癥結在於「患得患失」之心太重。為了這龐大帝國的未來，為了培植三十多年的接班人是否能承擔如此重擔，他想得實在太多，顧慮也實在太周詳了。一個人對專一問題太集中、太執著，又不能或不願與別人分享，想著想著就很容易走入魔境。

從廢太子被拘禁到釋放，皇帝經過不斷苦心設計和安排，替廢太子復立所進行清除障礙的努力中，早以為已經達到完美的程度，卻沒想到在「票選」新皇太子時，「八阿哥黨」竟有驚人表現，幾乎滿朝文武都在「八阿哥黨」的掌控之下。康熙帝晚年對維護皇權完整，已經到了絲毫碰觸不得的境地，「八阿哥黨」竟然在他連番打壓之下，展現偌大實力。今日為儲位之爭可以如此，他日若有逆謀，焉知不會危及自身的權位和安全——這是他自宣布廢太子後就存有的恐懼感。

此所以康熙帝在宣諭釋放廢太子允礽後，雖然滿朝文武都已認知他意之所在，而他卻又一次徘徊瞻顧，依違兩可，不立刻就勢做出最後決定。因為他需要時間來進行清除復立皇太子最後可能出現的障礙——他必須盡快親手找出「八阿哥黨」的主要後台予以摧毀，否則允礽就算是復立為皇太子，前途仍是坎坷的。

在朝廷之上，執行指揮文武百官推舉八阿哥允禩為皇太子的，是阿靈阿等四位大臣，然而康熙帝所要追究的，是幕後更重要的主角。於是接下來就召集領侍衛內大臣、滿漢大學士、各部尚書等重臣追問：

> 去年冬，朕躬違和，命爾等於諸阿哥中保奏可為儲貳者，爾等何以獨保允禩？

眾大臣誰也不敢說出首倡之人，大家異口同聲都說是「實係公同保奏，並無首倡之人。」這樣互相推來推去，又無人承認，皇帝最後祇好直接指出：

> 朕知之矣！此事必舅舅佟國維，大學士馬齊，以當舉允禩默喻於眾，眾乃畏懼伊等，依阿立議耳。

佟國維是康熙帝的舅舅，馬齊是明珠以後最為皇帝信任的大學士，兩人支持允禩，朝野皆知，康熙帝豈有不知之理。如今既然挑明了，就表示皇帝鐵了心要為廢太子清除復立的最後障礙，即使是舅舅和重臣也不包容。他明白曉諭眾臣：

> 今馬齊、佟國維與允禔為黨，倡言欲立允禩為皇太子，殊屬可恨，朕於此不勝忿恚。……今爾諸臣，乃同偏徇，保奏允禩為皇太子，不知何意？豈以允禩庸劣無有知識，倘得立彼，則在爾等掌握中，可以多方簸弄乎？如此則立皇太子之事，皆由於爾諸臣，

不由於朕也！……朕聽政四十九年，包容之處甚多，惟於茲事，忿恚殊甚。

據此，以馬齊等「圖謀專擅，欲立允禩為皇太子」的罪名，著諸王、大臣會集速審擬奏。案經和碩康親王椿泰等審鞫後覆奏：馬齊「應立斬」，其兄弟、子侄、妻兒均被議處重刑。奏入，康熙帝出人意表的諭示：

朕因任用（馬齊）多年，不忍即誅，著即交允禩嚴行拘禁。

其餘家屬人等，則分別遭到枷責、革職的輕微處分。佟國維則因是舅舅的關係，祇在口頭上嚴加訓斥，在家養老，不加罪責。並表示：

朕若誅爾，似類沽名。朕今斷不誅爾，其坦懷無懼，但不可卸責於朕躬。

這一場被指為「圖謀專擅」（「專擅」就是侵犯皇權，在專制時代是一項大罪，嚴重的可以抄家滅族），擁立皇太子的謀逆大案，涉及的人包括國舅、首輔和滿朝文武大官，朝野震動，人人自危，看起來似乎不知如何才能收場。沒想到康熙帝在抓出佟國維和馬齊以後，竟然立刻鳴金收兵，輕描淡寫地宣告結束，沒有殺一個人，甚至連下獄、充軍的都沒有。更使人詫異的，則是最後將馬齊交由全案主角——允禩來看管。八阿哥允禩本人尚在幽禁之中，如今竟奉旨看管另一位因擁戴自己而獲罪的欽命重犯，豈不令人啼笑皆非！

康熙帝對於涉案人的如此寬大、包容，主要當然是不嗜殺的個性使然；另一原因則可能是由於年老體衰，五十多年秉政，歷盡艱險危難，勉力維繫帝國尊榮，究竟精力不繼，在生理上和心理上都日趨衰頹，以致遇事高高舉起，輕輕放下，話說得兇，卻又狠不下心。這樣的心情和行為，應該說是多數長年執掌政權的領導人，在日薄西山時所不可避免的。如果遇上盛年悛刻的雍正帝，則一干人等的下場就沒有這樣輕鬆了。

在復立太子過程中，康熙帝對「八皇子黨」的主要打擊目標，一直鎖定在大阿哥允禔身上，即使已將他削爵、禁錮，但每談及廢太子案，仍對允禔忿忿不已，似有不殺他為憾之意。至於他最後所指認幕後主使人舅舅佟國維和大學士馬齊，以及推動提名允禩為皇太子的阿靈阿等四人，反倒是和風細雨，輕輕放過。甚至連全案最關鍵的主角八阿哥允禩，除了被削爵，仍得以在皇帝身旁行走，經常被點名隨同出外巡視、圍獵。

「八皇子黨」中有一位人物特別值得提出來說一說，就是前文提到康熙帝密探——吏部尚書王鴻緒。

當康熙帝第四次南巡，他曾數次密奏有人買賣人口，賣官鬻爵，招搖撞騙，需索賄賂。目的隱然指向皇太子允礽。當時看起來，他好像真的忠心耿耿發揮一個「密探」所應有的職責。然而當後來皇帝「引蛇出洞」，命滿朝文武「提名」皇太子人選時，他卻與阿靈阿、鄂倫岱、揆敘等人聯手，出面指揮滿朝文武推薦八阿哥允禩。這一來，暴露了他「八皇子黨」身分，皇帝一定會聯想到當年他在密摺中影射皇太子罪行的種種意圖，於是以「王鴻緒早應罷斥，朕姑為容忍，今不可再容矣」而加以「原品休致」——按原品級退休。

像這樣的處罰，已經是太寬大了。祇是王鴻緒此人，極不安份，退休回到原籍江南，仍然不忘朝中政情，經常和京中暗通消息。《紅樓夢》作者曹雪芹的舅公李煦，就曾經像王鴻緒當年一般，以密摺方式，向康熙帝密報他的行動。

從宮中祕藏一個小匣子中，發現時任蘇州織造李煦有兩份關於王鴻緒的密摺。一份是康熙帝四十八年十二月初二日，王鴻緒已經奉命退休返鄉後，李煦密奏：

原任尚書王鴻緒，今歲解職回家之後，每月必差家人進京，至伊兄都察院王九齡處，探聽宮禁中事。無中作有，搖惑人心。

第二年二月十九日，李煦又以密摺奏陳：

臣打聽得王鴻緒每云：「我寓中時常有密信來，東宮（太子）目下雖然復位，聖心猶在未定。」而王鴻緒門生故舊，處處有人……

從這兩封密摺看起來，王鴻緒不但在被強迫退休後沒有忘情政治，更顯出他仍在關心、甚至運作八阿哥繼續圖謀皇太子位的陰謀。其人之膽大妄為，至於此極。康熙帝得知後如何處置？無片紙隻字資料留存，這一鱗半爪，也是在清室既屋，民國肇興，關心國史的前輩們窮蒐故宮所藏存文書後偶然發現，留給後人無限思索空間。

出爾反爾　復立又廢

康熙帝是在四十七年九月初四日，於出塞圍獵歸途中，臨時宣諭廢斥太子，並予拘執。隔了兩個多月，也就是同年十一月十五日，在暢春園當著諸王、大臣以及滿漢文武百官，宣布釋放廢太子。到第二年——康熙四十八年三月初九日，終於正式復立允礽為皇太子，告祭天地、社稷、宗廟，並詔告天下。距廢太子僅不過半年而已。在詔書中特別指出：

皇太子允礽，久踐青宮，風標譽望，克殫誠孝，篤守恪恭。不意忽染迷惑狂易之疾，不得已而有退廢之舉。嗣後窮極始末，究其情實，因而確得病源，悉由鎮魘所致。亟加除治，盡滌前疴。

累月以來，朕因諸事憤懣，心神耗損，允礽朝夕侍朕左右，憂形於色，藥餌必親，寢寤必視，惟誠惟謹，歷久不渝，令德益昭，丕基克荷。

一面對前廢皇太子一事加以解釋，一面又對皇太子的「誠孝」細加描述，既說明了退廢之必要性，又證明了復立的合理性。中國人的文字遊戲，對於當權者來說，大多如此，信者自信，不信者仍是不信。

整個冊立皇太子儀式，安排得極為莊嚴隆重。特派大學士溫達、李光地為特使，持節，授皇太子冊寶，復立允礽為皇太子。又以禮部尚書富寧安為正使，持節，授皇太子妃冊寶，復封為皇太子妃。

冊封皇太子，在有清二百六十八年中，這是僅有的一次，既空前，又絕後。（按：允礽前次被立為皇太子時，才一歲半，因此沒有舉行冊封儀式）因為大清皇朝原本就沒有預立「儲貳」的制度。康熙帝之前，是由八王互推「共主」，康熙帝之後，繼位的雍正帝凜於皇父「立儲」所帶來的困擾和危機，乾脆另訂了一套「密詔」制度，一翻兩瞪眼，立刻兌現，絕無紛爭，免得重蹈前轍。

康熙帝在復立允礽為太子的第二天，做了一項很重大的宣布，加封已成年八位皇子的爵位。

受封的皇子和爵位是：

皇三子貝勒允祉晉封為和碩誠親王

皇四子貝勒胤禛晉封為和碩雍親王

皇五子貝勒允祺晉封為和碩恒親王

皇七子貝勒允祐晉封為多羅淳郡王

皇十子允䄉封為多羅敦郡王

皇九子允禟、皇十二子允祹、皇十四子允禵俱封為固山貝子

這時，其中最大的三阿哥允祉三十六歲，最小的十四阿哥允禵也已二十二歲了。

在這裡，需要對其他不在名單中的皇子下落略作說明：大阿哥允禔於前一年的廢太子案中已被削爵，並遭禁錮看管；二阿哥允礽，也就是廢而復立的皇太子，備位儲君，已無爵可封；六阿哥允祚早逝；八阿哥允禩原被封為貝勒，因涉及廢太子案被削爵，雖未被拘執，但卻在待罪中；十三阿哥允祥也受廢太子案涉及，被削爵拘禁看管。其餘十五阿哥以下，俱未成年，所以都未受封。

這一次康熙帝大封眾皇子，點明了是為慶賀皇太子「復立」。看起來，他老人家對復立皇太子不但是玩真的，而且從心底裡高興。因為整個處理過程十分圓滿，同時也表示他認定廢太子風

波從此過去，以後朝廷和國家都將齊心和樂，國泰民安。

然而，在受封的眾位皇子中，至少有一位是不滿意的，那就是挺八阿哥最力的九阿哥允禟。一方面他對復立二阿哥允礽為太子十分失望；另一方面他更對自己未能封「王」而「怨望不滿」。從受封那天起，就自稱有「風疾」，整天撐著一支拐杖在朝中搖來擺去。

允礽復立為皇太子，初期還頗收斂，從《實錄》上看起來，他唯一的工作就是隨同皇父出巡。皇帝每年固定巡視畿甸，奉太后赴熱河避暑，出塞外行獵，往遵化謁孝陵等，他必然是隨行的人選，其他皇子則大都輪替跟隨。看起來，康熙帝似乎不放心在自己出京時讓他一個人留在京城裡，否則，何須如此！

從康熙四十八年皇太子復立到五十一年，這三年裡，官書中除前述隨皇父出巡、避暑、圍獵露個面而外，其他言語行動，隻字未提。他究竟在做什麼？官書稗史都是一片空白。我們祇能從康熙帝在發牢騷時的話語中得知一二。

康熙五十年（公元一七一一年）十月二十七日，皇帝在暢春園大西門內箭廳，召集諸王、貝勒、貝子、公、文武大臣，諭曰：

今國家大臣，有為皇太子而援結朋黨者。諸大臣皆朕擢用之人，受恩五十年矣！附皇太子者，意將何為也？

伊等欲因皇太子而結黨者何也？朕父子之間，並無他故，皆伊等在其間生事耳。

當場諭示將「為皇太子而援結朋黨者」：都統鄂善、步軍統領托合齊、刑部尚書齊世武、兵部尚書耿額等人鎖拿，監禁在宗人府。

由於皇帝說了「朕父子之間，並無他故」，都是這些人在中間挑撥是非，因此全案似乎都沒有涉及皇太子。

但是，過了半年，到康熙五十一年四月十三日，負責審訊托合齊、齊世武等人的主審官簡親王雅爾江阿將審訊供詞具奏後，皇帝諭示：

此等事俱因允礽所致。允礽行事，天下之人無分貴賤，莫不盡知。若果以孝為本，以仁為行，天下之人皆知為朕之子，必無異心，何必以求此等人保奏？

整個事件又歸結到皇太子身上，問題又出在「援結朋黨」。雖然這一次涉及的層次不如上一次那麼高，而且整個經過又比較單純，除了主要的涉案人被判刑，很快就草草結案了事。

這一次事件雷聲大、雨點小，對皇太子似乎影響不大，除了捱一頓罵，別無他責。表面上看不出有什麼不對勁的地方。

從四月中旬，康熙帝聽取有關托合齊、齊世武等「援結朋黨」案審結，並將涉案人員分別判刑起，到九月三十日自熱河行宮避暑返抵京城為止，長達五個半月這段時間，從史料中完全看不到康熙帝對皇太子有任何不滿或責備之處。《實錄》中祇是照例像每一次赴熱河行宮避暑或圍獵一樣，極簡略地列名在皇子們隨行名單上而已，不多一字，也從不漏失。

九月三十日，康熙帝和皇太后一行，經過九天長途跋涉，風塵僕僕回到暢春園。當他親自把皇太后送回寢宮休息，立刻前往平日聽政的澹寧居，緊急召喚所有留在暢春園中的諸皇子等前來，陰沉著一張瘦削的臉龐，宣諭：

皇太子允礽，自復位以來，狂疾未除，大失人心。祖宗宏業斷不可託付此人。朕已奏聞皇太后，著將允礽拘執看守。朕明日再頒諭旨示諸王大臣。

這突如其來的諭旨，猶如晴天霹靂般震得諸皇子剎那間惛然不知所措，等回過神來，皇帝已返寢宮歇息去了。諸皇子一個個瞠目結舌，不知應該如何反應才好，相視無言，楞了片刻，祇好各自散去。

第二天，十月初一日，皇帝晨間仍然照舊處理日常政務，完畢以後，命御前侍衛將早已寫好的「御筆硃書」，向諸王、貝勒、貝子、大臣等宣諭：

前因允礽行事乖戾，曾經禁錮；繼而朕躬抱疾，念父子之恩，從寬免宥。朕在眾前曾言其似能悛改。伊在皇太后、眾妃、諸王大臣前，亦曾堅持盟誓，想伊自應痛改前非，晝夜警惕。

乃自釋放之日，乖戾之心，即行顯露。數年以來，狂易之疾仍然未除，是非莫辨，大失人心。朕久隱忍，不即發露者，因向有望其悛改之言耳。今觀其行事，即每日教訓，斷非能改者。

朕今年已六旬，知後日無幾？……守成五十餘載，朝乾夕惕，耗盡心血，竭蹶從事，尚不能詳盡；如此狂易成疾，不得眾人之心，豈可託付乎？故將允礽仍行廢黜禁錮。

諸王大臣恭聆諭言，見皇帝此次以如此迅雷不及掩耳的方式處理復廢太子案，並且還連皇太后都抬出來，自然不敢再虛情假意地為皇太子講話，但又不能不有所表示，祇好轉移目標奏道：

頒示諭旨，臣等自應欽遵。但皇上聖躬關係甚重，祈寬釋頤養，臣等庶可稍慰。

康熙帝似乎懶得再和他們囉嗦，板起面孔，厲聲斥責：

今爾等奏請朕躬「關係甚重，宜加頤養」。但自釋放皇太子以來，數年之間，朕之心思用盡，容顏清減，眾皆緘默，曾無一人如此勸解者。朕今處置已畢，奏此勸解之言何用！

前此廢置，朕實憤懣；此次毫不介意，談笑處之而已。……嗣後爾等各當絕念，傾心向主，共享太平。嗣後若有奏請皇太子已經改過從善，應當釋放者，朕即誅之！果爾，初拿皇太子之時，何無一人保奏？今已頒諭旨，完結之後，奏亦無益。日後朕若再行復立，其何以示天下耶？

皇帝不准諸臣再談皇太子事，他也從此絕口不提皇太子，僅在默默中進行一切善後事宜——十月十九日，將允礽禁錮於咸安宮；十一月十六日，以再廢皇太子事祭告天地、宗廟、社稷；十一月二十八日，詔告全國。

再次廢皇太子，對於康熙帝來說，雖然仍有些忿恚，有些傷痛，有些不捨，但確實是下了決心。從宣諭那一天起，接下來的幾天、幾個月裡，他處理政務如常，出外巡視、圍獵如常，絕口不提廢皇太子一個字，好像事情完全沒發生過一樣。不像上一次那麼宣諭未畢就哭哭啼啼，自怨自艾，疑神疑鬼，臥病在床長達數月之久，一直到決定復立為止。似乎第二次廢皇太子，在皇帝心中，甚至舉國臣民的感覺上，終結了皇帝與皇太子允礽君臣父子之間，長達將近四十年的恩怨愛恨。兩人似乎都得到了解脫，各自在有生殘餘的歲月中，各行其是，不必再無止境地牽絆糾纏了。

從史料來看，康熙帝第二次廢皇太子的起爆點，僅不過是因為他與少數不關緊要的文武官員們「結黨會飲」而已。「結黨」部分，人數既不多，位階也不很高；「會飲」則以當時眾皇子拉幫結黨，聚飲密談幾無暇日，何足為罪！至於另有一些貪黷情事，相較起來，好像也不很嚴重。既然皇帝在口諭中坦承：

伊（皇太子）所奏欲責之人，朕無不責；欲處（罰）之人，朕無不處；欲逐之人，朕無不逐。惟所奏欲誅之人，朕不曾誅，以朕性不嗜殺故耳！凡事如所欲，以感悅其心，冀其遷善也。

皇帝對皇太子將就到如此不顧家規國法的程度，與後人對康熙帝英明睿智的良好形象，已經有了極大的落差。再衡量他第一次廢皇太子時所持的理由，以及所述皇太子諸般罪咎，都遠較第二次廢太子時嚴重得多，也更具有說服力——不管是對自己或者滿朝文武、全國百姓。何以兩次處理後的態度竟然有天壤之別？實在令人費解。似乎箇中尚別有隱情，或則難以對人言，或則已被後來有權力的人強力删削，以致無從索解，成為清初歷史上又一個解不開的謎團。

第二次廢太子，史書上祇簡單錄下了一篇「御筆硃書」，一道補充諭旨，一份祭告天地、宗廟、社稷的祭文，以及詔告全國的詔書。整個經過也不過一個半月就匆匆結束。證明皇帝這一次再廢皇太子的行動，盡量低調而且快速收場，完全不像上一次般的舉朝惶然，全國震驚，沸沸揚揚長達半年之久。

反倒是當時朝鮮派往北京的使臣在就此事報回國的文書中，就他當時耳聞目睹的親身經歷，說得比較詳細。這位使臣在報告中說：

> 皇太子允礽經過上一次廢斥之後，皇帝制約得很嚴，使他片刻不離左右。他眼看諸弟都在外面浪游閑逸，自己則被拘執，毫無自由，因而對皇帝頗有怨恨。
>
> 皇帝前往熱河，太子則沉酗酒色。故習未改，分別派人往各省富饒去處，勒取貨賂，責貢美女。稍不如意就奏知皇上將官員撤職問罪。皇帝雖然明知他不對，卻不得已而勉強曲從。近來，上自內閣，下至部院，隨事請託，必要順他的意才罷休。

這份報告中前段所說「往各省富饒之處，勒取貨賂，責貢美女」，本是前一次廢斥的罪狀之一，不想三年後，皇太子在皇帝嚴密管制下絲毫未改，仍然徵逐酒色，要索賄賂。至於對封疆大吏索賄不成，就奏請皇父撤職問罪這種荒謬的事，皇帝不但「曲從」，而且在諭旨中竟然公開承認確有其事。

朝鮮使臣的另一份報告中似乎說到了重點：

聞太子性甚背戾，每言「古今天下豈有四十年太子乎？」其性行可知。太子無狀，多受賄賂。且諸王互相樹黨，康熙若死，則國事可知！

「古今天下豈有四十年太子乎？」應該是皇太子內心的吶喊，透過朝鮮使臣的觀察，明白吐露出來，這就是「旁觀者清」。就此延伸下去，前朝「燭影斧聲」之疑，也未嘗不可出現於今日。這一點，亦可部分解釋前文所置疑康熙帝第二次廢皇太子的內心思考走向。

康熙帝再次廢皇太子，從宣詔到囚禁，旬日之間，一氣呵成，乾淨俐落，如釋重負，似乎已經從長達四年的羈絆牽纏中獲得解脫，但是周遭客觀情況卻仍持續困擾著他。每隔一段時間，就會有人把立皇太子的事翻出來炒作一陣。晚年的康熙帝不管用什麼方法，都擺脫不開這一痛苦的夢魘。

再廢太子後不過四個月，就有左都御史趙申喬疏請早日「立儲」以安社稷，皇帝沒有理睬他，祇是將奏摺發還而已。接著，大學士王掞串連御史陳嘉猷等八人，又密疏奏請「建儲」，雖然沒有明指復立二阿哥允礽，但字裡行間卻隱含這一企望。皇帝依然不予理會，卻也沒有加罪，祇略予儆誡，要他們不可為「沽名而奏」。

直到康熙五十七年（公元一七一八年）五月，翰林院檢討朱天保挑明了疏請復立廢太子允礽，皇帝才赫然震怒，御暢春園行宮正門，親審朱天保，並究及他父親朱都訥。一連串追下去，牽連很多人，終於將為首的朱天保斬首，其他人則囚禁的囚禁，充軍的充軍。總算兌現了第二次廢太子時所諭示的：「後若有奏請皇太子已經改過從善，應當釋放者，朕即誅之！」

雖然如此，並沒有完全達到嚇阻的作用。已經致仕（退休）的老臣王掞，始終鍥而不捨，四次冒死奏請「建儲」；陶彝、陳嘉猷等十一名御史，也聯名上書響應。皇帝手諭諸王大臣斥責，群臣請議王掞等罪。奉旨：王掞發往西陲效力。王掞這時年已七十，皇帝念他年老，命他的兒子奕清代他充軍。

這已是康熙六十年（公元一七二一年）的事，第二年，皇帝還來不及慶賀七旬萬壽就薨逝了。新君登基，形勢丕變，皇太子的立與廢已成過眼雲煙，不在話下。眼前面臨的，則是昔日逐鹿儲位的多位皇子們，如何與原以為是局外人的新皇帝共處？面對現實的，搖身一變，山呼舞蹈，虔心擁戴，加官晉爵；未能從希望破滅後的落寞中蛻變而出，始終沉浸在怨恨與忿恚中的，則遭到禁錮、流放、貶抑、誅戮的下場。「一朝天子一朝臣」，數千年專制帝王時代如此，今日民主時代「政黨輪替」又何獨不然！

至於預立皇太子，繼位的新皇帝有鑑於前朝一再反覆，幾乎動搖國本，於是設計了另外一套絕對嚴密而且不受任何外在力量干擾的「密詔」制度。這一改變，既具預立儲君之實，又因絕對保密而不致發生如前朝一般的擾攘和危機。於是，有清一代，除了末季光緒、宣統兩朝外，從未發生過繼承人的問題。

康熙帝對皇太子立而又廢，廢而又立，立而復廢，一再反覆，不但使他本人長年憂悶困擾於此，精神體力備受折磨，甚至影響到國家大計。整個大清國朝廷文武百官，為了「選邊站」而惶惶不安，相互攻伐詆毀，互鬥日烈。終康熙之世，類似的明爭暗鬥，耗損國力，未嘗一日稍戢。之所以造成如此尷尬局面，深入探討起來，康熙帝本身舉棋不定、首鼠兩端要負很大責任。

前文提過，皇太子允礽可能由於長年備位儲貳，有名無權，不但本人心存怨懟，追隨他的人也亟盼早日「出頭天」。雖然「不臣之心」尚無具體佐證，但在言辭和行動上諸多侵蝕皇權行為，應該是時有所見的。首次被廢斥，啟動已經成年的皇子們覬覦儲位之念，復立後對眾多皇子們的封爵立府之舉，更促成諸皇子援結朋黨，以實際行動進行謀奪儲位的「大計」。

三阿哥允祉檢舉大阿哥允禔行鎮魘之術，成為允礽復立的最佳理由；康熙帝授命群臣提名皇太子人選的「陽謀」，展現了八阿哥允禩令人震駭的「人氣」。對這關鍵性的兩件事，皇帝在處理時卻有截然不同的手法：

對大阿哥允禔，他是立刻以明快的一貫行事作風，將他削爵、禁錮，由八旗派遣護軍參領八人，護軍校八員，護軍八十名輪流看守。後來還不放心，更加派貝勒延壽、貝子蘇努、公鄂飛、都統辛泰、護軍統領爾海、陳泰等宗室貴冑，每日二人輪流值班監管，特別諭示「嚴加看守，不得稍違，設有罅隙，朕必知之，彼時將爾等俱行族誅（誅九族），斷不姑宥。」以如同對待萬惡不赦的江洋大盜般處置自己的兒子，似乎和康熙帝包容寬仁的個性有極大差距，但事實卻是如此，身為皇長子的允禔，終其一生就是這般度過。

為的是什麼？加重大阿哥的罪名與刑責，才能更凸顯皇帝復立允礽為皇太子的聖明和正當性；同時，減輕當初衝冠一怒廢斥太子所導致對亡妻孝誠仁皇后的歉咎。復立允礽皇太子時，康熙帝對他仍然寄予極大的希望，然而，最後終於不得不再次廢掉他，則是哀莫大於心死，徹底關閉了內心的世界，純理性地為大清皇朝萬世基業考量。

「八賢王」賢與不肖

大阿哥允禔謀取儲位的計畫，因為誤判全盤形勢，表態的時機拿捏得不適當，本已受到皇帝的嚴加斥責，再經三阿哥允祉首告他利用蒙古喇嘛以巫術鎮魘皇太子，正好給了康熙帝一個下手的機會。於是大阿哥出師未捷，一敗塗地，只落得終身禁錮，萬劫不復，率先退出競爭皇太子位的戰場。

接下來，逐鹿儲位的重心轉移到八阿哥允禩身上。

允禩集團倒皇太子，謀奪儲位的企圖，早在其他皇子有所動作之前，就已默默進行。當皇太子允礽開始「肆惡虐眾，暴戾淫亂」時，「手神清逸、仁誼敦厚」，「禮賢下士，仁民愛物」的八阿哥允禩，卻在暗中援結朋黨，招賢納士，培植羽翼，製造輿論。使「八賢王」的美名，傳揚於大江南北。

初期，這一集團應是朝廷中反皇太子最具實力的團體。仔細算起來，從三阿哥允祉起，四阿哥胤禛、九阿哥允禟、十阿哥允䄉、十二阿哥允祹、十四阿哥允禵、十六阿哥允祿，以及十七阿哥允禮等青壯年的皇子們，雖然親疏不一，但在第一次廢皇太子之前，卻都集結在允禩周圍，以反太子為共同目標。

這一個原本頗具實力的集團，如果沒有外力干擾，同心協力，在獲得適當時機，發動倒皇太子，成功的機率應該是相當大的。

然而，面對執掌皇權一甲子，文治武功極其烜赫且深獲舉國臣民擁戴的皇父康熙帝，眾皇子們運作的空間似乎十分狹小，眼看著皇太子任意胡作非為，橫暴虐眾，但在皇父迴護下，卻又束手無策，難有作為。

康熙帝對於太子的行為和眾皇子集結的行動，並非全無所知，祇不過自信以一己的英明和威望，無論是太子或眾皇子，都不致也不敢有任何脫軌動作。

雖然皇帝有這份強烈的自信，但人性中與生俱來追求權力的劣根性卻不是輕易可以遏阻得了的。允礽發出：「豈有四十年太子乎！」的吶喊；與眾皇子擴大串連，就是對皇帝漠視太子與皇子們內心追求權力的反應！

康熙四十七年（一七〇八年）九月初四日，皇帝於行獵途中突然宣布皇太子允礽罪狀，即行拘執，並於回京後予以廢斥，這是皇帝總結長久以來對太子不滿的結果。

就在廢太子後不久——也不過二十天——甫受命署內務府總管事的八阿哥允禩，在朝廷眾目睽睽之下，突然被皇帝以「妄博虛名，人皆稱之」加以痛斥；並且嚴加諭示：「如有一人稱道汝好，朕即斬之！」如此沒頭沒腦痛罵一通，應是為廢太子不爽而把一腔怨氣出在允禩身上；更重要的則是警告「八皇子黨」不得藉廢太子一事做出有礙「復立」的任何舉動。

八阿哥允禩是在沒有預警的情況下，被康熙帝點名批判的。以後不論任何時間、地點，祇要有人提到立皇太子這一話題時，康熙帝必然情不自禁地將允禩爭奪儲位的往事，一再重複提出來痛批一頓，所使用的言詞和內容，嚴厲一如往昔，全不似他平日諭示諸王大臣時的慈祥愷悌，溫言告誡。

然而，令人感到不解的是，每當皇帝痛責允禩或加以處分後，在很短時間裡，就會召見他溫言相加，或者很快恢復被削除的俸銀和爵位。十餘年中，皇帝出京巡視或避暑、圍獵，幾乎十有八次會召他陪侍左右。像這樣與皇父朝夕相處的機會，八阿哥要比四阿哥胤禛多得多了。

且讓我們花點時間從史料中來看這對父子特殊的互動情況。其中大部分都在前文中提到過，這裡再以時間先後加以排列，以顯示他們之間因帝位傳承所產生的扞格。

康熙四十七年九月初四日，皇帝在圍獵途中，倉促宣諭「廢斥皇太子允礽」。

九月初七日，命皇八子貝勒允禩署內務府總管事。

九月二十五日，大阿哥允禔奏：相面人張明德曾為允禩相面，認為他「後必大貴！」

九月二十八日，八阿哥允禩奉旨查原內務府總管事凌普家產後回奏。皇帝認為他有意寬縱，因而嚴斥：「八阿哥妄博虛名，人皆稱之。朕何為者？是又出一皇太子矣。」

這一諭旨，時間是在廢太子後二十多天，大阿哥說出相面人張明德認為允禩「後必大貴」的第三天。就這「後必大貴」四個字，掀起了儲位爭奪的軒然大波，糾纏了當事人允禩將及二十年之久，最後連身家性命都賠了進去。相面人張明德則在事發之後不久被「立斬於市」。看相的與被看的，都遭到同一悲慘下場。

九月二十九日，皇帝認為允禩「柔奸成性，妄蓄大志，要結黨羽，謀害允礽」，命將允禩鎖拿，交與議政處審理。九阿哥允禟和十四阿哥允禵出言頂撞，皇帝持刀要殺允禵，被五阿哥允祺抱住；眾皇子叩頭懇求，九阿哥捱了兩嘴巴，十四阿哥被責打二十板子。當事人允禩因已被鎖拿，竟然無事。

這一段貨真價實有如電視連續劇般的宮廷父子打鬧事件，前文已根據《實錄》詳加敘述。似這樣曝露皇家內幕，描述如此細膩，載在史冊，全不隱諱，且經雍正修史，乾隆刪削之後，仍然能夠保存當時歷歷如繪的原貌，後人讀之，不能不嘆為異數！

十月初一，上諭諸皇子及滿朝文武曰：「八阿哥允禩，向來奸詐。」

十月初二，皇帝以允禩聞張明德狂言，竟不奏聞，革去貝勒爵位。

十月初四日，皇帝諭諸皇子及滿朝文武：「允禩乘間（乘太子「悖亂至極」之時）處處沽名，欺誑眾人，希冀為皇太子。」又說允禩自幼「性奸心妄」；其妻「嫉妒行惡」——皇帝連兒媳婦吃醋的行為都管到了，這也是出乎常情的事。

十月二十三日，康熙帝生病了。扶病自南苑回宮，憶及一個多月來發生的種種事情，再一次傷心流淚。因此召見領侍衛內大臣、大學士等曰：「自有廢太子一事，朕無日不流淚。頃幸南苑，憶昔皇太子及諸阿哥隨行之時，不禁傷懷。因是今日回宮，已召見八阿哥，並將召廢太子一見。」從這則諭示看來，皇帝的感情實在是非常脆弱。這樣感情豐富的慈父，被兒子們折騰到如此可憐的地步，在古今帝王中，可算得是少見的了。

更值得一提的是，縱然皇帝在前數日提到八阿哥時，屢加痛責，但抱病回到宮中，第一個召見的，仍是八阿哥。可見此時在皇父心目中，八阿哥是排在皇太子之前的。何以如此？無法從史料中更進一步查知皇帝的內心世界。然而，僅這短短幾句掏心窩子的話，就夠後人思索老半天。這一年，康熙帝五十五歲，廢皇太子允礽三十四歲，八阿哥允禩二十七歲。

十一月十六日，皇帝召廢太子允礽及諸皇子、領侍衛內大臣等面諭，除了對太子行為反常，皆因允禔魘魅所致，今既破解，應予當眾釋放。還在對皇子們做評斷時讚許了八阿哥一番。

十一月二十八日，復封皇八子允禩為多羅貝勒。

皇太子允礽於康熙四十八年復立，有很長一段時間，康熙帝沒有再找八阿哥的麻煩，每年夏秋皇帝前往熱河避暑，塞外圍獵，以及例行巡視畿甸，大都帶他同行。似乎這段時期父子兄弟間表面上相處得還很和諧。

康熙五十一年十月初一日，皇帝突然親筆硃諭，以皇太子「狂疾未除，大失人心」，再度予以廢黜、禁錮。這一來，重行啟動了諸皇子因覬覦儲位的明爭暗鬥，並且較前尤烈。

這一次，康熙帝打定主意，短期內不再立皇太子。雖然他在年初已過了六十大壽，但自覺精神體力都很好，有的是時間重新來對諸皇子做一番觀察和檢驗，審慎選擇最適當的人選，承接他艱辛締造的大清錦繡江山。

皇帝這時的注意力仍沒輕易放過八阿哥允禩。

康熙五十三年（公元一七一四年）十一月中旬，皇帝率領十、十二、十五、十六和十七阿哥等五位已近壯年的皇子們巡視塞外。十一月二十六日，駐蹕東莊地方，諭諸皇子：

> 八阿哥允禩因伊母去世二週年，前往祭奠。事畢即應趕來行在（皇帝旅途中居息之所）。不想允禩在前天朕駐蹕遙亭時，以即將斃命的鷹二架，遣太監一名、親隨一名前來請安，還說他會在湯泉（由口外返京途中的一個溫泉勝地）等候御駕回京。如此藐視朕躬，朕因憤怒，幾乎引發心悸，危及生命。允禩係辛者庫賤婦所生，自幼心高陰險，聽相面人張明德之言，遂大背臣道，覓人謀殺二阿哥。【註一】
>
> 朕深知其不孝不義情形，……自此，朕與允禩父子之恩絕矣！

再次廢黜皇太子，康熙皇帝不僅沒有像前一次那樣傷痛欲絕，亟謀復立而惶惶不可終日，反而「老神在在」，表現得泰然以對，收發由心。為了杜絕眾皇子競逐儲位的行動因再廢皇太子而又死灰復燃，他採取主動，率先表態，仍然選擇最具有實力的八阿哥允禩做為鏢靶，集中火力，加以打擊。

康熙、雍正兩朝之間，八阿哥允禩一直是最受到爭議的人物。在康、雍兩朝《實錄》和諸多官史中，除了少數幾則對他偶有讚譽的正面言辭，絕大部分都是惡意的形容、嚴厲的批評、憤怒的斥責和刻薄的譏刺。給讀者的感覺，他是一個無父無君，欺世盜名，不孝不悌，全無父子手足之情，一心祇想當皇太子，做皇帝的大奸大惡之徒。

然而，從康熙、雍正兩位皇帝在某一特定時，偶爾吐露出的一言半語，以及時人言談筆記中，他都是截然不同的一個人。當時朝廷上下和民間對他的觀感，都認為他是一位深得人心的正面人物。何以會有此兩極化的分野呢？

康熙帝每次提到他，絕大多數的言語都是極其負面的，但是，接下來很快就會在行動上給予補償或調整，不像對大阿哥允禔一樣，禁錮起來就不聞不問了。以康熙帝之明，何以會有如此難以解釋的行為，不能不令人起疑。

疑點之一是：官史所記八阿哥允禩的形象，是真實可信的嗎？還是經過有心人因為某種原因而加以竄改或者蓄意醜化呢？對於這一部分所指，需要把康熙帝和雍正帝分開來研究，因為各人的立場與利害關係全然不同。

疑點之二是：果如官史中所形容，父子之間的關係惡劣到如此程度，康熙帝何以還在對他不斷地辱罵與懲處中，包容四十年，一直到自己崩逝為止？皇帝甚至連最割捨不下的廢太子二阿哥允礽，都能痛下決心，加以斷然處置，何以不能或不忍對「父子之情絕矣」的八阿哥允禩一揮慧劍？

疑點之三是：康、雍兩朝官吏，在記錄政權交替這段時期，其著眼點，是帝位遞嬗過程的平順與合法化。皇太子兩次立、廢與諸皇子圖謀儲位經過，各式官史中都曾有許多紀錄；康熙帝薨逝和雍正帝繼統，更在民間有諸多不同傳述。八阿哥在爭取儲位中的過程與展現的實力，是不爭的事實；十四阿哥或將被指為接班人，則已淪為「市井之言」。在雍正帝強力捍衛帝位合法化的過程中，醜化最有民意基礎的競爭者，似乎是編纂史書執筆人的首要任務。

因此，對允禩這個人的蓋棺之論，還需要更多的資料才能加以評斷。

也曾有史家認為，康熙帝在第一次廢太子後，一度有意選立八阿哥允禩為皇太子，後來臨時改變主意，才復立二阿哥允礽。這一段插曲筆者存疑，然而亦似乎不無可能。「象以齒而焚身」，封建專制時代，太多的民意，是不被統治者接納的，唐太宗李世民在「秦王」時期的遭遇就是如此。八阿哥在清史中的沉淪，似乎與這一點亦不無關連。

晚年留下的一個謎

康熙帝經過對皇太子兩次立、廢，精神和體力大受影響。年近七旬，以垂暮之年當國，內有接班人的困擾，外有準噶爾的入侵，再加上政務漸趨廢弛，府庫日益空虛。即令以掌國近六十年的英主來說，也免不了面臨極大的危機。

自從皇太子允礽第二次廢黜，雖然皇帝絕口不再談立太子事，但每隔一段時間，朝廷中就有人冒死站出來要求早日選立皇太子以安社稷而定民心。康熙帝雖然曾以類似發誓的口吻表示，如有人再奏立太子事，定必「族誅」，但每一次臣下進言，他都僅祇口頭責備一番便罷。

康熙帝在五十六年十一月二十一日，對諸皇子和滿朝文武官員宣告一篇類似「遺詔」的諭旨中就提到：「立儲大事朕豈忘耶？」是的，他確是對此念茲在茲，祇因有前兩次廢、立的痛苦經驗和後遺症，一直嚴重地糾纏著他，使他必須小心謹慎、縝密思考。

過去長達將近四十年的經驗告訴他，立皇太子是件大事，絕不像他年輕時所想像的，祇要嚴管勤教，以己身為法，就可以造就一個理想的——也就是和自己一樣的接班人。然而，多年來的感受，一個人內心深處的善惡和外在因素的變化影響，都不是另一個人可以制約的，縱然是掌生殺予奪大權的天子和生身之父，也無從掌控；做皇父的，祇能盡人事以聽天命。

他唯一可以掌握的，是在最適當時間——或許就是在「彌留」的那一刻，親口宣告他所選擇的接班人，在形式上，圓滿達成了他的願望。縱然以後發生不如他所想像的後果，他也不會在乎，因為他已經不知道了！然而，以後的事實證明，他這「最後的願望」是否如願達成，依然是不解之謎。

康熙五十一年（公元一七一二年），經過多年的紛紛擾擾，諸皇子們對於儲位的爭奪，終於在二次廢皇太子案確定後，暫時沉靜下來，進入一個盤整階段。

大阿哥允禔因魘勝皇太子案已被永久禁錮，重兵看守；二阿哥允礽再次被廢，囚禁咸安宮，與外隔絕；三阿哥允祉以編纂叢書和研究律呂、曆法取悅皇父；四阿哥胤禛則虔心佛道，故示無為。以八阿哥允禩為首的一些青壯年阿哥們，則在領導人被皇帝嚴密監視並不時打壓下，轉而寄情聲色，酒食徵逐。雖然如此，一向對儲位誰屬寄予關切的九阿哥允禟和十四阿哥允禵，則始終保持旺盛的企圖心，一直在默默緊按著朝野上下的脈動。此外，從陸續發現的宮中密檔中，還可以看到終日談禪論道的四阿哥胤禛，也從無片刻停止其對儲位人選的深切關注。

康熙二十九年（公元一六九〇年），準噶爾部領袖噶爾丹竄擾西北大漠，皇帝三次親征，大獲全勝，開疆拓土，「擴從古未入版圖之疆宇，服從古未經歸附之喀爾喀、厄魯特等」，自阿爾泰山以東，悉隸版圖，溯漢武、唐宗之後，康熙大帝之名，威震漠北，是有清一代最輝煌的一段歲月。

不想經過四分之一個世紀——康熙五十四年（公元一七一五年），當初協助清廷迫使噶爾丹自殺的厄魯特蒙古部首領策旺阿拉布坦，竟重起戰端，統率大軍入侵南疆重鎮——哈密。隨後又派遣策零敦多卜率軍經青海進入西藏，攻佔布達拉宮，殺害西藏領導人拉藏汗，並禁錮達賴喇嘛。

這時，皇帝已高齡六十有二，年邁體衰，垂垂老矣，當然無法再如昔年躍馬大漠，揚鞭西指。還有更使他無法釋懷的是，皇太子允礽二次被廢，儲位至今猶虛，諸皇子雖在這段時期表面上沒有什麼大動作，但暗地裡卻波濤洶湧，無日或息。皇帝內心十分明白，眼前清明在躬，志氣暢健之時，猶可掌控一切；一旦不諱，則如他前此所諭示的：「必至將朕躬置乾清宮內，爾等（諸皇子）束甲相爭耳！」爭什麼？當然是爭皇帝的寶座！

雖說「攘外必先安內」，然而策旺阿拉布坦來勢洶洶，包括陝、甘、川、滇在內的廣大西北和西南地區，相繼告警，如不即予有效處理，勢將危及整個帝國的完整。

在經過縝密的盤算，康熙帝毅然作了一個雙管齊下的決定。一方面，他選擇一位「心有所屬」的皇子出任大將軍王，代皇父出征，弭平叛亂；另一方面，傾全國之力支持這位皇子早日得勝還朝，然後在他人氣最旺之際，宣布立為皇太子，一舉解決外在和內在兩大問題。從若干史料透露，康熙帝當時心中應有如此打算，以符合他曾經說過的：「朕萬年後，必擇一堅固可託之人，與爾等作主，必令爾等傾心悅服，斷不致貽累于爾諸大臣也。」

出任大將軍可能對被立為皇太子有幫助，是諸皇子所共同認知的，甚至連兩次被廢的前皇太子允礽都作如是觀。

康熙五十四年策旺阿拉布坦內犯，朝中正在研議如何派兵征討，被禁錮的廢太子允礽，趁一位名叫賀孟頫的醫生來為他的福金治病時，以礬水作書與都統普奇祕密通信【註二】，要求普奇上奏皇帝保舉他為大將軍。事發後，那位賀醫生被斬，普奇遭拘禁，允礽則白忙了一場。

不僅此也，九阿哥允禟曾說過：「十四爺（允禵）現今出兵，皇上看的也很重，將來這皇太子一定是他！」甚至十四阿哥允禵自己也表示：「皇父年高，皇太子這個差使想來是我的。」

自從皇太子允礽兩次被廢；大阿哥允禔被削除宗籍，嚴加禁錮；八阿哥允禩累遭斥責，康熙帝對立皇太子一事保持絕對的沉默，無論滿朝文武如何進言，他就是不表態，逼急了就說：

> 建儲大事，朕豈忘懷，但關係甚重，有未可輕立者。
>
> 漢唐以來，太子幼沖，尚保無事；若太子年長，其左右群小結黨營私，鮮有能無事者。
>
> 今眾皇子學問見識不後於人，但年俱成長，已經分封，其所屬人員未有不各庇護其

主者。即使立之，能保將來無事乎。

從這些諭示中可以看出，康熙帝對於年齡較長的幾位皇子，結黨營私，相互攻訐所導致兄弟相殘、父子反目的痛苦經歷，感受極深，因而內心已逐漸轉向在年輕一群皇子中尋求、揀選皇太子。

由史料中擷微，十四阿哥允禵好像很早就「簡在帝心」了。根據經過嚴格篩選和歷經兩次大量刪削及修改過的兩朝《實錄》，仍可以看到若干蛛絲馬跡：

康熙四十七年九月，皇太子允礽首次被廢，八阿哥允禩被認為「妄蓄大志」、「謀害允礽」而遭鎖拿審理時，允禵挺身而出，頂撞皇父，皇帝震怒，「出所佩刀欲誅允禵」，末了還捱了二十板子。這樣嚴重的事，最後竟以「逐出」了事，並無任何處分。過了不到兩個月，大阿哥允禔因魘勝皇太子獲罪，除了被革去王爵，加以幽禁，皇帝還降旨將他原領的「上三旗所分佐領，可盡撤回，給予允禵……其包衣、佐領及渾託（半個牛彔）人口均分，以一半給與允禵。」

又如前文曾提到過的，康熙五十五年，八阿哥允禩「染患傷寒」時，皇帝特意命「向來與允禩交好」的允禵前往與太醫商酌「調治」；但是卻對四阿哥胤禛請求回京看視允禩而公開降旨表示不悅，逼得胤禛請罪認錯方才罷休。對這兩個同母所生的兒子，在同一事件中對待的方式竟然差異如此之大，不得不令後人感到困惑。兩道煌煌御旨，載在史冊，縱使後來繼皇帝位的胤禛再作任何解釋，都無法改變事實。

十四阿哥允禵是唯一與四阿哥胤禛一母同胞的嫡親兄弟，兩人年齡相差整整十歲，不但年齡差距大，性格上的差異更大。在眾皇子眼中，允禵是一個豁達爽朗、義氣干雲的好兄弟。九阿哥允禟就稱讚他「聰明絕頂」、「才德雙全，我弟兄皆不如」。而胤禛則給人前後不一，陰騺詭詐的感受。

兩兄弟的感情如何呢？從雍正帝在御製《大義覺迷錄》的諭旨中可見一斑：

> 允禵平日素為聖祖皇考（康熙帝）所輕賤，從未有一嘉予之語。曾有向太后（兩兄弟之母孝恭仁皇后烏雅氏）閑論之語：「汝之小兒子（允禵）即與汝之大兒子（胤禛）當護衛使令，彼亦不要。」此太后宮內人所共知者。聖祖皇考之鄙賤允禵也如此。

一位稱得上年高德劭的皇帝，在寢宮中竟對皇后說出這等類似販夫走卒的「市井之言」，「宮內人」是否「共知」且不去深究，做兒子的公然以御筆諭旨遍示天下臣民，實在有些離譜。既然已經當上皇帝，生殺予奪，為所欲為，實在沒有必要把死去的父皇和母后一起拉出來對付自己的同胞兄弟；何況這位小兄弟早已無權無勇，被派去守陵，形同禁錮多年了。

雍正帝對允禵的不滿，是因為當康熙帝欽點他為撫遠大將軍時，滿朝文武，甚至舉國上下都認為「聖意欲傳大位予允禵」，這當然使近年來有心經營儲位的四哥緊張萬分。一直到自己當上皇帝七年之後，猶念茲在茲的對這一點加以駁斥。他在硃批上諭中說：

獨不思皇考春秋已高（這時康熙帝六十五歲），豈有將欲傳大位之人，令其在邊外數千里外之理？雖天下至愚之人亦知必無是事矣！

同時，他更強烈貶抑「撫遠大將軍」這一職位和允禵這個人：

西陲用兵，聖祖皇考之意，欲以皇子虛名坐鎮，知允禵在京毫無用處，況秉性愚悍，素不安靜，實借此驅遠之意也。

西陲用兵，戰火廣達青海、西藏、四川、雲南等西北和西南四省，遍地烽煙，戰情緊張，豈能起用一位「毫無用處」之人？而且他還強調：

以允禵之庸劣狂愚，無才無識，誠不足以服眾，德不足以感人，而陝西地方，復有總督年羹堯在彼彈壓。允禵所統者，不過兵丁數千人耳。

果然是這樣的嗎？《實錄》中卻有完全不同的記載：

康熙五十七年（公元一七一八年）十月十二日（丙辰）——「命皇十四子固山貝子允禵為撫遠大將軍」。

十月二十六日（庚午）——諭議政大臣等：十四阿哥既授為大將軍，領兵前去，其纛用正黃旗之纛，照依王纛式樣。將上三旗侍衛，派出三十員。凡有子弟出兵之王等外，其不出兵之王等，亦令多選護衛三員，貝勒、貝子各二員，公等各一員，隨十四阿哥前往效力。」

十一月十五日（己丑）——「上（康熙帝）以進剿策妄阿拉布坦大兵起程，御太和殿，排設鹵薄前進。其出征之王等以下，俱戎服；其不出征之王、貝勒等以下，俱蟒服以從。上親詣堂子（滿族祭祀重地）行禮，吹角，祭纛旗。」

十二月十五日（己卯）——「撫遠大將軍允禵率兵起程。上（皇帝）命內閣大臣頒給大將軍敕印於太和殿。其出征之王、貝子、公等以下，俱戎服齊集太和殿前；其不出征之王、貝勒、貝子、公，並二品以上大臣等，俱蟒服齊集午門外。大將軍允禵上殿，跪受敕印、謝恩、行禮畢，隨敕印出午門，乘騎出天安門，由德勝門前往。諸王、貝勒、貝子、公等並二品以上大臣，俱送至列兵處。大將軍允禵望闕叩首行禮，肅隊而行。」

這一連串莊嚴隆重的儀式，為大清帝國開國以來所少見，更何況康熙帝還特別選拔了一大批皇室成員隨同出征。其中年輕的王公子弟，計有親王四位，郡王一位和廢太子的兒子。並明確指示大將軍王允禵，對這些人要讓他們多多學習，務必將他們帶往用兵之地。不管康熙帝內心有沒有為立儲作打算，至少決無「知允禵在京毫無用處，借此驅遠之意」。至於諭令允禵使用「正黃旗之纛，依照王纛式樣」，尤屬特例。因為正黃旗是由皇帝親領的，出征時以正黃旗之纛先導，顯然有「如朕親臨」的意味；而且明示依照「王纛」式樣，更不尋常。因為這時允禵的爵位僅不過是「固山貝子」而已，忽然跳過「貝勒」一級，比照「王纛」。也就是說，允禵這次奉命領兵出征，已經等同「王」了，因此也就被稱之為「大將軍王」。

像以上所述的這些情況，硬要說康熙帝是把西征重任和帝國安危，交給一個「庸劣狂愚，無才無識，誠不足以服眾，德不足以感人」的紈袴子，其誰能信？

最後，且引用康熙帝親口所說的一段話，來證明他對允禵能力的信任。

康熙帝五十八年，皇帝曾面諭以羅布藏丹津為首的青海、蒙古各部首領說：

> 大將軍王（允禵）是我皇子，確係良將。帶領大軍，深知有帶兵才能，故令掌生殺重任。爾等，或軍務，或巨細事務，均應謹遵大將軍王指示。如能誠意奮勉，即與我當面訓示無異。

除了上述允禵受命為撫遠大將軍王後所領受的崇隆儀節，以及康熙帝口頭對他的肯定，當允禵離京西行後，做父親的，三天兩頭派專人送吃的、用的東西，並且不斷寫信給他，噓寒問暖，情意殷切。至於領兵遣將，臨陣破敵，體卹士卒，撫卹百姓，更是每以己身經驗，諄諄訓誨。這在《撫遠大將軍奏議》中，處處都可以看到這一對父子真摯而強烈的感情。

大陸學人楊珍女士，曾將「中國第一歷史檔案館」中典藏滿文檔案親自譯校，並將其中康熙五十八年的「滿文硃諭」、「滿文硃批奏摺」等極其珍貴的一部分原始資料，在他的大作〈滿文檔案中所見允禵皇位繼承人地位的新證據〉一文中發表。全文在史實的發掘上和立論上，都使康熙帝晚年選擇繼承人這一空白，給予紮紮實實的填補，對從事研究清初歷史的後之來者，裨益匪淺！

在此，謹轉錄楊珍女士譯校滿文硃諭和硃批奏摺中，康熙帝玄燁和他的小兒子撫遠大將軍王允禵兩人之間往來的一部分書信內容片斷，作為康熙帝在選擇繼承人的最終意願和準備上做一個總結。

允禵「自幼生長在父皇宮內」，「從小深受父皇疼愛」，甚至當他已長大成人，娶妻完婚後，康熙帝為了使他留在自己身邊，時刻跟隨自己「學習行走」，竟讓他與福晉一起，依然住在紫禁城內。而其他皇子除了皇太子允礽，一經完婚，都得按例分府居住。康熙帝對允禵這一破例做法，表明不僅皇父本人，就連生母德妃也十分喜愛這個小兒子。

允禵出任撫遠大將軍，康熙帝對他的鍾愛也隨之注入新的內容，程度更深，範圍也更廣。儘管他給允禵的信中說：「從朕嘴中，決不說出讓你受苦了以及想你念你的話。有事之際，身為兒臣之人，理應捨身報效。如今得此效力機會，只應喜慶歡欣而已，其他話沒有用處。」話雖如此，但他以諭旨形式寫給允禵不少信中，卻強烈反應出他思念愛子的深切感情。

這時，康熙帝已年邁體衰，允禵為此很不放心，曾囑託與他要好的允禟：「皇父年高，好好歹歹，你須時常給我信息。」

為了給他除去這一最大的後顧之憂，康熙帝不時去信慰勉。五十八年底，他給允禵的信中講：「這許多年來，朕從來沒有像現今這樣顏面豐滿，寢食安適過。你被交付重要事宜，出征已經一年了。（這一年來）凡是你派回的人，都是經過朕親自會見後才遣返的，也許他們沒有告訴你吧。你只應把心放寬鬆，在交付的事上勤謹效力。」

第二年除夕，康熙帝又在信中寫道：「（你）阿瑪、額娘身體都好。因為朕漸漸懂了些養身之道，不僅舊病除了，自去年以來，一劑藥也沒吃，腹瀉一次也沒有過。因雙足甚健，上炕時不再需要旁人扶持，騎馬時也不用安放馬蹬了，每天在園子附近放鷹。這些（情況）你派回的人都知道，只是因為你出去久了，未必相信。現在快過年了，朕將自己用舊的腰帶，連同（其他）各樣東西，親自動手包好，一併給你送去。」寫完這些話，康熙帝又另外在一張小紙條上補了幾句：「朕的白頭髮、白鬍子有些變青（黑）了！你不要將此告訴別人。只是牙不好。」康熙帝將身體變化悄悄地告訴愛子，並囑咐他保守祕密。按照昔日禮教之嚴，一般平民父子之間都絕少表露內心感情，何況一國之君。這一方面顯示康熙帝豐富而纖細的感情，同時也說明了他們父子二人的親密，雖然天各一方，彼此卻視為最可信賴的知己。

根據不完全的統計，從康熙五十八年春到五十九年底不到兩年期間，現已殘缺不全的允禵奏摺中，有十六次談及收到皇父所賞賜的物品。五十七年十二月允禵受任撫遠大將軍從京師啟程後不久，皇帝便派專人送去賞銀十萬兩，絲緞五百疋，並傳旨：「大將軍王起行時，朕本欲賞賜銀緞後派出，但慮其若親身攜帶，行李繁雜，甚屬不便，故未賜給。現在估料大將軍已抵西寧，故此時送去最好。」

京師甫入初夏，康熙帝又及時送扇子去給允禵：「現今正是拿扇子的季節，既然你的字寫得又好，特多給你送去一些扇子，或者你寫字後送人，或者待人要時給，由你酌情處理。」康熙帝讓允禵在御賜扇子上題字後以個人名義賞送他人，應有深遠的含意，此中意義，允禵自然心領神會。

允禵在謝恩摺上一再說：「凡有各省進獻之佳品，父皇皆一項不漏，立刻賞給臣」；「有味兒的東西，只要一送到京城，父皇就想到我，馬上給我送來。」

而所有這些東西在送出之前，康熙帝無不親自檢點，小心包裝。遇到有新奇物品，還逐件親筆寫下名稱，分別放入不同的包裡。即使這樣，他仍然耽心自己有考慮不到處，一再在信中對允禵講：「如果有需要的東西，務必告訴朕，才能盡快給你送去。怎能夠不向父皇要，也不寫信告訴父皇，而只是在心裡想著呢？」

三百年後，展讀這位年近七旬老皇帝寫給正出征塞外，身為大將軍王兒子的親筆諭旨和硃批奏摺，字裡行間那份濃洌得化不開的父子深情，令人感動不已，久久難以釋懷。

康熙五十九年（公元一七二〇年）十月，率軍進攻西藏的前敵總指揮延信擊敗準噶爾入藏軍，首領策零敦多卜逃回伊犁。撫遠大將軍王允禵所統率的西征軍，不到半年即將西藏地區任務完成，受封為「宏法覺眾」的第六世達賴喇嘛也順利抵達拉薩坐床。

第二年十月，撫遠大將軍王允禵奉召回京述職。期前，康熙帝就鄭而重之的命禮部尚書陳允龍召集有關單位，共同擬定歡迎撫遠大將軍王得勝還朝儀注，並由皇帝幾經斟酌後批准。

康熙六十年十一月二十六日允禵抵達京城，皇帝首先派御前侍衛一名前往慰勞；並令三阿哥誠親王允祉、四阿哥雍親王胤禛率領全體王公大臣齊集朝陽門外迎接。進入紫禁城，大將軍詣宮門請安，皇帝立即在乾清宮召見並賜宴，由眾皇子作陪。

像這樣高規格的儀節，當然會被眾皇子和滿朝文武視為皇帝對繼承人的選擇已有定見——而這人選顯然就是皇十四子撫遠大將軍王允禵。連允禵自己都認為皇太子的位子早晚一定是他的。

康熙六十一年四月十五日，上諭：「命撫遠大將軍允禵復往軍前。」

這則上諭載在《聖祖實錄》第二百九十七卷，就這麼短短十二個字，倒不是說它太簡單，而是發布的時間透著奇怪。因為根據《實錄》，早在兩天前，也就是四月十三日，康熙帝就帶著三阿哥允祉、四阿哥胤禛等十一位阿哥，從暢春園啟程，同赴熱河避暑。當晚駐蹕湯泉，留一日。十五日晚駐蹕南石槽。何以在離京兩天後才宣諭命允禵回防？似乎有些難以解釋。

其實，《實錄》中有關康熙帝和允禵父子之間的上諭與奏摺曾被大量刪削；難以解釋之處也不祇是這一小部分。諸如，允禵留京長達四個月之久，期間他與皇父之間的往來情形如何？康熙帝有沒有正面和他談到「立儲」的事？有無結論？結論為何？這一切，都因康熙帝薨逝前對「嗣統」一節未能講清楚、說明白，以及雍正帝繼立後的一連串鐵腕統治與箝制言論，毀滅證據，而使真相徹底消失。縱使後來允禵在奉新皇急召回京奔喪時，有一些出乎尋常的反應，透露些許端倪，但在拿不出任何有力證據的情形下，祇能做一些微弱而無效地掙扎。勝者既已為王，失敗者也就祇有俯首認輸，苟全性命了。

康熙帝晚年對立儲一事，應該有一個願望——假如立十四阿哥允禵為太子的確是他願望的話，這個願望最後終於成了泡影。

這樣的結果，他當然不知道。

在他彌留之際，對於困擾他三十多年繼承人問題的最後答案，他同樣不知道。

知道了又如何？也許不知道更好！

齎志以歿　憾恨九泉

康熙皇帝八歲踐祚，在位一甲子，享壽七十歲。照他自己所說，自秦始皇起，到他主政時，其間已有一千九百六十餘年，稱帝而有年號者，二百一十一位，「自秦漢以下，在位久者，朕為之首」，「子孫、曾孫一百五十餘人」。這項紀錄，除了他的孫子——乾隆帝有一部分差堪比擬外，似乎還找不出第二位。

不僅此也，當他沖年正位後，除了很短一段時間受制於四輔臣，一旦親政，就能夠立即掌握情況，面對國家大政，做出正確的判斷和處理。

先是誅鰲拜，撤三藩，安定政治，集中權力。接下來為了抵禦外敵入侵，親征漠北，底定西藏，開拓疆土以固邊圉，使中國成為繼漢、唐之後亞洲最大、最富強的國家。

在內政方面，終其一生，勤政愛民。每日清晨「御門聽政」，探求民隱，關心民瘼，數十年如一日。（他不僅在紫禁城內「聽政」無虛日，即使在暢春園或熱河避暑山莊度假時也照常舉行。）尤其在治河與海塘等與民生息息相關的水利工程方面，更多次南巡，親自參與勘察規劃以及督導工程進度。

他在位六十年中，持續對貧窮的庶民蠲免賦稅，尤其是由他一手裁定「滋生人丁，永不加賦」這一政策，對當時的經濟發展和人民生活安定有極大貢獻。百姓受惠匪淺，也感念不已。康熙帝薨逝後所上尊諡二十一個字中，最後一個「仁」字，他是當得起的。滿清一朝十個皇帝中最為後人經常提起的，就是這位「聖祖仁皇帝」了。

康熙帝自幼好學，除了大量研讀中國古代「聖經賢傳」，更向西洋來華傳教士求取新知。舉凡天文、律呂、曆算、醫藥，甚至各地風土民俗，無不虔心研求。因此知識廣博，眼界寬闊，心胸開朗，幾乎可以算是專制帝王中唯一學識淵博、兼及中外的皇帝。

然而，康熙帝終究是一個「人」！

古往今來，沒有人是完美的——連一個都沒有！

康熙皇帝也決不例外！

縱令他出生帝王家，六十年的黃金歲月掌控著這龐大帝國一切，享盡人間所有尊榮富貴，他仍然有缺點、有錯誤、有遺憾、有悔恨。

康熙帝畢生最大的缺失和憾恨，是在處理接班人問題上。孟心史教授特別指出這是他的「盛名之失」；很多清史學者也直言這是「聖明之累」。

歷代帝王在選擇繼承人上出問題的所在多有，唐太宗「玄武門之變」就是典型例證。然而，儲位之爭就其時間之長，涉及面之廣以及過程轉折之錯綜複雜，則以大清康熙、雍正兩朝交替為最。

康熙帝十三歲大婚，孝誠仁皇后時年十四歲，婚後九年，生皇二子允礽。在此以前二年，也就是十一歲時，他就和後來封為惠妃的納喇氏生下大阿哥允禔。由此可知他發育得很早，也發育得很好。

他一生中載諸史冊的，前後一共有四位皇后，另外還有貴妃、妃、嬪、常在、答應等二百多位。除了出生不久就夭折而外，共有二十四位皇子和若干位公主。

後宮佳麗眾多，從來沒有帶給康熙帝絲毫困擾；兒子太多卻使他煩惱了幾十年，一直到死。活得太久與兒子太多，是康熙帝在選擇繼承人時的兩大罩門。

根據他父親——順治帝和他親身的經驗，沖年繼位，受制輔臣，箇中滋味，點滴在心。康熙帝為了使自己的兒子免於再受到祖、父兩代曾經共同身受的痛苦遭遇，當皇后替他生下二阿哥允礽後不久，就迫不及待將他立為皇太子。這時皇帝僅二十一歲，而太子則尚在襁褓之中。

康熙帝之所以在立儲這一事上如此迫切，是為了他希望在有生之年，能夠看到自己一手撫育的皇太子長大成人，並且能夠順利接掌祖宗留傳下來的這一片錦繡江山，不再重蹈自己和皇父幼年的覆轍。因此，他對皇太子愛護既深，期許更切，督責尤嚴。

然而，在歷經三十多年的磨勘之後，終於導致父子反目，皇太子被一廢再廢；皇帝則齎志以歿，憾恨九泉。

對於廢太子，康熙帝最後所持的觀點是：

> 太子幼沖，尚保無事，若太子年長，左右群小，結黨營私，鮮有能無過者。
>
> 凡人幼時，猶可教訓，及長而誘於黨類，便各有所為，不復能拘制矣。

這一結論與皇帝於五十餘年前急於將襁褓中的嬰兒立為皇太子時所持的想法完全背道而馳。這也是歷經長時間困擾所得到的慘痛教訓，不能以「既有今日，何必當初」視之。而孟心史教授則以為：

> 太子為人，眾臣既盛道其聰明，聖祖（康熙帝）亦言其騎射言詞文學無不及人之處，何以甘入下流，為稍知自愛之子弟所不肯為？此則失教之至。

少成若性，豈非溺愛不明於先，而又不能終於憒憒，盡失英主之本色，以致有一廢再廢之舉耶！

一位將過失歸諸於太子及其黨與；一位則將責任歸於皇帝，主客觀立場不同，所持觀點自然各是其是。

歷史就是如此，永遠難有「定論」。

【註一】

《實錄》記載：皇帝在多次斥責允禩的諭旨中，兩次指出八阿哥找人謀殺二阿哥——即皇太子，這在史書中是唯一出現的一種說法，從其他史料中還沒有看到同樣的指控；這和他過去指控皇太子曾在行宮帷幕外「裂帳窺視，圖謀不軌」一樣，全憑皇帝一句話而已。

此外，「允禩係辛者庫賤婦所生」這句話，是皇帝多次在斥責允禩時常見的，前後不下七、八次之多。顯見他對於這個兒子的出身十分不屑。不過，皇帝在說這句話時——前題是皇帝的確說過這樣的「惡言」，而不是後來修《實錄》的人加上去的——似乎忘了自己是他的父親，兒子的成份不好，老爸也脫不了干係，不應該完全怪罪母親。

「辛者庫」：是滿族，同時也是大清皇朝中一個特殊階級的稱謂，也許由於在它的漢文譯名裡有一個「庫」字，常被認為是一個管理這一特殊階級的機構，因此也有「入辛者庫」或「辛者庫人」的說法。

根據故宮清史學者莊吉發教授考證：「辛者庫，滿語，讀如Sin jeku。Sin者，金斗也，屬於量器，一金斗為市斗一斗八升。辛者庫意即金斗庫，也就是皇室內務府管領下食口糧人的通稱。凡屬辛者庫的人，其人身、妻、子均屬皇室及王、貝勒所有，依靠定期發放之斗米口糧維生，沒有獨立經濟地位。」

又據遼寧大學出版社出版《滿族大辭典》【辛者庫人】條解釋：「辛者庫人亦作『身者庫』，全稱為『辛者庫哲特勒阿哈』，滿語Seku jetere aka，漢譯為管領下食口糧的人。原意是吃金斗糧的奴僕。清朝經常把一些判罪的貴族、官僚、官商及其親屬罰入內務府所屬『辛者庫』為奴，用以維護綱紀秩序。一旦被罰入辛者庫，便被確定為奴，立即喪失原有身分、地位、俸祿及所有享受的特權，不許再保留財產和擔任官職。只能領最低錢糧維持生命，並須接受驅使。」

【註二】「福金」亦音譯為「福晉」，是滿族對皇子和王、公正室妻子的稱呼。

「磬書」，是用一種被稱為「明磬」的礦石，磨成粉狀溶於水中，代替墨汁寫成的書信。明礬水寫在紙上，乾後字跡隱去，需經水濕（或火烤）才能重現。是中國古代祕密通訊及情報傳遞時使用的保密方法之一，猶如今天的隱形墨水。

【卷下】

雍正皇帝——捍衛皇位合法症候群患者

自古知人爲難，人心難測，事事時時留心體察，方不被其愚惑。

——《硃批諭旨》雍正七年六月十二日批

可信者人，而不可信者亦人；萬不可深信人之必不負己。

——《硃批諭旨》雍正四年七月初九批

第四章　漫天疑雲籠罩暢春園

反對他的兄弟和派系，乃在遞嬗之間不盡完備的手續與程序上，挑出一些瑕疵，搧風點火，推波助瀾，搞得疑雲漫天，久久不息。一切傳聞，歸結起來就是直指雍正帝繼位欠缺合法性！

大清康熙六十一年（公元一七二二年）十一月十三日晚上八點鐘左右，聖祖仁皇帝愛新覺羅・玄燁，薨逝於北京城郊行宮暢春園中。理藩院尚書同時兼任俗稱九門提督的步軍統領隆科多，隨即傳大行皇帝「末命」（去世的皇帝在臨終前最後的口諭）：

皇四子胤禛，人品貴重，深肖朕躬，必能克承大統，著繼朕登基，即皇帝位。

在隆科多以「大行皇帝深維大計，付授鴻基，宜先定大事，方可辦理喪儀」進言，皇四子胤禛「慟哭伏地良久乃起」，隨即以皇位繼承人的身分，與諸王大臣共議殯殮大禮。然後奉康熙帝遺體於黃輿，在重重警蹕戒護之下，連夜送回紫禁城，安奉於乾清宮。

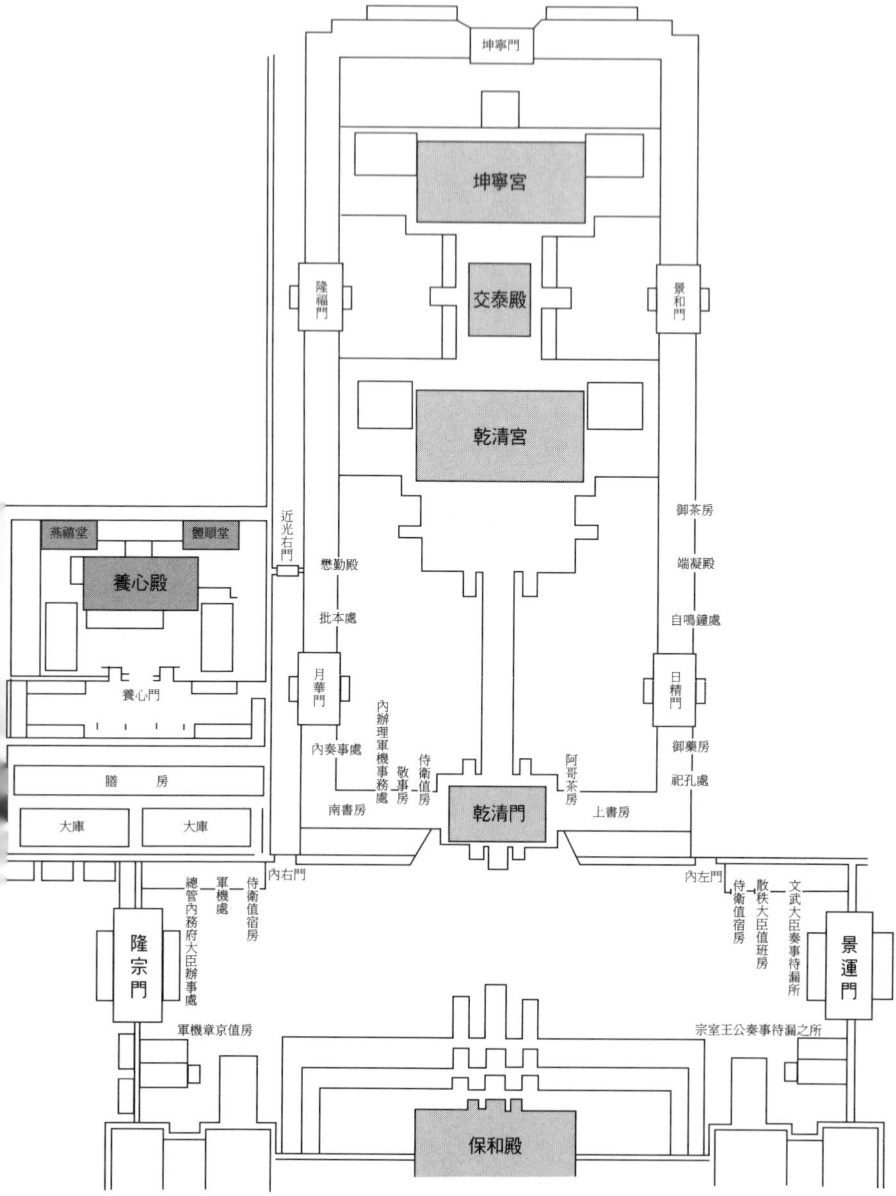

乾清宮廊房、軍機值房及養心殿等處位置示意圖

皇位繼承人胤禛——也就是後來的雍正皇帝，多年後就記憶所及，將這天晚上經過情形親筆寫在諭旨中告知舉國臣民。事實經過是這樣的：

> 其夜戌時（十三日晚八時左右），龍馭上賓，朕哀慟呼號，實不欲生。隆科多乃述皇考遺詔。朕聞之驚慟昏仆於地。誠親王（三阿哥允祉）等向朕叩首，勸朕節哀，朕始強起辦理大事。
>
> 此當日之情形，朕之諸兄弟及宮人內侍與內廷行走之大小臣工所共知共見者。
>
> 夫以朕兄弟之中，如阿其那、塞思黑【註】等久蓄邪謀，希冀儲位，當茲授受之際，伊等若非親承皇考付朕鴻基之遺詔，安肯帖無一語，俯首臣伏於朕之前乎？

物證（遺詔）、人證（宮人內侍與內廷行走之大小臣工）俱在，甚至包括多年來參與爭奪儲位最積極的八阿哥允禩（阿其那）和九阿哥允禟（塞思黑）都「帖無一語，俯首稱臣」，照理說，這個皇帝應該當得名正言順，合理合法、心安理得的了！

然則，從雍正帝即位之日起，關於他繼皇帝位的過程，甚至於合法性就雜音四起，謠諑紛傳，不但傳播迅速，通國皆知，甚至遠及藩屬鄰邦俱有所聞。最後迫使皇帝不得不御駕親征，提筆上陣，和傳說、謠言正面交鋒。以雄健之筆，善辯之舌與各式各樣的傳言反覆辯難；甚至在日理萬機之餘，親自編纂成書，通國發行，惟恐有一處不到，一人不知。這樣的做法，真是古今中外帝王中所僅見。

英雄遲暮

康熙帝青少年時期，除了因為苦讀漢文經書，並專注於西洋科學新知，曾一度累得吐血。隨後勤於畋獵騎射等戶外活動，並加意調攝，於是壯年以後健康情況十分良好。一直到五十五歲時，因廢太子一案煩惱憂傷過度，大病一場，纏綿病榻三個多月。自此以後，他的健康就每下愈況，日見衰頽。五十九歲時，即自云「鬚髮盡白，心血耗盡」；六十一歲時被八阿哥允禩氣得「心悸幾危」；第二年起，右手無法執筆，開始用左手寫硃批；六十四歲時，夏天臥床不起，冬天則雙腿腫脹，自覺「心神恍惚，身體虛憊，動轉非人扶掖步履難行」。次年二月，他自己的說法是：「羸瘦已極，僅存皮骨」，「步履猶難」，「手顫頭搖，觀瞻不雅」，心跳過速時更「容顏頓改」。

以今日醫學常識來判斷，康熙帝五十五歲以後，身體狀況開始轉變時，所患的可能是心臟血管病變。這在北方少數民族長年以牛羊肉食為主，血脂肪和膽固醇過高，導致心、腦血管阻塞，是極有可能的。他在青、壯年時期，內撫萬民，外抗強敵，國事順手，意氣飛揚，又醫通中外，自知調攝，似乎什麼都不在乎，什麼都難不了他。等到年齡日漸增長，食少事煩，再一碰到像廢太子案那樣既複雜又「難予措處」的大事，心情抑鬱，寢食不安，一倒下來，百病侵凌，醫療起來就倍加困難了。

官書中所留下對康熙帝臨終前病情的描述，極其簡略，祇說是偶染感冒風寒而已。這對於一般健康的人，根本就不算是病，多喝水、多休息，三兩天就沒事。今天的醫師們多認為連吃感冒藥都是多餘的。

但康熙帝卻大大不同。首先，他是皇帝，皇帝稍有不適，皇子、皇孫、滿朝文武、三宮六院，當然更包括御醫在內，無不緊張萬分。這對於久病纏身的皇帝，自然在心理上有很大的影響。再加上最近幾年來皇帝的健康狀況日益惡化，照病情推測，除了心血管疾病而外，可能還有風濕關節的毛病，甚至開始罹患上柏金森氏症。這些都是老人病，馬上就要過七旬萬壽的皇帝，是必須面對的。

康熙六十一年（公元一七二二年）十一月七日，皇帝在南苑圍獵。其實，近年來皇帝不管是去熱河避暑，口外木蘭圍場或南苑行圍射獵，早已放棄騎馬而改坐四人抬的肩輿，坐在上面欣賞田野風光或看看皇子們的騎射功夫而已，激烈的射獵活動早已停止多時了。

皇帝是在十月二十一日從暢春園前往南苑圍場的。北京的十月底十一月初，氣候已經很涼了。這年的四月和五月，皇帝已經接連感冒了兩次，又到熱河避暑山莊跋涉了一趟，剛回京，又再去南苑，才住下沒幾天，因為初冬乍寒便感染了風寒，並且還發高燒。

老年人感冒，即使在醫藥十分發達的今天，也是需要嚴肅對待的，因為怕衍生併發症。康熙帝年已古稀，近十年來疾病纏身，體質本已極弱，這一次在長途跋涉後所感染的風寒，就成為他的催命符了。

雖然到今天還沒有從史料中看到康熙帝臨終前的脈案和處方，但從康熙四十七年（公元一七〇八年）以後的官書中陸續透露皇帝的健康狀況，讓後人感覺他的死，應該是由於身體機能老化——尤其是心臟功能衰竭。似乎與傳言中的「暴斃」扯不上關係。

如果這一推理可以成立的話，何以在雍正帝繼位後，立刻就出現若干令人驚詫與不解的傳言流行於大江南北，甚至遠達外邦藩屬，而且愈演愈烈、歷久不衰呢？

一切流言之所以產生，追溯起來，都從康熙帝自從第二次廢太子後，一直未能確定繼承人選。從若干史料中可以發現，他崩逝後宣布的「遺詔」或「末命」所指定的繼承人皇四子雍親王胤禛，原不在朝野上下想望和認定之列。於是，反對他的兄弟和派系，乃在遞嬗之間不盡完備的手續與程序上，挑出一些瑕疵，搧風點火，推波助瀾，搞得疑雲漫天，久久不息。一切傳聞，歸結起來就是直指雍正帝繼位欠缺合法性！

康熙帝對於皇位繼承人的問題，困擾數十年。在他生前最後十多年裡，唯一被立而又廢，廢而復立，立而再廢的皇太子允礽，遭到終身囚禁；幾位較長的皇子們則藉此在默默之中各自集結黨與，冀圖取而代之。致使大清皇朝在這一階段長期處於外弛內張，山雨欲來的緊張情況下。

康熙帝並非不知任令這樣險惡的情勢發展下去的嚴重後果，也一直積極在想找一位足堪付託大任的繼承人。他在五十六年所宣示「等同」遺詔的上諭中，就曾寫出他的心聲：

> 立儲大事，朕豈忘耶？天下神器至重，倘得釋此負荷，優游安適，無一事嬰心，便可望加增年歲。諸臣受朕深恩，何道俾朕得此息肩之日也！

然而由於年長的幾位皇子，數十年隨侍左右，其心性才德，知之甚深，經過兩次廢太子所曝露結黨奪權的惡行野心，實在不放心把政柄交給其中任何一人；而未成年的皇子們，既少歷練，自己衰朽之身，又無足夠時間加以培育，更因常日病痛纏身，這才拖延下來。

可能是從史料中儌倖留存下來一些蛛絲馬跡透露，康熙帝對於接班人的選擇，直到準噶爾入侵，西路軍情緊急，才給了老皇帝一個大好機會。他不落痕跡的指派年方三十，非長非幼，又是所鍾愛的十四阿哥允禵，出任撫遠大將軍王，領兵西征。這一來，既使其能藉此培養聲望，又可以為他營建實力，以備將來一戰成功之後，順理成章成為皇儲或者就此繼承大位。

康熙帝倘若果真如此安排允禵為接班人，則如果沒有意外，稍假時日，水到渠成是可以預期的。無奈天不從人願，皇帝突然在完全沒有預警的情形下薨逝，近在肘腋的四阿哥雍親王胤禛，則在步軍統領、舅舅隆科多傳達大行皇帝「末命」下，成為皇位繼承人，登上皇帝寶座。大將軍允禵遠在數千里外，空自激憤哀痛，卻也只有徒喚奈何而已。

康熙帝垂暮之年，因任命十四阿哥為撫遠大將軍王，給滿朝文武和舉國臣民一個強烈的印象──他對大位傳承，已經心有所屬。然而，當他崩逝後，繼承人出現時卻是另一個人，而且在大位傳承時出現若干啟人疑竇的現象，於是在有心人炮製和播散之下，諸多傳言誹語就如瘟疫般，極其迅速地傳達全國。

流言四播

傳言流播得最廣，時間最久，也最被民間大眾認為很有可能性的，是說康熙帝晚年本屬意於十四阿哥允禵，臨終時曾有遺詔「傳位十四皇子」，唯一受命的隆科多將「十」字上加一橫，下加一勾，改為「傳位于四皇子」，於是四阿哥胤禛就據此繼皇帝位了。

「十」字改為「于」字的確輕而易舉，而且稍微小心一點就可亂真。如果真是有這樣一份遺詔，白紙黑字，有憑有據，反對他的弟兄們是無話可說的。然而，究竟有沒有這樣一份遺詔呢？

自雍正帝繼位以降二百年，圍繞在這一個主題下的傳言，就始終沒停歇過。諸如：

《清史纂要》書中說：

> 聖祖疾甚，胤禛及諸皇子方在宮門問安。隆科多受顧命於御榻前，帝親書「皇十四子」四字於其掌。俄，隆科多出，胤禛迎問，隆科多遽抹去其掌中所書十字，祇存「四子」字樣，胤禛遂得之。

對於此一傳說，甚至連雍正帝都知道，因為他在七年十月的一道上諭中還特別提出來：

> 有人傳言：先帝（康熙帝）欲將大統傳與允禵，聖躬不豫時，召允禵來京，其旨為隆科多所隱。先帝賓天之日，允禵不到，隆科多傳旨，遂立當今。……有太監于義、何玉柱向人談論，聖祖皇帝原傳十四阿哥允禵天下，皇上（雍正帝）將「十」字改為「于」字。

同一道諭旨中，雍正帝更意外提到另一則驚人的傳言：

> 聖祖皇帝在暢春園病重，皇上就進一碗人參湯，不知何如，聖祖皇帝就崩了駕，皇

上就登了位。

傳言經過皇帝親自轉述和辯解，當然是「代誌大條」，難怪舉國臣民會談論不休者二百餘年之久。

此外，蕭一山先生所撰《清代通史》，向為治清史者視為重點參考書之一。書中也轉錄了幾則有關雍正帝繼位經過的民間傳說。其中有的穿鑿附會；有的則荒誕不經，似乎或多或少反映當時一些民意，說明雍正帝「得位不正」之說，深入民間久而逾盛。

在一本名為《清史要略》的書中，有一段寫道：

聖祖（康熙）非傳位於胤禛，胤禛竊而襲之也。胤禛自少頗無賴，好飲酒擊劍，不見悅於聖祖，出亡在外，所交多劍客力士，結為兄弟十三人，技皆絕妙。高者能錬劍為丸，藏腦海中，用則自口吐出，夭矯如長虹，殺人於百里之外；次者能錬劍如芥，藏於指甲縫，用時擲於空中，當者皆披靡。胤禛亦習其術。

康熙六十一年冬，聖祖將赴南苑行獵，會有疾，回駐暢春園，彌留時，手書遺詔傳位十四子。十四子，胤禵也，賢明英毅，嘗統師西征，甚得西北人心，故聖祖欲立之。時胤禛偕劍客數人返京師，偵知聖祖遺詔，設法密盜之，潛將「十」字改為「于」

字，藏於身，獨入侍暢春園，盡屏諸昆季不許入內。時聖祖已昏迷矣。有頃，微醒，宣召大臣入宮，半嚮無至者。驀見獨胤禛一人在側，知被賣，乃大怒，取念珠投之，不中，胤禛詭謝罪。未幾，遂宣言聖祖上賓矣。胤禛出告百官，謂奉遺詔冊立，並舉玉念珠為證，百官莫辨真偽，奉之登極，是為雍正帝。

這段故事前段說胤禛「好飲酒擊劍」，並且與劍客們「結為兄弟十三人」，「鍊劍為丸，藏於腦中」，已屬劍俠小說範疇，是為後來「血滴子」及「江南八大俠」等武俠小說之濫觴；又說在聖祖微醒，宣詔大臣入宮「半嚮無至者」，更非常理，一位已近彌留狀態的皇帝，身旁竟無一人，諸皇子、妃嬪、侍衛等何在？「驀見獨胤禛一人在側，知被賣，乃大怒」。何以「知被賣」？賣什麼？怎麼賣？無頭無尾，跡近荒誕。

另一本名為《滿清外史》的書則說：

竊詔改竄之策，年羹堯實主之。蓋胤禛之母，先私於羹堯，入宮八月而生胤禛。至是乃竊詔改竄，令為天下主。

這一說法更是十分荒謬，稍對康、雍之交這段史實有點概念的人都知道，康熙薨逝時，年羹堯正以川陝總督坐鎮西安，距京師數千里之遙，何能「立之」？何況胤禛的實際年齡較年羹堯還長一歲，天地間豈有子長父幼之理！昔日鄉野腐儒，略識之無，不辨真偽，每喜故作驚人之語，許多野史中，屢見誣人以「亂搞男女關係」，猶自以為創見，實在不值識者一笑。

上述兩段野史記述，因為已經脫離最基本對於歷史的認知，所以在轉錄時隨即加以破解，以免誤導讀者。其他傳言部分則將在下節詳述。

前文引《清史要略》所述康熙帝以念珠投擲胤禛一節，不但在國內流傳，甚至遠播於朝鮮。當清廷遣敕使將康熙帝薨逝的詔書送至漢城時，朝鮮王朝的遠接使金演迎敕而歸，並將從譯員處聽來的最新消息轉述：

康熙皇帝在暢春園病劇，知其不能起，召閣老馬齊言曰：「第四子雍親王胤禛最賢，我死後立為嗣皇。胤禛第二子（即後之乾隆帝）有英雄氣象，必封為太子。」仍以為君不易之道，平治天下之要，訓戒胤禛。解脫其頭項所掛念珠與胤禛曰：「此乃順治皇帝臨終時贈朕之物，今我贈爾，有意存焉，爾其知之。」

這段話是記錄在《朝鮮李朝實錄中的中國史料》下篇卷七中，距康熙帝薨逝不到兩個月，雖然大部分內容與《清史要略》不同，甚至有截然相反的地方，但對「授受念珠」事則一。證明這件故事在康熙死後就立刻被傳開來。至於怎麼會傳出來？由誰傳出？傳播的用意又是如此全然相反，於是導致結論也就迥然不同，更增加了帝位傳承之間的懸疑。雖然「投珠」一說在國內傳聞中持反面態度，但在朝鮮方面卻以為雍正帝「即位後處事得當，人心大定……十四王擁重兵西征，素有威名者，而新皇之同母弟也。新皇即位後，即命召還，必無跋扈之慮。」似乎對胤禛和允禵兄弟都給予正面的肯定。可怪的是，朝鮮內部竟也有不同的看法。

當戶曹判書李台佐聽到金演的轉述後，立即以朝鮮朝野一貫鄙視清朝的立場和態度認為：

> 此言雖不可盡信，而康熙之臨終處事，則可謂善矣。斯言豈其然乎？彼以夷狄之君，又不豫定國本，其諸子之覬覦爭之，其勢十八九矣。又以其非祕喪，人心大定等語推之，適足以彌增疑惑也。

長夜漫漫何時了

雍正帝在七年九月刊行的《大義覺迷錄》中，有兩道諭旨裡提到康熙帝薨逝之夜，他「奉遺詔」即皇帝位的正當性與合法性：

> 當茲授受之際，伊等（兄弟們）若非親承皇考付朕鴻基之遺詔，安肯帖無一言，俯首臣伏於朕之前乎？

> 傳位於朕之遺詔，乃諸兄弟面承於御榻之前者，是以諸兄弟皆俯首臣伏於朕前而不敢有異議。

他一再這樣講，是要讓天下人知道，他是奉康熙帝「遺詔」所指定的接班人，而且是諸兄弟在皇帝御榻之前當面「親承」末命，因此，他繼位完全合法，無可置疑。

事實果然是這樣的嗎？讓我們先來簡單回顧一下本書開始時，所述康熙帝臨終那一夜的經過情形。這裡，為避免重複，另行引用《大義覺迷錄》中所載，雍正帝親頒諭旨一道，與前文引用《實錄》相互對照參考。諭旨中說：

> 十三日，皇考召朕於齋所。朕未至暢春園之先，皇考命誠親王允祉、淳親王允祐、阿其那（允禩）、塞思黑（允禟）、允䄉、公允祹、怡親王允祥，原任理藩院尚書隆科多，至御榻前，諭曰：「皇四子人品貴重，深肖朕躬，必能克承大統，著繼朕即皇帝位。」是時，惟恆親王允祺以冬至命往孝東陵行禮，未在京師。莊親王允祿、果親王允禮、貝勒允禑、貝子允禕俱在寢宮外祗候。及朕馳至問安，皇考告以症候日增之故，朕含

淚勸慰。

其夜戌時，龍馭上賓，朕哀痛號呼，實不欲生。隆科多乃述皇考遺詔，朕聞之驚慟，昏仆於地。誠親王等向朕叩首，勸朕節哀，朕始強起辦理大事。此當日之情形，諸兄弟及宮人內侍與內廷行走之大小臣工，所共知共見者。

這道諭旨與《實錄》中所載，除十三日這一天整個過程的時刻未詳細記錄外，其他都大致相同。

然而，十三日這一整天，康熙帝與胤禛父子之間的互動，在時間的鋪陳上，是探討「傳言之謎」的主要工具。

本書開宗明義就根據《實錄》將十一月十三日丑刻（凌晨一至三時）康熙帝大漸（病情惡化）開始，一直到當日戌刻（晚上七時至九時）薨逝為止，這一整天十七至二十小時在暢春園寢宮中的情形，很清楚地排列出來，兩相對比，在時間的進行上，《實錄》較諸雍正帝諭旨清楚得多，同時也從中發現更多可以追索的疑點。

《實錄》與雍正帝「上諭」在時間差方面，值得探討的有幾點：

一、康熙帝病情惡化是在十三日丑刻（清晨二時前後）。暢春園中所採取的第一個行動是「命趣召皇四子胤禛於齋所」，而且是「諭令速至」。「命」和「諭令」當然都是康熙帝的口諭；「趣召」加上「速至」更是十萬火急。

然而，「皇四子胤禛聞召馳至，巳刻（上午十時前後）趨進寢宮」（《雍正實錄》中則缺「巳刻」二字，也就是沒有註明時間）。前面說過，由天壇齋所至暢春園，全程約十二華里（六公里左右），一往一來，胤禛花了七、八小時之久，扣除得訊後整裝和往返途程所需，最多不過二小時，其餘的五、六個小時他往那裡去了？（按：如依軍情緊急，「限六百里加急」，十二里平闊御道，放馬疾馳，也許還不用兩小時。）皇父命在旦夕，豈可優哉游哉，緩轡而行。

二、胤禛上午十時許到達暢春園晉見皇父後，曾三次（《雍正實錄》則記為五次）面向皇父問安。晚八時前後，康熙帝駕崩。其間，有九至十個小時是在暢春園中，除了三或五次「進見問安」外，其餘的漫長時間他在幹什麼？

除了時間方面的兩個疑點而外，康熙帝與胤禛之間的互動，也有一些令人不解的地方。

一、康熙帝在命人召胤禛速來後，緊接著在下一個時辰——寅刻（清晨四時前後）召誠親王允祉等七位皇子和理藩院尚書隆科多至御榻前，宣諭皇四子胤禛為繼承人。

丑刻與寅刻相差一個時辰，也就是兩小時左右，如果胤禛確是「聞召馳至」的話，他也應該有充分時間趕得上親聆皇父傳位給他的喜訊。可是他卻沒趕上，而且遲到三個時辰之久。何以康熙帝如此迫不及待宣告繼承人選？是什麼理由促使他來不及等當事人到場就逕自宣示？是怕自己病情再惡化，等不及了？

二、如果是因為康熙帝已感覺到自己即將進入彌留狀態，一如雍正帝所說「倉促之中，一言而定大計」，立即宣布「遺詔」，那麼為什麼上述官書中僅僅記述說，過了五、六個小時後，胤禛來到寢宮時，皇父只是「告以病勢日臻之故」而未及其他？既然能縷述病情發展，即顯示皇父的精神仍然還好，言語也便捷，有足夠可能表達自己意見的能力和時間。何以《實錄》和上諭中都沒有康熙帝親口告知胤禛「著繼朕登基，即皇帝位」如此重大的決定；而一直等到他嚥下最後一口氣，才由隆科多向胤禛宣達此一大行皇帝的「末命」？這不但有違常情，更是完全不可思議的舉措。

三、假設帝位傳承屬於「機密」，必須在皇帝駕崩之後才宣告（按：大清入關後第一代皇帝順治，臨終前就決定並且寫在遺詔中，由康熙帝繼位），則依《實錄》所說，康熙帝的「末命」是早在雍正趕回暢春園前五至七個小時，面對七位皇子和一位尚書宣示的，這已不構成機密。眾皇子中與胤禛為爭奪儲位而憾恨極深的允禩、允禟、允䄉三兄弟，豈能在聽到皇父「末命」，大位有歸，而且在胤禛見了皇父之後的十小時之內，都佯若無事，代為守祕，一定要等到皇父駕崩，隆科多「口傳末命」，然後如雍正帝所說「皆俯首臣伏於朕前，不敢有異議」？果真如此，雍正帝即位後，這三兄弟的下場就不致於慘到那樣程度了！

四、為治清史學人時加引用的清・蕭奭撰《永憲錄》中，有這樣一段記載：

甲午（十三日）戌刻，上（康熙帝）崩於暢春苑。上宴駕後，內侍仍扶御鑾輿入大內。相傳隆科多先護皇四子雍親王回朝哭迎，身守闕下，諸王非傳令旨不得進。

次日（十四日）至庚子（十九日），（紫禁城）九門皆未啟。

又，上大漸（彌留狀態），以所帶念珠授雍親王。

這則簡略的筆記中，「諸王非傳令旨不得進」，以及從十四日至十九日紫禁城「九門未啟」，禁止出入，形同戒嚴，和本書第一章所引義大利籍天主教神父馬國賢所目睹，康熙帝薨逝之夜，暢春園外有「大群的馬隊在向不同的方向疾馳」；並且在第二天他和另外兩位神父回到京城後，想到宮中去向大行皇帝致哀而不獲允許這兩則不同記載相互印證起來，康熙帝駕崩的那天晚上和以後六天，京城的確有戒嚴的情形。何以致此？也是值得探究的。

至於康熙帝「大漸」時以念珠授胤禛，則「念珠授受」之舉，在當時和以後都為國內外所紛傳。究竟康熙帝此一舉動是如朝鮮使臣金演所聞之「善」，抑如《清史要略》所傳之「惡」，那就難以論定了。

五、前文所載，雍正帝在七年（公元一七二九年）九月的一道上諭中，曾提到康熙帝駕崩之夜，召誠親王允祉等七位皇子與隆科多至御榻前，宣諭以四皇子胤禛即皇帝位。諭旨中還特別提到「莊親王允祿、果親王允禮、貝勒允禑、貝子允禕俱在寢宮外祗候。」

但是，事隔不到一年，在雍正八年五月初九日悼念十三弟怡親王之喪的諭旨中說到：

及朕御極後，隆科多奏云：「聖祖皇帝賓天之日，臣先回京城，果親王（允禮）在內值班。聞大事出，與臣遇於西直門大街，告以聖上紹登大位之言。果親王神色乖張，有類瘋狂。聞其奔回邸，並未在宮迎駕伺候。」

根據這一道載在《上諭八旗》的諭旨，透露康熙帝駕崩後，遺體尚未運返大內之前，隆科多先馳入京。十七阿哥果親王允禮當晚正在大內值班，驚聞噩耗將趕往暢春園，在西直門大街與隆科多相遇，才從隆科多口中知道四阿哥胤禛已「紹登大位」，一驚而有似瘋狂。難怪孟森先生曾質以：「父死不驚，惟四阿哥嗣位則驚而欲瘋也！」

雍正帝在林林總總的諭旨中，似此前後不一，相互矛盾的情形，所在多有，並非僅此一件而已。

六、前文曾引《大義覺迷錄》中上諭，兩次都提到諸兄弟「若非親承皇考付朕鴻基之遺詔，安肯帖無一言，俯首臣伏於朕之前乎？」皇帝在頒布予舉國臣民的諭旨中，說出如此斬釘截鐵的話，照理說應鐵證如山，無可置疑的了。然而在其他的諭旨中，卻發現人、時、地相同而動作表情則完全不同的另一種說法：

雍正八年（公元一七三〇年）上諭：

康熙六十一年，皇考龍馭上賓，方有大事之夜，朕命允祉（三阿哥誠親王）管理內事，阿其那（八阿哥廉親王允禩）管理外務。乃允祉私自外出，與阿其那密語多時，不知所商何事。

《大義覺迷錄》載上諭：

皇考升遐之日，朕在哀痛之時，塞思黑（九阿哥貝勒允禟）突至朕前，箕踞對坐，傲慢無禮，其意大不可測。若非朕鎮定隱忍，必至激成事端。

《雍正實錄》四年（公元一七二六年）六月，諸王公大臣議八阿哥允禩罪狀四十款中，有一款是：

聖祖仁（康熙）皇帝賓天時，阿其那並不哀戚，乃於院外倚柱獨立凝思，派辦事務，全然不理，亦不回答，其怨憤可知，眾所共知者。

《雍正實錄》四年六月另一道上諭中，在連番譴責允禩、允禟後，又提到他的嫡親兄弟十四阿哥撫遠大將軍王允禵：

朕即位後，即降恩旨，將允禵喚回。允禵於未到京之時，即露種種狂悖；於到京之時，向朕輕躁妄行，狀類棍徒，其罪不可枚舉。

綜上所引各節，除其中一、二段屬於稗官野史、鄉里傳聞，一看就可以知道是無稽之談外，其他都是引自康、雍兩朝《實錄》以及雍正帝親頒〈上諭〉；甚至還有擷自朝鮮國宮藏《李朝實錄》中記載以為旁證。應該是信而有徵，有助於探索本書主題——雍正帝奪嫡之謎！

「誠孝」乎？「偉人」乎？

從《實錄》中蒐尋康熙帝與四阿哥胤禛之間的關係，似乎感覺平淡無奇。除了晚年受到強烈的刺激後有一些互動外，很長一段時間，這個兒子在父皇的心中似有若無。不像他對皇太子允礽，從極愛到極恨，從極其期望到極其失望；也不像他對大阿哥允禔厭惡到了極點；更不像對八阿哥在痛恨中仍有關懷，仍有寬恕。當然，更沒有像對十四阿哥允禵般親密、濃洌的父子深情。對四阿哥胤禛來說，在康熙帝心目中，最多祇不過像三阿哥允祉般的份量，相較八、九、十諸阿哥多一點「關愛的眼神」而已。

三阿哥允祉傾心於文事。他不但博覽群書，而且為了獲得皇父的注意，致力曆算、律呂等西學，因此獲得青睞。四阿哥胤禛則以心機取勝，在第一次儲位之爭最激烈之際，他看準康熙帝的心意，站在皇太子允礽這一邊；卻又與爭儲位最激烈的八阿哥允禩保持良好關係。同時，自己則潛心佛道，表現出一副無心權位、與世無爭的淡泊形象，以異於其他諸位阿哥。

從一件小事可以窺見胤禛從青少年時就知道如何凸顯自己。當康熙帝嚴督眾皇子向學時，皇子們在習字方面各有所好，各自選擇漢、唐諸名家字體勤於練習。唯有胤禛從開始就一心臨摹皇父的字。康熙帝的字雖然不是很好，但胤禛心無旁騖，一段時間下來，已到幾可亂真的地步。由此也獲得父皇的讚賞而簡在帝心。

從《實錄》中爬梳，四阿哥胤禛和皇父之間的往來，在康熙帝四十七年首度廢皇太子前，幾乎是無足輕重，最多也不過是偶爾受命代表皇帝祭陵，或者間中被指定追隨皇帝巡視畿甸、赴熱河行宮避暑、口外圍獵之類的群體活動。即使是康熙四十八年受封為和碩雍親王，也並非特命，而是在復立允礽為皇太子後，為了安撫已成年的眾皇子而一榜及第，同時封爵的還有三阿哥和五阿哥同樣封為親王，七阿哥和十阿哥同封郡王，九阿哥、十二阿哥和十四阿哥封為固山貝子。

康熙帝首次廢太子後，四阿哥胤禛的名字，在《實錄》中出現頻率較頻繁，記載緣由則大部分是「皇四子和碩雍親王胤禛恭請上幸王園進宴」。間中也有二、三次涉及政務。

值得拿出來談的，一次是在康熙五十四年（公元一七一五年）四月三十日，皇帝在前往熱河避暑途中，與皇三子誠親王允祉和皇四子胤禛『籌議西邊用兵之事』——準噶爾部首領策旺阿拉布坦率兵進攻哈密，雙方大戰一觸即發。胤禛奏以：當年征討噶爾丹時，策旺阿拉布坦曾畏罪懾服，今漸狂悖，居心險詐，背負聖恩，「至於侵擾我哈密，干犯王章，於國法難以寬貸，自當用兵撲滅，以彰天討。」皇帝同意他的看法。

另一次是在康熙帝薨逝前一個月，胤禛受命率世子弘昇、公延信以及尚書隆科多等王公大臣查勘京城和通州糧倉。《實錄》首次詳載他處理全案經過，不但清查仔細，而且提出完整的改善措施，更能夠把握時間，趕在康熙帝生病之前回奏。

這兩件攸關國家軍事和民生大計，首次詳細記載在《實錄》中，尤其後者是當康熙帝日薄西山之際，令人印象深刻。

前面提到的兩件事，是屬於公的方面。至於私的部分，也有三件詳載在《實錄》中，留給後人討論的空間。

一件是本書上卷中，曾敘述八阿哥允禩臥病暢春園，胤禛撇下護駕重任回京探視，因而遭到康熙帝誤會，最後以認錯請罪收場那段故事。整個事件經過，父子二人各執一詞，很難評斷誰是誰非，但在父皇的內心深處，總難抹去「這個兒子竟也脫不了營謀儲位」的陰影。

另外一件是在康熙四十七年（公元一七〇八年），皇帝釋放被禁錮了兩個多月的廢皇太子後，心情一下子放鬆，病情也逐漸好轉。十一月十六日那天，皇帝召廢太子、諸皇子、諸王大臣做了一次十分感性的談話，歷述廢皇太子及禁錮和釋放的原由與經過，並當眾人面訓誡廢太子「洗心易行以崇進德業」，冀求獲得在場皇子和眾王公大臣對廢太子這一舉國震驚的事件有充分認知與共識，進而齊心支持復立太子的後續動作。

在這次諭示中，康熙帝很突兀地對已成年的幾位皇子作了前所未有的評價與定位。他說：

朕之諸子，多令人視養。大阿哥養於內務府總管噶祿處；三阿哥養於內大臣綽爾濟處。惟四阿哥朕親撫育，幼年時，微覺喜怒不定；至其能體朕意，愛朕之心，殷勤懇切，可謂誠孝。五阿哥養於皇太后宮中，心性甚善，為人淳厚；七阿哥心好，舉止藹然可親。及若八阿哥之為人，諸臣奏稱其賢，裕親王存日，亦曾奏言八阿哥心性好，不務矜誇。

康熙帝在二十多年前以極其慎重、嚴肅的態度，為皇太子和眾皇子選擇師傅，並且對皇子們的學業進度和師傅們的教學方式幾乎無日不在督導之中。有一段短暫時期，他與皇太子和較長的幾位皇子，互動十分良好，皇子們的表現也很令他滿意，父子兄弟之間洋溢著一股溫馨愉悅的情感。但是，隨著皇帝因國事如麻，勢難分身率教；眾皇子日漸成長，各有府邸典屬，相互排擠爭競，這樣一段美好的感情，早已蕩然無存。要不是歷經一場幾乎動搖國本的廢太子案，和皇帝長達三個月纏綿病榻時回想到年輕時諸多往事，他應該不會脫口而出，說出如此感性的話。

康熙帝這段諭旨，是針對八阿哥允禩以上六位皇子所做的評斷，雖然希望「允礽若親近伊等，使之左右輔導，則諸事皆有箴規矣」，但卻充滿了安撫這幾位年長的皇子們在廢太子過程中，各自所受到的傷害，與化解相互之間的嫌隙。因此對他深惡痛絕的大阿哥竟然無一字之貶，對屢屢責備處罰，惡言相對的八阿哥，亦假他人之言，委婉讚譽。然而，值得注意的是對四阿哥胤禛獨加青眼，賜以「誠」、「孝」之佳名，突出於在座的皇太子和六位皇子以及科爾沁達爾漢親王額駙班第、領侍衛內大臣、都統、護軍統領等軍政大員之前。通覽史冊，這似乎是胤禛降生三十年來，第一次也是唯一的一次獲得父皇如此褒獎。照理，胤禛在受到父皇獎譽後，應該十分滿意和高興，然而，他卻做出了一個令人不解的舉動。

就在康熙帝返回寢宮休息，胤禛迫不及待請內侍奏聞皇帝：

臣侍皇父左右，時蒙訓誨。頃者，復降褒綸，實切感愧。至於「喜怒不定」一語，昔年曾蒙皇父訓飭，此十餘年以來，皇父未曾降旨飭臣有喜怒不定之處，是臣省改微誠，已荷皇父洞鑒。今臣年逾三十，居心行事，大概已定。「喜怒不定」四字，關係臣之生平，仰懇聖慈，將諭旨內此四字恩免記載。

內侍梁九功（京戲〈連環套〉中那位管御馬的紅臉大太監）、李玉轉奏後出來傳皇帝諭旨：

十餘年來，實未見四阿哥有喜怒不定之處。頃朕降旨時，偶然諭及，無非益加勉勵之意。此語不必記載。

康熙帝沒料到四阿哥竟然大膽到可以駁回他的話，這在專制時代，是件非同小可的事。不久後八阿哥因病，皇父問他想吃什麼，諭旨中有「不敢」亂送的字眼，八阿哥感到承受不起，上奏請求收回，就曾被皇父大大斥責了一頓。這一次也許是康熙帝因復立皇太子一事已有成算，心情很好，所以沒和四阿哥計較，勉強結束了此一段公案。

這件事過了兩天，十一月十八日，四阿哥胤禛因皇父從月初起不適，又不肯服藥，於是乘皇父召見時泣奏曰：

聖體違和，為日已久，應選擇太醫及臣兄弟中稍知藥性者允祉、允祺、允禩同臣檢視方藥。

皇帝服藥後，「漸就痊癒」。

第二天，十一月十九日，康熙帝又命內侍梁九功、李玉傳諭諸皇子及王、公、大臣曰：

前拘禁允礽時，並無一人為之陳奏。惟四阿哥性量過人，深知大義，屢在朕前為允礽保奏。似此居心行事，洵是偉人。

皇四子胤禛奏曰：

臣奉皇父諭旨，謂臣屢為廢皇太子允礽保奏，臣實無其事，皇父褒嘉之旨，臣不敢仰承。

皇帝聞奏，又復傳諭曰：

爾在朕前，屢為允礽保奏，爾意以為無有證據，故於眾前辯耶？且爾為諸阿哥陳奏之處甚多，爾亦將強辯以為無其事乎？

照一般君臣之間的對答，皇帝說到這裡，做子臣的除了承認就祇有沉默一途。不想胤禛還不鬆口，竟然再回奏：

為諸阿哥陳奏，臣誠有之。至於為允礽保奏，臣實不敢任受也。

《實錄》記載，到此為止，並無下文。然而，當雍正帝繼位後的第二年（公元一七二三年）八月二十三日〈上諭內閣〉中卻有這樣一段話：

戊子年（即康熙四十七年）二阿哥（允礽）得罪，令伊保全者，誰之力歟？雖二阿哥亦知感激也。（最後一句「二阿哥亦知感激」的話，在《雍正實錄》中已被刪除。）

看了這段話，再來看前一段他在康熙帝前面堅決否認的情形，「誠孝」是這樣的嗎？

《康熙實錄》整整三百卷中，記載皇四子胤禛與康熙帝互動的事蹟，僅以上幾件而已，與皇長子允禔、皇太子允礽、皇八子允禩和皇十四子允禵相較，內容和篇幅都少得很多。雖然除了允禩之外，其他三位皇子都因涉及儲位爭奪而有較多篇幅記載，不足為據，但從整本《實錄》中，實在找不出任何皇四子胤禛有被列為皇位繼承人的蛛絲馬跡。就連前述幾件僅有的故事，其列入《實錄》的理由與事實經過的真偽，也有待追索和探討。

諸如：在十一月十六日康熙帝諭旨中曾說：「惟四阿哥朕親撫育」，被視為皇帝對四阿哥與眾皇子不同，特加眷愛。但本書前文第三章中也曾提到，根據康熙四十四年（公元一七〇五年）九月初九和四十五年九月十二日，皇帝在允祉等奏的滿文硃批奏摺二件中御批：除了皇太子允礽外，其他皇子一經完婚，都得按律出宮，分府居住。然而，只有十四阿哥允禵例外，一直住在宮中到長大成人、完婚娶妻後，皇帝仍要他繼續留在身旁，常時跟隨在側「學習行走」，並且讓他與福晉一同住在禁宮之內。

像這樣「違例」的特殊待遇，何以《實錄》中隻字未提？而且認真比較起來，這一舉動似乎較「惟四阿哥朕親撫育」份量要重多了。

又如前錄兩則四阿哥胤禛「駁回」皇父諭旨為例，在《實錄》中，除了被指為有罪的皇子——如皇太子允礽和皇八子允禩——被皇帝斥責或處罰時，偶有微弱申辯外，從未見有受到溫言獎飾而一再「駁回」的。

對自己童年時「喜怒不定」的四字評語，請免於記載，用放大鏡來看，可能是胤禛固執的性格使然；但更可能是從這時開始，胤禛已有了逐鹿儲位，更進一步成為皇位繼承人的打算。為了未來自己「千秋萬世」的「盛名」，堅持請求皇父收回這四個字，以免將來一旦得登大位，會成為「盛名之累」。

至於康熙帝表揚他保奏皇太子允礽一節，皇帝用了「性量過人，深知大義」八個字來形容，甚且肯定他是「偉人」。這樣的褒獎，出自於皇父之口，是何等的榮耀！昔日，皇帝因他「喜怒不定」而以「戒急用忍」四字規箴，他不但敬謹受教，而且在即皇帝位後，鐫匾懸於御座之後以為座右銘，終身不忘。何以對「性量過人」的「偉人」之譽不願受命？即使皇父解釋者再，也「不敢仰承」。這豈不是不近情理，怪事一樁！

如果就首次廢太子前後整個局面來探討，也許可以作這樣的解釋：

當時，皇太子允礽的所作所為，在眾皇子和滿朝文武群臣中被大多數人憎惡；八阿哥允禩則贏得普遍的擁戴。但皇帝這時仍偏向皇太子，對允礽還寄與後望，希望再次復立後皇太子能改過自新，繼承大業。

因此，表面上「故示無為」的四阿哥胤禛，看破了皇父這一心意，而「屢在朕前為允礽保奏」。此所以在胤禛「否認」以後，康熙帝還用質問的口氣問他：你在朕面前屢為允礽保奏，你以為沒有證據，所以在朝廷上眾人之前「強辯」嗎？

皇帝這番話已經有些不耐煩了。出人意表的是，胤禛竟然堅決否認，卻又拾起皇父的一句話說：「為諸阿哥陳奏，臣誠有之！」

胤禛被皇父譽為「誠孝」，向來奉命唯謹，不敢稍有違逆，這次何以如此大膽，一再「駁回」曾為皇太子保奏，卻又承認為「諸阿哥陳奏」？

胤禛投皇父之所好，保奏皇太子，已如上述。他以為這是他與皇父單向交通，旁人——尤其是眾皇子不可能知道，既可以獲得皇父歡心，又不致使眾弟兄認為他獨行其是，與眾弟兄為敵。不想皇帝完全不能體察他的苦心，一高興，說漏了嘴，讓眾弟兄和滿朝文武群臣都知道他擁皇太子的立場，於是他不得不堅決否認，縱然觸怒皇帝也在所不惜！

雖然如此，他卻也做了一些補救，當皇帝問他：難道你連多次為諸阿哥陳奏，也強辯以為沒有的事嗎？

胤禛立刻承認「有！」總算給眾弟兄有了一個交代。至於弟兄們當時或以後心裡怎麼想，又是另外一回事了！

這件事情的發展，很詳細地記載在《實錄》中，而且顯得有些突出。至於為什麼會戛然而止，以及有無後續發展？如何發展？完全無跡可尋。整本《實錄》以及康、雍之交的大部分史實，好像很多地方都是這樣無頭無尾的。

皇四子胤禛在眾皇子中，對於儲位之爭，在戰略方面採取的是「以不爭為爭」；在戰術方面則是對皇父恭順誠孝，奉命惟謹；對兄弟廣結善緣，不為人先。更重要的則是明裡不結黨與，暗地裡培植羽翼。以如此這般鴨子划水，韜光養晦，使他在長年儲位之爭的險惡環境中，雖然偶爾難以避免受到牽連和傷害，但都不太嚴重，輕易脫身而出。這段時期裡，他雖然不能操縱指使，卻在默默中留有一些不為人知的規劃、布署和運作空間。

知子莫若父，康熙帝「戒急用忍」這四字真言，確是胤禛的「保命靈符」，使他在青壯年時期得以置身於儲位爭奪暴風圈之外。但是人與生俱來的個性很難長時間控制，一旦碰到特殊相關因素，就會不由自主引爆出來。

「戒急用忍」的領受遵循，和「喜怒不定」的當眾反駁，就是一個例證。多年「戒急用忍」，是為了不讓自己捲入儲位之爭，避免在不適當的時間變成箭靶；請求免於注記「喜怒不定」，則是因為形勢轉變，自己已經投入儲位之爭的戰場，並且判斷有其可行性，於是，把眼光放遠，一旦自己果然成為皇位繼承人，載在史冊的「喜怒不定」四字，將永遠是他無法磨滅的缺憾。

「末命」似有若無

康熙帝駕崩後，四皇子胤禛得以繼承大統即皇帝位的合法依據有兩點：

一是在康熙帝「大漸」之際，傳召三阿哥允祉和七位皇子以及步軍統領隆科多至御榻前，口傳諭旨：皇四子胤禛繼皇帝位。這道諭旨經過了十個小時，一直到康熙帝駕崩之後，才經由隆科多轉述，告知當事人。這就是所謂的「末命」——如果一切過程都如史書所述，自然是合法的。

一是在十一月十六日（丁酉），由鴻臚等正式頒行全國：「雍親王皇四子胤禛，人品貴重，深肖朕躬，必能克承大統，著繼朕登基，即皇帝位」的正式漢文「遺詔」。這份見諸文字的詔書，則是在康熙帝駕崩後的第三天才正式「頒行天下」。

首先，來探討關於「末命」這一部分：

前文曾提到胤禛在十三日夜，根據隆科多所傳大行皇帝「末命」即皇帝位後，一再聲稱七位在御榻前接受遺詔的弟兄們「皆俯首臣伏於朕前，不敢有異議」；「伊等若非親承皇考付朕鴻基之遺詔，安肯帖無一語，俯首臣伏於朕之前乎？」

然而，他卻又在另一道上諭中，憤怒地指出，接受大位當夜，這七位兄弟中，有超過半數皇子對他曾露出充滿敵意的態度，直接和間接透露出當時暢春園中情勢之緊張與險惡！

當一位皇帝在臨終前宣諭，指定某一位皇子為繼承人時，就表示接班人選已經決定了，受命的人和在場聆聽旨意的人都必然敬謹遵命，也就是雍正帝所形容的「俯首臣伏」、「帖無一語」，「不敢有異議」！

準此，如果康熙帝臨終前確曾傳召七位皇子和一位大臣當面諭示由胤禛繼皇帝位的話，何以在場半數以上皇子竟敢對這位法定繼承人有如此強烈「大不敬」的表現？而已正式受命繼承大統的雍正帝則有「若非朕鎮定隱忍，必至激成事端」的感受？這位新皇帝是在什麼一種情況之下，必須「鎮定隱忍」？否則「必至激成事端」，又是怎樣的一種險惡的「事端」呢？

就像中外古今多少次宮廷中的變亂一樣，不管成功或失敗，由於人為因素，絕大多數的真相都在歷史長流中消失；縱令有少許存留，其真實性也值得懷疑。晚近尼泊爾宮廷發生的滅門慘劇，在媒體如此發達的二十一世紀，尚猶如霧裡看花，眾說紛紜，莫衷一是，何況近三百年前的專制極權時代。

雖然如此，如果細心把前因後果、發展脈絡仔細加以串連和理清，多少還是可以從中獲得一些蛛絲馬跡，雖不中，想亦不遠，至少是聊勝於無。

首先，值得加以探討的是，在這七位據說是「親承末命」的兄弟中，除了七阿哥允祐和十三阿哥允祥因「安分守己」、「敬順小心」，而得保首領以歿，其餘三阿哥允祉、八阿哥允禩、九阿哥允禟、十阿哥允䄉等，都沒有好下場。尤其是欽命改名為「阿其那」、「塞思黑」的允禩和允禟，更是受盡折磨慘死，禍及家屬。

至於另一位在場聆聽康熙帝「末命」，唯一非直系血親，卻又從頭至尾提調和貫徹執行大位傳承的理藩院尚書、步軍統領、九門提督、舅舅隆科多，在完成「任務」之後，雖曾一時備蒙聖眷，權傾一時，但不過短短四年，就被以身犯四十一條大罪而遭「永遠禁錮」，身死獄中。

雍正五年（公元一七二七年）十月，順承郡王錫保等「遵旨審奏」隆科多罪案，認為他犯了大不敬之罪五、欺罔之罪四、紊亂朝政之罪三、姦黨之罪六、不法之罪七、貪婪之罪十六，「以上罪狀昭著，隆科多應擬斬立決，妻子入辛者庫，財產入官。」

這四十一款大罪中，有幾款值得提出來談一談：

在「大不敬之罪三」裡有一款是：

妄擬諸葛亮，奏稱白帝城受命之日，即是死期已至之時。

根據《三國志》所載，劉備臨終前在白帝城託孤時與諸葛亮的對話是：

「君（諸葛）才十倍曹丕，必能安國，終定大事。若嗣子（劉備獨子劉禪，乳名阿斗）可輔則輔之；若其不才，君可自取。」亮涕泣而言曰：「臣敢不竭股肱之力，效忠貞之節，繼之以死！」

清室自關外龍興以來，即以《三國誌》為師，自太宗皇太極以降，王公大臣大多熟讀《三國

》，隆科多熟稔這段故事，自無可置疑。祇是他引用的既非其時，更非其人，忘其所以，竟以諸葛自居；康熙帝既非劉備，以雍正比擬阿斗更是荒唐，無怪其最後落得終身禁錮。以雍正帝之酷，而能保首領以歿，已是大幸。這款「大不敬」之罪，他是當之無愧的。然而，從另外一個角度來看，似乎在大位授受之際，他敢以諸葛亮自居，顯然另藏玄機。

在「欺妄之罪一」這一款是：

聖祖仁（康熙）皇帝升遐之日，隆科多並未在御前，亦未派出近御之人。乃詭稱伊身曾帶匕首以防不測。

這一款罪非常突兀，康熙帝駕崩之日，口諭傳皇帝位予皇四子胤禛，當時在場的人中，隆科多是其中之一，這是所有官方史料共同記載的；而且當康熙帝駕崩之後，隆科多也曾向胤禛「述遺詔」，不但《實錄》有詳細記載，雍正帝後來也好幾次在上諭中提到這段經過，人、時、地都完全相同。主持審判的順承郡王錫保，以皇室親貴的身分，不可能不清楚整個事情經過——如果十三日那天確有如《實錄》和《上諭內閣》所說的過程。然而他卻忽然審出當天隆科多「並未在御前」，甚至「未派出近御之人」的大罪，則康熙帝對大位傳承的「末命」就完全被否定，甚至變成了天大的謊言。

這究竟是怎麼一回事？問題出在那裡？應該如何補救？

已經做了五年多皇帝的胤禛，這時對於處理早已流言四播的「紹承大統」問題，已不似當年初繼帝位時那樣左支右絀，移東補西，抓一個新的說法來補舊的謊言，或者用發怒或威嚇來防人之口。當他看到錫保的奏疏後，全然不動聲色，立刻召議政王大臣、內閣、九卿等諭曰：

> 隆科多所犯四十一款重罪，實不容誅。但皇考升遐之日，召朕之諸兄弟及隆科多入見，面降諭旨，以大統付朕，是大臣之內，承旨者惟隆科多一人。今因罪誅戮，雖於國法允當，而朕心則有所不忍……

就此輕描淡寫，直截了當，以隆科多一條命，間接更正了錫保這一天大「錯誤」。至於其他四十款大罪，雍正帝一款都不提，快速結案了事，更突顯雍正帝對隆科多當年是否在場「承旨」特別在意。

雍正帝以快刀斬亂麻的手法，消除這一突然冒出來的「麻煩」，之所以能夠如此輕騎過關，乃是經過五年的威權統治後，當年對他威脅最大的幾位兄弟，絕大多數死的死、囚的囚，僅餘的小兄弟們，不是俯首帖耳，唯命是從，就是置身事外，明哲保身。當年為他立下汗馬功勞的大將軍年羹堯，自裁身死；隆科多則如俎上之魚，去死不遠。所有對當年大位遞嬗稍有關連的人，都翦除殆盡，自然可以隨心所欲，以非為是，為所欲為。

「欺妄之罪二」是：

狂言妄奏提督之權甚大，一呼可聚二萬兵。

按步軍統領所統轄，除官長外，步甲二萬三千餘名和五營馬戰守各兵一萬名；而且暢春園還另有專屬官兵長年固定駐守。據此，隆科多聲言「一呼可聚二萬兵」，確有可能，並非「欺妄」。問題是：揚言自己掌握龐大兵力，可以「一呼」而聚，用意何在？是證明康熙六十一年十一月十三日，老皇帝駕崩時有此需要呢？還是強調自己擁有的實力呢？

此外，欺妄之罪一末段：

詭稱伊身曾帶匕首以防不測。

欺妄之罪三：

時當太平盛世，臣民戴德，守份安居。而隆科多作有刺客之狀，故將壇廟桌下搜查。

另在紊亂朝政之罪一：

皇上謁陵之日，妄奏諸王心變。

紊亂朝政之罪二：

妄奏舉國之人俱不可信。

隆科多被指上述諸款大罪，推算所犯時間，應是在雍正帝登極之初的那段時日。當局勢被控制後，他自居擁戴之功，得意忘形之餘，衝口而出，一一道來，衡諸人性，自是常情。惟其如此，更證實康熙帝駕崩之夜，暢春園和紫禁城中，那一段時間應該是處在一種詭譎、緊張、惶惑、紛亂的氛圍中，杯弓蛇影，人心惶惶；諸王、朝廷和民間都籠罩在山雨欲來的驚恐之中。

從以上所錄隆科多罪行所透露的情形看起來，本書前文陸續敘述有關外國傳教士、朝鮮來華使臣以及《永憲錄》中所載康熙帝與雍正帝大位授受時發生諸如「兵馬調遣」、「九門皆未啟」等形同戒嚴的嚴峻情況，都應該是當時的實情。這與雍正帝自己的憶述完全不同，他在雍正五年（一七二七年）十月初五的《上諭內閣》中曾說：

皇考聖明，凡事預定，所以大業授受之際，太平無事，以成國家之善慶。

是耶？非耶？當權的人說了就算。但歷史卻不是這樣，歷史看一個人不是看他寫什麼，說什麼，而是看他做了什麼！

「遺詔」似假還真

「末命」部分有如此多值得懷疑和探討之處，接下來，再看載諸文字的遺詔，有什麼可資討論的。

塵封在北京故宮中長達二百多年的大清聖祖仁（康熙）皇帝遺詔，在清室既屋、民國肇興之後，陸續經由中央研究院歷史語言研究所和北京第一歷史檔案館等研究機構釋放出來。由於康熙帝的遺詔關係到雍正帝紹承大統的合法性，百年來一直深受治清史的學人和對清史有興趣的人士所關注。

長久以來，大家都祇從《實錄》和一些官書中，看到遺詔轉錄的文字，它是否因轉錄而有錯誤和遺闕，甚至人為的更改？無法知道。特別是流傳民間二百多年認為詔書中將「傳位十四皇子」改為「傳位于四皇子」一節，更是大家想加以證實的。人們似乎殷切盼望從遺詔的原件中，可以解開這被稱為「清初三大奇案」之一的謎。

如今，原件出現在大家眼前，憑著攝影和印刷技術的日新月異，我們幾乎可以看到與原件相同的這份遺詔（見本書前彩圖）。經過仔細比對和觀察，結果又是如何呢？

談「遺詔」，得先從康熙五十六年（丁酉）十一月二十一日（公元一七一七年十二月二十三日）皇帝口諭由他親筆撰寫的一篇諭旨說起。

這一天的清晨，康熙帝照例先去向皇太后問安，然後御乾清宮東暖閣，召諸皇子及滿漢大學士、學士、九卿、詹事、科道等進入。首先，他敘述近年來自己健康情況的轉變，特別說明最近因為皇太后龍體欠和，以致心神憂瘁，導致頭暈之症頻發。憂病之際，有很多平日想和大家說的話，今天特別宣召當面告知。

說到這裡，皇帝拿出一份早已準備多時，親筆撰寫的諭旨，慎而重之的向大家逐字宣讀。開始的一段他強調「自古得天下之正，莫如我朝」，並說太祖（努爾哈齊）、太宗（皇太極）「初無取天下之心」，是由於「流賊李自成攻破京城，崇禎自縊，臣民相率來迎，乃翦滅闖寇，入承大統。」

接下來，他細數由黃帝以至大清，歷朝歷代帝王更替之頻，發現「自秦漢以來，在位久者，朕為之首」，因而對身後之名十分在意，想留下一些筆記以供天下後世了解。他說：

> 古人以不矜不伐、知止知足者為能保始終。覽三代而後，帝王踐祚久者，不能遺令

聞於後世；壽命不長者，罔知四海之疾苦。朕已老矣！在位久矣！未卜後人之議論如何？而且以目前之事，不得不痛哭流涕，預先隨筆自記，而猶恐天下不知吾之苦衷也。

康熙帝認為歷代帝王的遺詔大都言不由衷，「此皆昏瞀之際，覓文臣任意撰寫者」。因此他要在神志清明之際，把想到的、想說的，自己先寫出來、說出來，「預使爾等知朕之血誠耳！」

他坦承繼皇帝位時，從未敢想在位如此之久：

當日（朕）臨御至二十年（時），不敢逆料至三十年；三十年（時），不敢逆料至四十年。今已五十七年矣！（遺詔中則根據他駕崩時年歲改為「六十一年矣！」括弧中則係遺詔所添加的字。）

接下來一大段，他細述為君之難：

若帝王，仔肩甚重，無可旁諉，豈臣下所可比擬。臣下可仕則仕，可止則止；年老致政而歸，抱子弄孫，猶得優游自適。為君者，勤劬一生，了無休息之日……人主原無宴息之地可以退藏，鞠躬盡瘁，誠謂此也。

康熙帝接下來以長期主政的經驗說明他對於處理國事的態度和方法。他以極其精鍊的幾句話來表達：

> 昔人每云帝王當舉大綱，不必兼總細務。朕心竊不謂然。一事不謹，即貽四海之憂；一時不謹，即貽千百世之患。不矜細行，終累大德。

這一說法當然和他的個性有關，他承認自己「每事必加詳慎」，「即奏章內有一字之訛，必為改定發出。蓋『事不敢忽』，天性然也。」因此他這位皇帝，做得十分辛苦。在這一點上，他的兒子雍正帝則更較他辛苦得多。這是後話，暫且不表。

康熙帝「事不敢忽」，但卻不像雍正帝般察察為明，勞心焦思。雖然如此，「自幼強健，筋力頗佳」的身體，經過四十多年繁劇國事的折損，再加上廢太子一事的衝擊，老皇帝終於不得不面對現實，坦誠對滿朝文武表示：

> 自康熙四十七年（首次廢太子）大病之後，過傷心神，漸不及往時。況日有萬機，皆由裁奪。每覺精神日逐於外，心血時耗於內，恐前途倘有一時不諱（如果一旦駕崩），不能一言，則吾之衷曲未吐，豈不可惜。故預於明爽之際，一一言之，可以盡一生之事，

豈不快哉！

這一段言語，顯示康熙帝識見通徹，遇事機先，早已預見到五年後十一月十三日夜，暢春園所發生的情形。然而卻仍對繼承人的選擇「衷曲未吐」，憾恨以歿。讀史至此，不禁掩卷長嘆：「造化弄人，以致於此！」

接下來康熙帝以很長一段敘述他既無懼於生死，卻又對自己因「心神恍惚，身體虛憊」而「深懼顛倒是非，萬幾錯亂」，「雖心有餘而精神不逮，悔過無及，振作不起，呻吟床榻，死不瞑目，豈不痛恨於未死。」

然後口氣一變，切入有關「立儲」的主題。他舉梁武帝、隋文帝、宋太祖以及漢高、唐宗為鑑，明白表示：

昔梁武帝亦創業英雄，後至耄年，為侯景所逼，遂有臺城之禍；隋文帝亦開創之主，不能預知其子煬帝之惡，卒致不克令終。又如丹毒自殺、服食吞餅；宋祖之遙見燭影之類，種種所見疑案，豈非前轍。皆由辨之不早，而且無益於國計民生。漢高祖傳遺命於呂后；唐太宗定儲位於長孫無忌，朕每覽此，深為恥之。或有小人，希圖倉卒之際，廢立可以自專，推戴一人，以期後福，朕一息尚存，豈肯容此輩乎？

隨後有幾句話，似乎頗能啟人疑竇。他說：

今臣鄰奏請立儲分理，此乃慮朕有猝然之變耳！死生常理，朕所不諱，惟是天下大權，當統於一。十年以來，朕將所行之事，所存之心，俱書寫封固，仍未告竣。立儲大事，朕豈忘耶？

這段話表示老皇帝對「立儲大事」念茲在茲，無時或忘。然而，他在宣諭這道旨意時，所說十年來行事、用心「俱書寫封固」，這其中豈無片紙隻字提到立儲之事？縱然此前未定，此後五年餘生中，「心為天下盡其血，神為四海散其形」，體氣日衰，大限將至，焉能仍不作一定奪？是則康熙帝駕崩後，五年前他所說「書寫封固」的紀錄到那裡去了？按老皇帝口諭中的語氣，康熙五十六年以前，必然是存在的；五十六年以後到六十一年十一月南苑生病為止，也一定是有的；對於「立儲」這樣念念不忘的大事，極可能也少不了。但是，無論官書野史，都從不曾提及有這份紀錄，它像空氣般地消失無蹤了。

談完了國家大事，最後老皇帝以充滿誠摯的語氣表達君臣之間豐富感情。他娓娓道來，在傷感中有自豪，在遺憾中有期許。他說：

天下神器至重，倘得釋此負荷，優游安適，無一事嬰心，便可望加增年歲。諸臣受朕深恩，何道俾朕得此息肩之日也。

朕今氣血耗減，勉強支持，脫有悞萬幾，則從前五十七年之憂勤，豈不可惜。朕之苦衷血誠，一至如此。每覽老臣奏疏乞休，未嘗不為流涕。爾等有退休之時，朕何地可休息耶？但得數旬之怡養，保全考終之死生，朕之欣喜，豈可言罄，從此歲月悠久，或得如宋高宗之年，未可知也！

朕年五十七歲，方有白鬚數莖。有以烏鬚藥進者，朕笑卻之曰：「古來白鬚皇帝有幾？朕若鬚鬢皓然，豈不為萬世之美談乎！」初年同朕同事者，今並無一人；後進新生者，同寅協恭，奉公守法。皓首滿朝，可謂久矣，亦知足矣！

朕享天下之尊，四海之富，物無不有，事無不經。至垂老之際，不能寬懷瞬息，故視棄天下猶敝屣、視富貴如泥沙也。倘得終於無事，朕願已足。願爾等大小臣鄰，念朕五十餘年太平天子惓惓丁寧反覆之苦衷，則吾有生考終之事畢矣！

最後，老皇帝特別加重語氣強調：

此諭已備十年，若有遺詔，無非此言。披肝露膽，罄盡五內，朕不再言！

康熙帝讀完這篇親筆寫的諭旨後，因為全篇都是用漢文寫出，還特別交給大學士們將全文翻譯為滿文。不想沒隔幾天，皇太后就崩逝了，從皇帝起到滿朝文武都忙於大喪事宜，把這事耽擱下來。一直到一個月後的十二月二十一日，皇帝還在蒼震門內遵禮盡哀守制時，大學士們才將皇帝所頒這一篇漢字諭旨的滿文翻譯進呈。得旨：

滿漢字句甚相符。此旨係朕肺腑之言，作何頒發之處，爾等速議具奏。

這表示皇帝迫切要將這諭旨宣告天下臣民。於是僅隔了一天，大學士們就回奏：

前所降皇上手書諭旨，臣等應照原旨繕寫，於本月二十八日（四日後）交吏部傳集滿漢九卿、詹事、翰林、科道等臣，於午門前宣示。內閣、起居注各寫一通，加謹收貯。此外有何應存之處，恭候皇上指示。

這道奏摺送入宮中後「留中」（留在皇帝御案上，沒有立即批示）。

又隔了一天——十二月二十五日早晨，皇帝仍在蒼震門內喪居召見大學士等，諭曰：

朕所下御旨，乃朕一生至苦之事。今爾等奏稱「內閣、起居注各寫一通，加緊收貯。此外有何應存之處？恭候指示」等語。無一語言及朕躬之事，若欲朦朧完結，其如朕垂老之身何？據此，則諸臣竟無忠愛之心，為朕籌劃，俾稍得休息也。且朕繕寫一生之事，已備十年，朕言不再之語，已盡之矣。爾等奏稱：「此外有何應存之處，恭候指示」等語。若更有指示爾等之處，朕豈不寫出乎？

皇帝為了大學士們草率搪塞，「無一語言及朕躬之事」而怒加斥責，似乎有些兒不講道理。試想，以當了將近六十年的老皇帝，聲威昭著於內外，誠如他自己所說，眼前的群臣，在他看來，大都是一些後生晚輩，識見閱歷都遠不如他，要他們提意見，非但緣木求魚，就是給他們吃了熊心豹子膽，他們也不敢表達己見。天威難測，誰敢出來一捋虎鬚呢？

拖到下午，大學士們在幾經商酌後，只好以賴皮的方式回奏：

皇上一生所行之事，所存之心，俱已手書發出，臣等不能詳加議奏，以致聖心憂慮，臣等雖萬死，不足蔽辜，懇皇上從重議處。

這封奏疏遞進宮去，皇帝毫不客氣地飭令吏部、都察院會同「嚴察議奏」。當時的大學士們是：馬齊、嵩祝、李光地、蕭永藻、王琰等向為皇帝尊重的老臣，康熙帝竟如此嚴斥之後，繼之議處，足見他對這份諭旨屬望殷切，而且別有心意存焉——心中煩惱連幾位早年日夕相處的老臣都不能體察，不敢加片語隻字，「欲朦朧完結」，焉能不惱！

從這份諭旨的內容和發表時間，以及發出後那一股激憤之情來看，終老皇帝一生，只有康熙四十七年在口外宣諭廢皇太子一事差堪比擬。這兩次出人意表的舉動，都令人感到極為驚詫，而且其影響也十分深遠。

廢皇太子一案經過，前文已詳予敘述；這次預留「遺詔」，似乎同樣是面臨外在形勢與內心衝突相互激盪而產生的。

康熙五十六、五十七這兩年中，在外敵方面，準噶爾部再次入侵，一路陷西藏首府拉薩，藏王拉藏汗被殺；西北一路亦由策旺阿拉布坦率軍深入國境。朝廷內，朱都訥、朱天保父子將日趨沉靜的復立皇太子案再次挑起，而且獲得不少支持。緊接著，又是皇太后崩逝。如此內憂外患接踵而來，使這位體力日趨衰頹，精神益顯惛瞀的老皇帝，不得不面對殘酷現實，對自己身後事必須儘速加以處理，沒有時間再拖延了。

皇帝的身後事，最重要的莫過於選擇一位能夠延續自己理想和造福萬民的繼承人。

康熙二十九年（公元一六九〇年），準噶爾部首領噶爾丹，在俄國沙皇的暗中支持下入侵。時當壯年的康熙大帝，接連三次御駕親征，歷時七年之久，終於大獲全勝，威震漠北，廣大西北地區各部均納貢稱藩。不想二十年後，準噶爾部第二代首領策妄阿拉布坦及其子噶爾丹策零，相繼叛亂。喀喇烏蘇一役，前敵領軍將領總督額倫陣亡，副將侍衛色楞被俘死，全軍二千餘人除陣亡外均被俘。

這一場慘敗，帶給老皇帝無比震撼。萬萬沒想到一世英名，竟會在垂暮之年斷送於孺子之手，這應當是他在康熙五十七年十月決定選派皇十四子允禵為撫遠大將軍的主要原因之一，因為他需要由自己的愛子取得這場戰爭的勝利，以終結當年他所留下的遺患而竟全功。

反覆細讀康熙帝這一諭旨，文筆流暢，感情豐富，在歷代帝王親筆撰寫的文章中，顯得極為突出。這原是一篇十分感性並能得到聽眾（滿朝文武）共鳴的演講稿，誠如他在諭旨中所說「並非覓文臣任意撰擬」，千篇一律講一些不著邊際，毫無感情的廢話，而是「預使爾等知朕之血誠」的肺腑之言。

諭旨的內容，除了總結自己一生行事作為，反覆言之，垂泣而道的則是「立儲大事」。對於立儲一節，他不斷涉及，卻總是在緊要關節處戛然而止。這當然是由於大半生中為繼承人的問題，累次掀起無邊風波，弄得父子反目，兄弟相殘，君臣離心的慘痛經歷所致。

雖然康熙帝不想談、不願談的這種現象，套一個今天醫學上的新名詞，應該是患了頗為嚴重的「立太子恐懼症候群」，但深感來日無多的老皇帝，卻毫無退路，形勢逼得他非想不可，非談不可。因此在長達十年的反覆思維之後，釋放出這一多談感情，少講道理的風向球以為測試，希望群臣能在感動之餘，作出與他思維相近的表態。

沒想到身為百官之首，而且與老皇帝長時間相處，十分親密的幾位滿漢大學士，竟如此冷漠對應。眾皇子們有什麼反應，史書隻字不提，想當然也不會有任何令父皇欣慰的言語和行動。

經過這一次「披肝露膽，盡罄五內」與眾皇子和滿朝文武溝通而沒有結果後，康熙帝在以後五年的餘生中，對「立儲大事」果然「朕不再言」了。

「遺詔」索隱

康熙六十一年十一月十三日，大清聖祖仁皇帝愛新羅・玄燁薨逝於暢春園。

《永憲錄》載：第二天（十四日）正午，「傳大行皇帝遺詔，皇四子雍親王為人貴重，事朕以孝，政事皆好，堪膺大任。」

這段文字，並未見於其他官書。「傳大行皇帝遺詔」的「傳」，應是口頭宣布，不像十六日「頒大行皇帝遺詔於天下」的「頒」，是以正式官文書通告、張貼全國，甚至遠達諸藩各國。至於所謂「傳」，究竟傳達給那些人，到那一個階層為止？因為官書史料中沒有提到，所以無法得知。

根據兩次「傳」與「頒」，發現在宣布遺詔過程中，似乎有一些難以索解的問題值得加以研討。

前一項「傳大行皇帝遺詔」，如果僅祇是臨時以口頭方式傳達給特定少數人士，聽到的人各自記憶轉述，內容有出入是可能的。因此《永憲錄》所記「事朕以孝，政事皆好，堪膺大任」這十二字與「遺詔」中「人品貴重，深肖朕躬，必能克承大統」有差異，祇要是內容涵意，沒有大差異，是可以被接受的。

後一項「頒大行皇帝遺詔於天下」，是在康熙帝薨逝之後的第三天，而且在宣讀遺詔時，祇讀滿文而未宣漢文。以致御史楊保等上書參劾九卿之一，職司鳴贊、儐導及行禮唱贊的鴻臚寺官員。

奏上，尚未正式登極且在熱孝中的雍正帝，立刻諭知內閣：

> 楊保等參奏一案，雖非大事，然亦有關繫（係）。朕今若將此事交部察議，則以後滿漢人員必生互相異視之見。皇考一視同仁，從未分別滿漢。今朕念切紹庭（繼統）諸事，仰體皇考聖心；且宣讀清字（滿文）詔書時，大小臣工既已共聞，即與宣讀漢字詔書無異。此蓋皇考在天之靈，使滿漢人員翕然如一家之意也，有何分別滿漢之處。將本發還。

這道上諭，一開始時就嚇唬楊保等人，不可以搞族群問題，以免滋生滿漢之間相互對立情事。即將繼位的皇帝用了「必生互相異視之見」的話，如同肯定「必」然會發「生」此等情事，其嚴重可知。接下來，他更抬出大行皇帝「從未分別滿漢」，為宣讀清字遺詔與宣讀漢字遺詔「無異」背書。

就尋求族群融合來說，這幾句話是絕對值得肯定的，但新皇帝忘了兩個重點：一是滿清入關祇不過七十多年，黃河以北——尤其京師附近地區對於「逃人」和「圈地」兩大嚴重「族群歧視」的秕政，還在漢人心中記憶猶新，「滿漢一家」祇不過是新統治者在必要時，給廣大非滿族人民的一個美好願景而已。

一是新皇帝和滿朝文武都忘了，這份遺詔百分之九十五以上的文字，都是來自康熙五十六年大行皇帝親自以硃筆用漢字書寫，然後再以漢語口頭一字一句宣讀給眾皇子、王、大臣聽；滿文則是在一個月後由大學士們精心翻譯，經過大行皇帝逐字認可。因此，不說別的，就算是為了尊重大行皇帝意願來說，就應該以漢文為主；不然，滿漢文同時宣讀又有何不可呢？

因此，經過了三天後，才由新皇帝和大學士們，以大行皇帝五年前親筆諭旨「整理」出來的遺詔，僅用滿文宣讀，箇中蹊蹺，應該是值得加以懷疑的。

滿清入關之前的兩位領導人，太祖努爾哈齊和太宗皇太極都沒有預立遺詔。世祖順治皇帝福臨是大清入關後第一位在北京建立皇朝的皇帝。順治十八年，福臨因染天花薨逝，留下大清朝第一份遺詔。

順治十八年元旦，皇帝開始不適，初六的晚上，將翰林院掌院學士王熙和另一位學士麻勒吉召入養心殿御榻前，諭曰：

朕勢將不起，可詳聽朕命，撰詔書。

長久追隨在順治帝身邊，而且很受倚重的兩位漢滿文學侍從之臣，「匍伏飲泣，筆不能下」。順治帝命他們強抑悲痛，就在御榻前起草，皇帝一邊說，他們一邊記。皇帝說完，王熙已經將開始的一段寫好，皇帝看後同意，命他們繼續寫下去。

這時，王熙奏請，因恐聖躬過勞，請准移至乾清門下西圍屏內撰擬。就這樣每寫好一段，即交給內侍賈卜嘉，由他急奔養心殿唸給皇帝聽。順治帝很仔細地一邊聽，一邊指出某處應改，某處增、某處刪，再由賈卜嘉送回王、麻二人修正。如此往來修改、凡三易其稿，最後皇帝認可，已經花了一整天。時近傍晚，皇帝已油盡燈枯，氣若游絲，未及午夜就薨逝了。

這份遺詔的內容主要分為兩部分，一是對自己親政以後的所作所為加以檢討，直承有九條十四項罪：包括不遵祖訓，子道不終，偏信漢臣，夙性好高不能虛懷納諫，厚己薄人，無體民艱，董（鄂妃）后喪祭典禮不能以禮止情等等。

另一部分則是指定皇三子玄燁為皇位繼承人，並選派索尼、蘇克哈薩、遏必隆、鰲拜等四位滿洲老臣輔政。

順治帝口授遺詔由王熙和麻勒吉起草。王、麻二人，一個是翰林院掌院，一個是大清入關後第一次開科由皇帝欽點的首位滿族狀元，而且均侍從多年。這兩枝健筆，何以需要三易其稿始定呢？

根據史料記載，原因之一是皇帝對繼承人選本屬意於年齡較長的皇二子福全，但孝莊皇太后則鍾意於皇三子玄燁，當母子二人相持不下時，德國籍天主教神父，同被孝莊后和順治帝所敬重的湯若望，在最後探視皇帝病情時表示：福全尚未出痘，玄燁則已出疹，對天花有免疫能力，為了國家安定，選立出過痘的玄燁是為上策。順治帝終於接納湯若望這一建議，選擇玄燁繼位，是為康熙皇帝。

原因之二：順治帝原是性情中人，為了董鄂妃和母親孝莊文皇后鬧得母子不和，如今董鄂妃已逝，自己又患了不治之症（按：當時天花是不治之症，尤其長城外的少數民族，患了這種傳染病，存活率極低），來日無多，回想十八年帝王生涯，愧對生母和天下蒼生，因此以「下詔罪己」的方式，歷數自己的不是，以求悔過自贖。孝莊后和滿朝文武自然不願這位入關後第一位皇帝，如此自曝其短，在歷史上留下一連串的罪行，因而有王熙、麻勒吉二人三次擬稿，順治帝三次更易的一段故事。

這段史實經過，清史稿及清初諸家筆記，均有描述，內容皆大同小異，此後亦未見刪削，具見清初滿族入關，仍能保持淳樸坦誠本性，不像六十年之後，康、雍大位授受之如此將吐還茹，欲蓋彌彰，無中生有，以非為是；狡辯之中反而洩露若干真相，刪削之後仍留更多線索，最後不免徒勞而已。

回溯順治帝撰寫遺詔故事，再來看一看這篇遺詔和康熙帝遺詔最後關於指定繼承人那一段的內容：

順治帝遺詔末尾寫道：

> 朕子玄燁，佟氏妃所生，年八歲。岐嶷穎慧，克承宗祧，茲立為皇太子，即遵典制，持服二十七日，釋服，即皇帝位。

康熙帝遺詔最後則是：

> 雍親王皇四子胤禛，人品貴重、深肖朕躬，必能克承大統，著繼朕登基，即皇帝位。

這兩篇遺詔相互對照，從語氣上來看，順治帝的遺詔是屬於自己的口吻，簡單明瞭，完全是皇帝口氣；至於康熙帝的，一看就矮一截，完全是以臣下的身分來代皇帝所撰寫，尤其「人品貴重」四字，除非是康熙帝彌留之際已不能充分掌握言詞，否則，以他的漢學水平，應該不會使用這般完全不像是一位父親讚揚兒子的形容詞。

前面說過，「遺詔」全篇文字，百分之九十五是根據康熙帝五十六年親口宣讀的那篇諭旨，祇不過最後加上從「雍親王皇四子胤禛」到「即皇帝位」一段共三十一個字而已。因此，這三十一字的「末命」如果確為康熙帝口授，則「遺詔」無可置疑，雍正帝繼承皇位，絕對合法；反之，康熙帝如果沒有口傳「末命」，或者「末命」的內容不是這樣，那麼這份「遺詔」就是「矯詔」——說白了就是「偽造文書」！

因「矯詔」而做上皇帝，當然是不合法。康熙、雍正父子之間，大位授受，從許多層面來看，都一直受到置疑，雖然雍正帝自認合法，然而近三百年來，上至宮中皇子，下至平民百姓，甚至外邦藩屬均謠諑糾紛，始終未曾停息，迄今難有定論。

雍正版的傳承制度

康熙帝薨逝，舉國臣民都對他表達沉痛的哀思和悼念。這位統治華夏長達六十一年的滿族皇帝，以他勤政愛民和卓越的領導，贏得「聖祖仁皇帝」諡號。「仁」字涵蓋了他一生對國家、對百姓的愛；在中國歷朝「仁」皇帝中，他確是少數當之無愧的。

按照現有史料，康熙帝臨終時，繼皇帝位的四皇子胤禛並沒有「隨侍在側」，他是經由別人轉述，才知道自己已經被指定為嗣皇帝。

由於大位傳承經過，在傳統法定程度上，並不完整，當時宮廷之內，朝廷上下也似乎沒有取得共識，以致新皇帝——雍正帝僅憑一位特定人士口傳「末命」，以及據此衍生的「遺詔」宣告嗣承大統，不僅舉國為之震驚，謠言因之四起，而且引起多位皇子與新君之間的對立，使整個朝廷出現動盪與不安。

雍正帝繼位初期，急於面對的是：對內安定政局，穩定人心——尤其是自己幾位兄弟；對外則是青海有羅卜藏丹津之叛，宿敵入侵，亟待解決。然而，他感受最深刻也最迫切的，卻是他在「嗣統」上沒有經過眾所認同的「法定程序」。從繼皇帝位那一天開始，「得位不正」的傳言就興起，自京城以至全國，自朝廷以至庶民，甚至及於藩屬朝鮮。皇帝當然知道，也成為他終其一生心中的最痛。

皇父當年一再立、廢太子，雍正帝雖非當事人，也不是重要人物，但仍曾一度被捲入綿延長達二、三十年的政治漩渦中，若非善於自處，則如今景況如何？難以懸揣。箇中險惡，時刻點滴在心，終身難忘。

雍正帝以皇父為鑑，深知儲位不定，難以維繫國本；而明定太子，既不免陷本人於驕矜失德，又有小人逢迎，奸宄讒構之虞。二阿哥允礽前車之失，歷歷在目，銘刻於心。在他幾經衡酌後，選擇了一種既祕密又公開的建儲傳承制度。

雍正元年（公元一七二三年）八月十七日，上午十時許，皇帝御乾清宮西暖閣，召見總理事務王大臣、滿漢文武大臣及九卿等，面諭曰：

當日聖祖因二阿哥之事，身心憂悴，不可殫述。今朕諸子尚幼，建儲一事，必須詳慎，此時安可舉行。然聖祖既將大事付託於朕，朕身為宗社之主，不得不預為之計。今朕特將此事（儲位人選），親寫密封，藏於匣內，置之乾清宮正中世祖章皇帝（順治）御書「正大光明」匾額之後，乃宮中最高之處，以備不虞。

諭畢，以茲事體大，為表示尊重大家意見，特別加了下面一段：

朕意若此，諸王大臣其共議之。

似這樣關係帝位傳承的大事，文武百官豈敢胡亂發言，諸王大臣當即回奏：

皇上聖慮周詳，臣下豈有異議，惟當謹遵聖旨！

雍正帝見諸臣「同心遵奉諭旨，深為慰悅」，於是留下總理事務王大臣，立即將已準備停妥的密封錦匣，收藏於乾清宮「正大光明」匾額後。

過了幾天，雍正帝還不放心，又另外寫了一道密旨，親手密封在他寢宮中，以為他日必要時勘對之用。這一副件，後來還真的用上了。

雍正十三年（公元一七三六年）八月二十三日子夜，皇帝猝逝，大學士鄂爾泰、張廷玉二人告知莊親王允祿和果親王允禮兩位御弟和眾大臣：

大行皇帝因傳位大事，親書密旨，曾示我二人外，無有知者。此旨收藏宮中，應即請出，以正大統。

王大臣們都以為「然」，於是通知總管太監。總管回稱：大行皇帝從未諭及，我們都不知密旨藏於何處。

張廷玉想了想說：大行皇帝當日親自密封的文件，諒亦不多。好像是用黃紙包裹，背後御筆親書「封」字，就是這一密旨了。

隔一會，總管捧黃封一函，打開來看，正是大行皇帝「硃筆親書，傳位今上（乾隆帝）」的密旨。

這道密旨，據張廷玉在他所寫的《澄懷園自訂年譜》中說：

> 雍正八年九月，曾密示廷玉；雍正十年正月，又密示鄂爾泰、廷玉兩人。此時聖諭曰：「汝二人外，再無一人知之。」

這就是雍正帝所欽定並被視為大清朝家法的「密建儲位法」。祇不過在張廷玉敘述這一段經過時，完全沒提到藏在乾清宮「正大光明」匾額後面那一份應是更為正式的密詔下落。倒是在其他的清人筆記中，述及大行皇帝賓天後，莊、果兩位親王曾先命人往紫禁城中乾清宮「正大光明」匾後取出密封諭旨，然後以之與暢春園寢宮中所藏另一諭旨比對，嗣皇帝弘曆始「伏地大慟」並「載拜受命」。這樣的過程，應該比較合理。張廷玉祇提雍正帝給他看的那一份，似乎有些自我誇示，顯示他得君之專。《年譜》所記雍正帝先將密旨給他一人看，一年多後再要他和鄂爾泰同看，最後對眾所周知「正大光明」匾額後那封密旨隻字不提，也是同樣心理。

雍正帝即位不及一載，國事家事百務待籌之際，迫不及待就制訂以「密緘」定接班人規制，應是基於自身於大位傳承時所受到諸多刺激使然。他身體力行，繼位十一個月就將「儲位」人選決定，並且密封固藏於「正大光明」匾後及寢宮私密之處。雖然終雍正之世，大家都知道四皇子弘曆是密緘中人，但一直到雍正十三年他瘁逝後，弘曆和王大臣們仍按他的規定，取出匾後和宮中所藏兩道密旨，加以勘對，然後登基。切實遵行了他所制定的規制。

自此之後，終大清六位皇帝，除了嘉慶和道光兩朝，還能遵循雍正帝所訂的家法，其他咸豐、同治、光緒、宣統四朝都因各種不同原因而未能恪遵此一「密緘」規制。

乾隆帝在位六十年，因早年就承諾如果他活得夠長的話，決不超過他祖父康熙帝在位六十年。「不幸」他到八十五歲時，已做滿所承諾的六十年，君無戲言，祇好心不甘、情不願地將皇位禪讓給皇十五子顒琰，自己則做了太上皇。即使他已不是皇帝，但仍緊緊掌握政柄長達四年之久；繼任的嘉慶皇帝也一直在正大光明殿的偏座上呆坐了四年，不斷受到皇父寵信的權臣和珅底鳥氣。

乾隆禪位之前，為了表示恪遵皇父旨意，仍然堅決表示：

我國家不明詔立儲，燕翼貽謀，慮至深遠。即緘名密貯，務當慎之又慎，不可豫為宣露。如朕現在舉行歸政，亦必俟為期至近，始行頒旨宣示。

話雖說得冠冕堂皇，但卻按耐不住，早在「歸政」數月之前，就「將密緘嗣子之名，召對皇子皇孫、王公大臣等，公同閱看，宣布諭旨，明示中外。」

這一舉動，雖與雍正帝所訂規制不副，但他藉在位六十年後「歸政」之實，事出特例，倒也無可厚非。

顒琰於乾隆六十一年元旦即皇帝位，嘉慶二十五年七月薨逝。雖然在位二十五年，但前四年仍由太上皇秉政，一直到嘉慶四年九十高齡的乾隆帝薨逝，他才得以真正執掌皇權。嘉慶帝出手的第一招，就是將皇父寵臣和珅問罪抄家，既報了長達四年被壓抑的仇恨，也為內庫增加了大量的財富。民間因此而有「和珅跌倒，嘉慶吃飽」的諺語，十分寫實。

嘉慶二十五年七月十八日，皇帝以秋獮木蘭，自圓明園啟駕前往熱河避暑山莊，皇二子智親王旻寧等隨駕。二十四日抵達熱河後即感不適，但仍前往城隍廟及永佑寺拈香行禮。第二天，皇帝仍覺不豫，卻依然「治事如常」。不料當晚病情轉劇，即召御前大臣賽沖阿及軍機大臣、內務府大臣等，共同打開隨身所帶「鐍匣」，內藏御筆親書「嘉慶四年四月初十日卯初立皇太子旻寧」。根據這一大行皇帝「親書密緘」，旻寧於皇父薨逝後即皇帝位，是為道光皇帝。同時也是徹底遵行雍正帝傳承規制的第一位嗣皇帝。

道光帝在位三十載，年將七十。這年正月十三日，還召對臣工，批答章奏，不料第二天清晨就進入彌留狀況，急召宗人府宗令載銓及御前大臣、軍機大臣、內務府大臣等「公啟鐍匣」，宣示硃諭：「皇四子奕詝著立為皇太子」，是為咸豐帝。他是遵奉雍正帝「密緘規制」繼承皇位的大清第二位皇帝──也是最後一位皇帝。

咸豐帝在位十一年，是年七月十五日，皇帝在熱河避暑山莊不豫，但仍照常辦事。不想次日凌晨病情突變，急召宗人府宗正、御前大臣、軍機大臣等，承寫硃諭：「立皇長子載淳為皇太子」。十七日清晨，咸豐帝崩於避暑山莊，皇太子載淳繼皇帝位，是為同治皇帝。他的繼位，已經沒有遵照雍正帝所訂定的規制了。自同治帝以後，光緒、宣統二帝都是由慈禧皇太后指定的繼位人選，更遠違了雍正帝的規制。他當初苦心籌劃，以求百世不逮，永續萬年的宏規，祇不過真正傳及兩朝二帝。子孫不孝，違逆祖制，雍正帝地下有知，徒喚奈何！

雍正帝手創「密緘規制」，是他歷經皇太子允礽一再立廢；眾皇子互為仇讎；再加自己繼承大位之夜的驚心動魄，生死一線，如此多番煎熬，才建構出此一規制，視之為萬年大計。

對此，乾隆帝有幾句極其精闢的話回應皇父：

儲貳一建，其弊叢生，不特僉壬依附，易啟嫌隙，而名份早著，日久必致流於驕佚而不自知。

這簡單的幾句話，充分說明了「儲貳」的禍源所在。備位的「副」字頭人物，豈可不三復斯言！

雍正帝元年八月十七日有一道諭旨，原是為向眾王大臣傳達關於大位傳承的「密緘」新規制，但在諭旨開頭，有一段話頗為突兀，是《實錄》和其他官書所未載的，順筆在此一提：

我聖祖仁皇帝為宗社臣民計，慎選於諸子之中，命朕纘承統緒。於去年十一月十三日，倉促之間，一言而定大計。薄海內外，莫不傾心悅服，共享安全之福。聖祖之精神力量，默運於事先，貫注於事後，神聖睿哲，高出乎千古帝王之上，自能主持。若朕則豈能及此也。

這一段開場白似乎是以聖祖仁皇帝的「神聖睿哲」，從諸皇子中「命朕纘承統緒」，以說明慎選儲貳之重要，然後再傳達「密緘」規制的構想。

然而，緊接下來「倉促之間，一言而定大計」，照文義來看，康熙帝決定由他「纘承統緒」，是在「倉促之間，一言而定」，既非「慎選」，更與「聖祖之精神力量，默運於事先，貫注於事後」不相干。對中文用字遣詞稍有琢磨的人，都不致如此，雍正帝飽讀詩書，能詩能文，硃批諭旨更是嘻笑怒罵，下筆千言，何以在這裡會出了差錯呢？除非他所說的確屬事實，十一月十三日暢春園中種種經過，深入腦海，一時疏忽，不經意脫口而出也是有可能的。

一位強項的老太后

胤禛即皇帝位，他的生母烏雅氏順理成章被尊為皇太后。

這位皇太后的出身，按《清史稿》所載：她是一位護軍參領（中上級軍官）的女兒，以選秀女而入宮。康熙十七年十月因獲皇帝臨幸，生皇四子胤禛，十八年獲封為「德嬪」，二十年進封為「德妃」。胤禛即皇帝位，尊為皇太后，擬上徽號為「仁壽皇太后」，卻未上冊。（按：所謂上冊，是將接受皇太后徽號的人名列入寶冊，註入玉牒，存之久遠。「上冊」有一套隆重的儀式，以昭鄭重。）雍正元年五月崩逝，年六十四歲。生子三：世宗雍正皇帝、六阿哥允祚（早殤）、十四阿哥允禵。

雍正帝正式即皇帝位的前一天，禮部奏：「皇上登極，先詣皇太后前行禮畢，然後御殿。」同時也將此意啟奏於皇太后。

《雍正實錄》記載這件事的經過是這樣的。

奉皇太后懿旨：皇帝誕膺大位，理應受賀，至與我行禮，有何關係？況先帝喪服中，即衣朝服，受皇帝行禮，我心實為不安，著免行禮。

是日，王大臣等又繕摺固請，皇太后仍不允。上（皇帝）又再三懇請。奉皇太后懿旨：諸王大臣等既援引先帝所行大禮，懇切求請，我亦無可如何。今晚於梓宮（大行皇帝棺柩）前謝恩後，再行還宮。

老太后對禮部奏摺的答覆，話講得很白，皇帝登基，理應受賀，「這和他跟我行禮有什麼關係？」這話很像民間老婦人心中有疙瘩時所說的氣話。雍正帝一看情形不對，自己登基大典前，老太后連接受兒子皇帝叩頭都不願，傳出去怎生得了！於是，一面叫王大臣等「繕摺固請」，一面親自向母親「再三懇請」。老太后以大局為重，勉強答應，但卻講清楚這是「援引先帝所行大禮」，是無可奈何之舉。這一連串動作，套一句現在青少年的流行詞：這位老太太「夠酷了吧！」

蕭奭《永憲錄》的記述則大有不同。他的說法是：「群臣請朝皇太后，傳懿旨不受。復固請，從之。於梓宮前拜叩謝恩，仍還舊宮。」

另外，《永憲錄》還將懿旨的內容轉錄，比《實錄》詳細：

懿旨：我自幼入宮為妃，在先帝前毫無盡力之處。將我子為皇子，不但不敢望，夢中亦不思到。我原欲隨先帝同去，今皇帝說：「太后聖母若隨皇父同去，我亦隨太后聖母同去。」哀懇勸阻，未遂其志。若穿錦繡，受我子行禮，實為不合。（按：大清律例訂定，凡大朝賀，皇帝必先詣太后宮行禮，諸王大臣等皆隨行禮，然後皇帝才御殿受賀。）

親生的兒子繼位做皇帝，應是大喜之事，普天下做母親的，「不但不敢望，夢中亦不思到」。但仁壽皇太后卻寧願追隨康熙帝於地下而不願受拜。

古往今來，殉情殉夫的，雖然代代有之，但亦不尋常。清太祖努爾哈齊的大妃烏喇納氏阿巴亥，也就是阿濟格、多爾袞、多鐸三兄弟的生母，史書說她在努爾哈齊崩逝後「以身殉焉」。事實則不然，阿巴亥大妃之死是被太宗皇太極和他的擁護者逼死的。德妃當康熙帝崩逝後，胤禛立即當上皇帝，縱然思念大行皇帝，這位新出爐的皇太后，似乎沒有任何理由必須追隨亡夫於地下。雖然她因誕育皇子從沒有名份的宮中女侍升為「德嬪」，繼而進為「德妃」，但在康熙帝一生擁有過上百位嬪妃之中，她不過是其中之一而已，既未「三千寵愛在一身」，亦無「珍珠慰寂寥」，何以有此以身相殉的節烈之想？

與「不但不敢望，夢中亦不思到」相互呼應的是《實錄》中懿旨所言：「與我行禮，有何關係？」更且說：「我亦無可如何！」這是什麼意思？好像把一個親生兒子當作不相干的人；把接受皇帝兒子和滿朝文武朝賀大典，視作「無可如何」之事。大悲之後繼之以大喜，仁壽皇太后竟以如此冷漠態度回應，原因何在？

不僅此也，半個月後，在雍正帝授意下，禮部會同王大臣及大學士、翰林、詹事各官等，恭上皇太后徽號為「仁壽皇太后」，並將應行典禮儀注具奏。

這回，皇太后又說話了。她說：

今諸王大臣，援引舊典，請上尊稱。此時，梓宮大事正在舉行，淒切哀衷，何暇他及，遵崇典禮，實非予心所安。予戒慎居心，謙沖訓子，但願予子體先帝之心，各抒忠悃，則兆民胥賴，海宇蒙休，予躬大有光榮，勝於受尊稱遠矣！諸王大臣共諒予心，勿復固請。

這幾句話，理由充分，語氣堅決，即時加以拒絕。諸王大臣在皇帝殷切期盼下，一再援據故典，具摺懇請。

皇太后竟然就是「堅持不允」。

雍正帝下不了台階，祇好親自「誠敬諄切，叩請再三」。

皇太后這才開了金口：

諸王大臣援引舊典，懇切陳辭；皇帝屢次叩請，這所奏，知道了！

「這所奏，知道了！」老太后再一次展現了她的「酷」，皇帝和滿朝文武「恭上徽號」一事，她老人家知道了，沒答應，也沒說不答應。

過了一個多月，已是雍正元年正月下旬，雍正帝鍥而不捨的再諭總理事務王大臣：

前據王大臣等合詞虔請，敬上仁壽皇太后尊號，盛德謙光，屢辭不允。諸王大臣援引舊典，懇求再三，始蒙慈允。（按：雍正帝乾脆認定皇太后「知道了」三字，就是她老人家答應了。）

今恭上寶冊典禮，亟應舉行，母后聖意，仍欲遲遲，復再四陳懇，未蒙許允。見今山陵（入土）之期已過，尊崇大典諏吉何時？總理事務王大臣會同禮部九卿確議具奏。

總理事務大臣等，遵旨考查典章後回奏：

仁壽皇太后尊號，伏承懿旨，以聖祖仁皇帝梓宮奉移山陵之事未畢，屢辭不允。臣等眾籲懇求，始荷允行。今恭上冊寶典禮，皇太后仍欲遲遲。……聖祖仁皇帝梓宮奉移山陵在邇，謹俟事畢之後，恭上皇太后冊寶典禮吉期，交與欽天監選擇舉行。

由於皇太后「仍欲遲遲」，總理王大臣等未能訂定典禮確期，無可奈何，祇得拖到大行皇帝梓宮入土後再決定。雍正帝也只好批「是」！

四月初，大行皇帝梓宮奉安景陵，雍正帝大事已了，正欲舉行恭上冊寶大典，不想皇太后竟於五月二十二日「不豫」，第二天凌晨二時左右，就崩逝於永和宮內寢。

仁壽皇太后一直就住在永和宮，當胤禛即位後奏請她移居向為皇太后所住的寧壽宮時，「皇太后固執未允」，一直留住永和宮，到她崩逝後才奉安梓宮於寧壽宮中。雍正帝也效法皇父於蒼震門內設倚廬，縞素居喪。

《清史稿》記：胤禛即皇帝位，尊其母為皇太后，擬上徽號為「仁壽皇太后」，卻未上冊。原來這位皇太后至死都嚴拒她那位兒子皇帝上徽號冊封她為「仁壽皇太后」。究竟是為了什麼緣故呢？

從上述十分簡略的記載透露，皇太后極其嚴峻地排斥包括「受賀」和「上徽號」等一切榮典；甚至對已繼皇帝位的兒子絲毫不假顏色。像這樣違反常情的態度，會不會與胤禛繼皇帝位有關呢？

這一點由於史料的絕對缺乏，無從探究。

但是，從《實錄》上對這位老太后的描繪，簡單幾句話就鮮活地將一位滿族老婦人倔強剛直、絕不妥協的個性，和直率的語言表達，躍然紙上，顯露無遺。這樣的個性，也或多或少出現在她兩位兒子——胤禵和允禵身上。

雍正帝繼位後，無論施政或御下，在在展現他頑強剛愎的個性，尤其是對幾位曾經在爭逐帝位過程中與他相左的弟兄們，以及於他有擁立之功的年羹堯和隆科多，下起手來，毫不遲疑。他為了反駁說他「得位不正」的傳言，藉「曾靜案」親自編纂《大義覺迷錄》，並下令頒發全國，達到家喻戶曉，人手一冊。這樣非得說個一清二楚不罷休的強項個性，在歷朝歷代的皇帝中，是罕見的。這應該歸因於他母親的遺傳。

十四皇子允禵與雍正帝是同胞兄弟，同為仁壽皇太后所生。照理說在二十四個大都不同母親的弟兄中，應該份外親密才是。但這兩個弟兄既不同心，又不協力。做哥哥的以不爭為爭，想當皇帝；唯一的這位同胞兄弟卻偏要去挺不同母的八阿哥允禩，並且與九阿哥、十阿哥結成一黨，挑明了與同胞兄長唱反調。

康熙四十七年九月，皇帝第一次廢太子後，以「允禩柔奸性成，妄蓄大志」，要將他鎖拿審理。允禵出面求情，皇帝大怒，拔刀要殺他，虧得眾皇子求情，才責他二十大板，趕出殿去。可見這位小兄弟剛烈之性與他母親應無二致。

雍正帝繼位後，允禵擺明了跟他過不去。皇帝哥哥先免了他撫遠大將軍王，派去替皇父守陵；繼而又削了他的俸銀。隨後因仁壽皇太后崩逝，勉強封他一個空頭郡王，但附帶條件是：「伊從此若知悔改，朕自疊沛恩澤；若怙終不悛，則國法具在。朕不得不治其罪。」

雍正四年，以「允禵不能悔悟，奸民蔡懷璽又造為大逆之言，搖惑眾聽，宜加禁錮，即與其子白起並錮於壽皇殿左右，寬以歲月，待其改悔。」但允禵卻「死不悔改」，一直禁錮了九年，直到雍正帝崩逝，乾隆帝繼位才獲釋放，又活了二十年後去世。

雍正帝對他不滿的弟兄和臣下，堅持追殺到底；允禵則對他所不喜歡的人，縱然親為同胞，也至死反對，永不妥協。

兩位弟兄的個性和表現，與他們的母后如出一轍，有其母，必有其子，遺傳基因之說信然！

【註】

「阿其那與塞思黑」：雍親王胤禛繼皇帝位後，改元雍正。四年二月，將他的八弟廉親王允禩「禁於高牆」；三月，把他的名字改為「阿其那」。五月，又將他的九弟貝勒允禟從大同移禁保定，改名為「塞思黑」。蕭一山先生的《清代通史》說：「阿其那，滿語『狗』也」；「塞思黑，滿語『豬』也。」

其實，滿洲語將「阿其那」與「塞思黑」譯為「狗」與「豬」，並不是蕭一山先生首創，從雍正中期以後，一直到民國初年，許多前人筆記中幾乎都持這一說法，且早已流傳民間。當然，也有人持不同的看法，理由是：允禩和允禟與胤禛俱是康熙帝所生，不管有多大的仇怨，豈能將同父所生的兄弟比擬於畜類，置皇父和己身於何地呢？然而，二百多年來，積非成是，在沒有更進一步的資料加以辨正之前，每讀到這一段歷史故事時，都不解何以雍正帝為了帝位之爭，竟以辱及皇父洩憤！

晚近，大陸故宮博物院明清檔案部在整理故宮所藏的檔案時，有一些文件中提到允禩、允禟改名的事，經幾位滿文專家和清史學者悉心剖析，根據滿文音義，獲得比較合理與近於事實的解釋，特予轉錄，以釋群疑。

大陸的一位滿文專家富麗在〈阿其那、塞思黑新解〉的大作中就肯定的說：

「就我所知，『阿其那』和『塞思黑』肯定不是『狗』和『豬』的意思。滿語中的『狗』是indahun，讀作『尹達渾』；『豬』是ulgiyan，讀作『烏勒間』。而且在滿族人的禮俗中，對狗比較崇敬，忌食狗肉，忌服狗皮。雍正根本不可能用狗來作為罵人的惡名。」

另外一位著名清史學者王鍾翰教授，在〈三釋阿其那與塞思黑〉一文中說：

「按阿其那akina（滿文讀音）作為人名，很可能源于akiyan，意為水冰魚，因允禩『以魚為名，自喻為俎上之魚』。又按當時允禩自改名為阿其那，『寓意既深，用心亦苦，他承認自己在儲位之爭中失敗，成為一條死魚，俎上之魚，任憑乃兄清世宗處置』罷了！

「再說塞思黑，滿文書寫形式為seshe，而不是secke。沈文（另一位中國第一歷史案館的清史學者沈原女士所撰寫的《阿其那、塞思黑考釋》一文）指出：『雍正四年五月，胤禛（雍正）又將其另一政敵，其另一弟允禟（康熙第九子）改名為seshe，滿譯為塞思黑。據清乾隆時官修的《五體清文鑒》以seshe解釋為討厭之意。清文總匯釋之為迂俗可厭之人，也正切合雍正勒令更名以示侮辱之本意。』

「今據瀋陽遼寧省檔案館歷史部藏有黑圖檔卷二四二所載雍正四年（一七二六年）五月十四日誠親王允祉與恒親王允祺奉旨『將允禟之名改寫為色斯和（即塞思黑）（seshe，討厭的），其長子為拂希琿（husihun，下賤的）、次子寫為佛楚琿（fecuhun行醜事的）、三子寫為烏比雅達（ubiyada，討厭的）、四子寫為額依默得（eimede討人厭的）、五子寫為海拉坎（hairakan很可惜的）、六子寫為董奇（dungki愚拙的）、七子寫為杜希賢（dusihiyen渾濁的）、八子寫為額依渾（eihun愚蠢的）。』

「從而不難看出，允禟之改名為塞思黑seshe，即討厭的人（或東西）之意。其八個兒子之改名，亦無一不是一些討厭的人、討厭的傢伙、下賤的人、下賤的東西、渾蛋、蠢貨、淫亂的人、賤貨等等被人罵、被人輕視的群眾口語，與允禟被改名意為討厭之人的塞思黑一詞並沒有兩樣。而且允禟八個兒子的改名幾乎與允禟改名是在同時，這完全可以證明塞思黑一詞本與豬毫不相干，它只能是一個令人可厭之人才合乎允禟當時所處的身分以及被乃兄雍正認可的合理性。」

以上幾位學者專家根據對滿文的了解和新的資料，對「阿其那」與「塞思黑」的解釋所作的論證，也證明了已故國學大師陳寅恪教授早在將近一個世紀以前所說的：

「允禩、允禟之改名阿其那、塞思黑，世俗以為滿洲語豬、狗之義，其說至為不經。無論阿其那、塞思黑非滿文豬、狗之音譯，且世宗（胤禛）亦決無以豬、狗名其同父之人之理。」

這已成為顛撲不破之論。前輩學人做學問，「疑其所不疑」，啟發後之來者窮蒐精研，以求其真，實堪景仰。

第五章　「大義」果真「覺迷」了嗎？

晚近研究清史的學人們，絕大多數認為《大義覺迷錄》一書，對雍正帝的殺傷力極大，後人對他「得位不正」的諸多傳說和疑點，極大部分從這本書中他親口所言得到證實。

岳大將軍無端招禍

雍正六年（公元一七二八）九月二十六日，陝西總督岳鍾琪拜客回衙，來到總督府前西街上，有一個人雙手持書信闖向他轎前，攔轎阻道，聲言要見總督。侍衛捕役們齊聲呵止。岳總督從轎簾中看這人形貌，不像是前來投遞書信的官方差役，於是令人將書信接下，見封面上題簽稱呼他為「天吏元帥」，立時感覺不對，當將這投書人交巡捕看守，隨即進入督署，摒退從人，拆封密閱。

不想就這封不起眼的書信，竟蘊藏著一樁駭人聽聞的陰謀，掀出一段皇帝與一介平民的政治對話，並曝露令人驚詫的宮廷鬥爭內幕，更開啟有清一代文字大獄，使多少人頭落地。

曾統領十萬大軍轉戰西北，平西藏、定青海，受封奮威將軍，名震國中，且深蒙皇帝和朝廷倚重的岳大將軍，小心翼翼拆開那封書信，一看之下，如雷轟頂，當時的感受，正如他在奏摺中說的：

> 臣不敢卒讀，亦不忍詳閱。惟有心摧目裂，髮上衝冠，恨不立即取逆獸夏靚（撰寫書信人）烹食其肉。

這封書信中究竟寫了些什麼，讓岳鍾琪如此張皇失措，緊張萬分呢？書中說到的事很多，但最令他有如電擊的幾句話是：

> 且謂臣（岳自稱）係宋武穆王岳飛後裔。今握重兵、居要地，當乘時反叛，為宋、明復仇。

他坦誠奏報皇帝：「有人認為他是宋代抗金英雄岳飛的後代，今既擁有大軍，而且居戰略要地，應該即時起兵造清朝的反，恢復大漢河山！」

岳鍾琪以漢人領大軍，當西北方面大任。曾親眼目睹他的頂頭上司年羹堯當年以包衣之親，妹妹又是皇帝的妃子，自己身居大將軍之位，備承寵信；然而不旋踵間，皇上一怒，立時身敗名裂，不僅性命不保，甚且禍及家人。殷鑑不遠，昭昭在目。自己既非皇親國戚，又不是從龍入關的滿人，憑著一片忠藎之心，一槍一刀從戰陣中換得今日這份榮耀，無時不以前車為鑑，份外小心謹慎，憂讒畏譏，這纔得以苟全，但內心卻存在著無比深沉的恐懼。

照一般情況來說，岳鍾琪大勳勞在身，皇帝一直表示信任和依賴。這一天，忽然冒出一個瘋子送一封大逆不道的書信來，以岳大將軍寄專悃、秉節鉞，掌方面重鎮，一刀殺了他，神不知，鬼不覺，應是小事一件，何以會搞得他張惶失措，恍如大禍臨頭一般呢？

原來就在前一年——雍正五年（一七二七年）六月十七日，重慶府長壽縣人名喚盧宗漢的「瘋子」，兩手各執石頭一塊，沿街喊叫說：

> 岳公爺（鍾琪）帶領川、陝兩處兵馬，就要造反！又在成都四城門內，各造有黑店，殺人無數！

當經四川提督黃廷桂拿獲，因事涉總督岳鍾琪，他不敢處理，也不敢隱瞞，於是將經過奏報雍正帝，並通知總督府。

岳鍾琪聞訊大驚，因自己涉嫌捲入叛逆大罪，既不便將犯人調到總督府審訊，又不敢延宕隱瞞，立即上奏皇帝，除了報告有這樣一件事發生，還加以解釋說：

臣賦性愚直，止知上有君父，遇事一秉公忠，不敢稍存瞻顧。今忽有不知姓名之人，誣罔媒孽，實駭見聞。……臣推其情節，或係別有指使之人，猜忌報復亦未可定。

他為了避嫌，不敢親自檄訊，於是請求或將盧犯解京交由刑部審訊；或即敕交欽差部臣黃炳查究。

這封奏摺經御覽後，皇帝硃批三個字——「大笑話！」

過了三天，岳大將軍寢食難安，越想越不對，又上了一份摺子，經由兵部加急遞送到京，情同哀哀上告：

陝西總督臣岳鍾琪謹奏：為犬馬報國有心，讒毀置身無地，謹瀝血哀鳴，仰祈鑒納。

摺子裡，他歷述自從被任命為川陝總督以來所受到的毀謗，諸如說他「驕奢傲慢」、「逸樂嬉遊」、「慘刻居心」、「巧詐諉過」；甚至傳他已遭皇帝譴責，他的兒子岳濬已被拿問等等（雍正帝在夾批中一再以「朕實從未聞」、「更未聞」、「更屬可笑之談」的批示來安慰他。）。最後岳鍾琪老實要求皇帝解除他川陝總督之任，以侍從閑散之官得終餘年。

這時西北亂局尚未穩定，岳鍾琪猶有可用之處，聖眷甚隆，當然不會答應，因此皇帝在最後的一大段硃批中說：

卿此一懇切至誠之念，朕若不動心憐恕而觀之，忍心害理之主也。……況朕待卿如骨肉，賴卿如柱石，便天地父母之恩，不過如是，有何負卿而卿舉此念（辭職）？便卿有此念，天地神明、天下後世孰容乎？……

非朕大言不慚，因朕經歷四十年臣子之身，所以洞澈世情耳。卿當愈加鼓勵精神，協贊朕躬，利益社稷蒼生，措天下於泰山之安，理大清於磐石之固，造無窮之福以遺子孫也。不必如此小見疑畏以亂方寸。

皇帝這篇硃批，有安慰，也有儆示，更有期許，情理兼顧，為臣子還有何話好說

雍正帝硃批諭旨大都如此娓娓道來，入情入理。說好的，浹骨淪肌，如醍醐灌頂；扳下臉來，嘻笑怒罵，字字如刀，令人不寒而慄。年羹堯、隆科多生前，多少次沉醉在這一類硃批裡；又多少次戰慄於生死兩難的上諭中。之所以這樣翻舊帳，實在是因為不久以後，岳鍾琪大將軍也幾乎受到年、隆相同的對待。因此談到這篇奏摺和硃批，忍不住要拿出來多說幾句。這是題外話，表過不談。

盧宗漢的案子經嚴訊後發現，僅是他一個人的瘋言瘋語，既無人指使，又無後續發展，似乎瘋狂屬實，就此結案。而岳鍾琪憑空受了一場驚嚇，心中卻留下一個疙瘩，怎麼也丟不開、忘不了。

然而，僅僅祇不過一年多，盧案還沒有完全從人們記憶中消失，岳鍾琪的總督衙門前竟又有人以攔輿投書的方式，向他提出「興兵造反」的建議。前後一聯想，如此大逆之事，何以一再找向我岳鍾琪？為什麼不找別人？越想越不敢想，不想又不成，更不能和任何人商量。好在他久歷疆場，經多見廣，加以素性沉毅，且多智略，經過一番深思，決定邀請陝西巡撫西琳到督署來共同審問這個投書之人。

岳鍾琪這第一著棋算是走對了。西琳是滿人，能當上巡撫，而且被派到西安來與有大功勳而且擁重兵的漢人總督同城共處，應該是皇帝所安排，並且取得皇帝信任。本案係屬叛國謀逆大罪，嫌犯更以他是岳武穆之後做題目，要求他反清復明，非僅是一項抄家滅族的大罪，更且涉及嚴重的族群意識之爭。滿族入主中原不過七十多年，雖然康熙六十年的寬仁涵容，統治者與被統治者之間族群意識的分野漸漸淡化。然而，統治者以少制多，敏感的神經始終繃得很緊；而身為多數的被統治者，則理所當然在受到壓迫時會立時反彈，而且處理不當的話，反彈得十分尖銳。清朝初期，朝廷與百姓之間，滿漢之間，就是在這樣一個恐怖的平衡中，慢慢調和，用時間和耐心仔細磨勘。岳鍾琪當機立斷，反應迅速，以坦蕩的心胸和純然無私的表現，將整個案情和審判公開化，對於他是絕對有利的。

說到這裡，得先介紹岳鍾琪這個人，才能了解為什麼這樣嚴重的麻煩會一再找上他。

岳鍾琪字東美，四川成都人，出身武將世家，父親昇龍就曾兩任四川提督。他原以捐官為同知，後來投入軍中改武職，從中軍游擊做到副將，一直在藏邊任職。準噶爾部將策零阿拉布坦入侵西藏，鍾琪出謀畫策，屢建功勛。康熙六十年，西藏平，獲授左都督，擢四川提督。雍正元年，出師青海，撫遠大將軍年羹堯請調鍾琪參贊軍事，從此就在年羹堯麾下，轉戰西北。

青海平，皇帝授以三等公爵位。雍正三年，年羹堯被解除兵柄，調任杭州將軍，授鍾琪奮威將軍印，真除川陝總督，並總綰諸軍。這是他一生最輝煌的一段時日，不但西北十萬大軍盡歸他統領；陝西、四川和雲南等緊鄰西藏諸省，一切軍政事宜，也都在他管轄之下，權勢之盛，聖眷之隆，與他老長官年羹堯昔年不相上下。

《清史稿》給他的評語是：

鍾琪沉毅多智略，御士卒嚴，而與同甘苦，人樂為用。世宗（雍正帝）屢獎其忠誠，遂命專征。終清世，漢大臣拜大將軍，滿洲士卒隸麾下受節制，鍾琪一人而已。

話說岳公爺在緊張驚詫中匆匆把信看了一遍，大略知道是一個自號「南海無主游民」姓夏名靚的人，派他的徒弟張倬前來投書。書中內容盡皆「詆毀天朝，言極悖亂」。略一思量，立即遣人密邀陝西巡撫西琳前來會審嫌犯張倬。

不想西琳因署理將軍印務，正在教場檢閱滿洲官兵，未能即時前來。岳公爺「逡巡數刻」，繞室徬徨，暗忖來人既敢明目張膽前來投書，必非無所憑依，空言相聳，如果遽然鞫訊，恐怕難得實情。又想到這封書信是以叛亂來相助自己，如果自己一人獨自審訊張倬，旁邊又沒有第三者見證，將來重刑拷問，此人反而可以恣意胡言，難獲真相。左思右想，決定先傳按察司（陝西省高等法院院長）滿人碩色，藏身在督署簽押房後室中，然後傳張倬來見。

張倬進入總督辦公室，岳鍾琪命坐、待茶，然後很和藹地問他鄉里居所。

張倬回答：「昔年曾在江夏住過。」至於如今住址和他老師夏靚的居所，誓死不說。

岳公爺說：「既然你不肯說，那麼如果想見你老師，該到那裡去接他呢？」

張倬回答：「祇要總督大人依照信中所言實行，我自然會邀請老師前來。」

岳公爺又問：「你老師現在何處？」

張答：「現在廣東，我也是從廣東來。」

岳再問：「你幾時啟程的？」

張答：「五月動身，由貴州到四川打聽，都說總督大人去年就前往西安，於是我又從四川來陝西。九月十三日才到。」

岳鍾琪這時才單刀直入問到節骨眼上：「你老師究竟因何原故，突然膽敢要你遠道前來投書給我？」

張倬似乎胸有成竹，沉著應對：「在廣東時，聞得朝廷三次召你不去，老師因此致書。我到陝西後，才知道根本沒有三召不應這回事。本來已經不想投遞這封書信，後來想到不遠萬里前來，似乎不應空跑一趟，所以決定投遞。」

岳鍾琪初步了解張倬的來意後，改變了訊問的主題，但目的仍在問出他老師夏靚的住址。

岳公爺問：「如今聖明在上，如此盛時，你老師何故要謀反？」

張悼義正辭嚴地說：「百姓貧窮，只為救民起見。」

岳公爺說：「陝西百姓不窮，你不知道嗎？」

張答：「你陝西雖好，我湖廣連年大水，積屍載路。」

岳公爺辯解：「這是天災，與人事何干？而且聽說湖廣不過少數幾縣受災，朝廷已屢加賑貸；何況其他各省比陝西好的更多，你卻不盡知道。」

張倬憤然回答：「官吏又性急，又刻薄，根本不知百姓苦難！」

岳公爺一見話扯遠了，於是又拉回正題，婉轉地說：「你若不把你老師的情形和實在住處開誠布公，誰知是不是我仇家派你來設局誘我，我豈能輕易相信你，誤墜仇人陷阱中。」

張倬對他老師的住處，堅決不透露，一再表示「死也不說！」

時近傍晚，巡撫西琳來到總督府，在了解情況後，也藏身密室聽審。無奈張倬就是含糊其詞，堅持不肯吐實老師的情況和住所。岳鍾琪終於按捺不住，認為「不用大刑，諒你不招」，於是多次刑訊盤詰。沒想到張倬竟然是條漢子，迭經重刑，多次昏厥，幾瀕於死，他或則默然不語，或則東扯西拉，一會說是在南海之濱，一會說在廣南、交趾（今越南）交界之地，總之就是不願說實話。

岳鍾琪審酌實際情況，如果再加重刑，一旦張倬熬刑不過傷重致死，不但此案變成了無頭公案，岳鍾琪自身將沉冤莫白，連帶西琳也有不是。時已入晚，於是與西琳相約，次日再以甘言曲誘，或許可以得其實情。

第二天一清早，西琳就來到督署，仍然藏身密室坐聽。岳鍾琪命人將張倬帶入簽押房，殷勤慰問。

岳公爺先開口：「以前，你們湖南有個名叫鄒魯的，原是和年羹堯同謀，後來便去自首。像你們這些游說之士，如何可以輕信？安知不是有人打發你來特地試探我。這就是昨晚不得不對你用刑之故，為的是看你誠偽。」

張倬回道：「你昨天有那樣的舉動，我今天萬萬不肯相信你了。」

岳公爺一本正經、真心誠意說：「你既然以利害說人，人也以利害試你。昨天你既不該當街遞書，引人注目；又不該在初見面時含糊其辭，沒一句實話。難免令我懷疑。至於用刑拷問，自古就有設鼎鑊以待說客，這原有深意存焉。昨天我見你視死如歸，知道你是一個大有氣節的漢子，非利害所可動搖。我今天推誠相問，你要切實相告，使我從心底裡相信你所說的並非捕風捉影之論。」

張倬依然斬金截鐵地表示：「總之，經過昨晚的舉動，我發現你決不肯照我們的話去做；我也知道自己這條命是活不下去了，你再怎麼說，我也是萬萬不會相信的。」

儘管岳鍾琪費盡口舌，一會說盡好話，一會又千般威嚇；張倬要嘛不開口，要嘛就是胡言亂語，沒有一句真話。

岳公爺經過一夜思量，不像昨天那樣惶急慌亂，十分耐心和他周旋。時近傍晚，兩人已經廝磨了一整天。

張倬自知已無法保全自身性命，乾脆打定了寧可殺頭也要保全老師的主意。雖然心裡這樣想，但究竟是從深山僻野出生成長的鄉巴佬，自從昨日被捕，幾曾見過總督府中的氣勢，總督大人的威風；再經過多次刑訊，這皮肉之苦，較之當初想像何止千百倍。經過一夜反覆思忖，為報師恩，為天下黎民百姓驅除韃虜，這個但求速死的念頭，愈加堅定。

岳鍾琪也同樣一夜未眠。他畢竟是長年在刀槍戰陣中打過滾的，而且在年羹堯大將軍這樣狠角色手下調理過，耳聞目睹，親身經歷過多少詭譎機詐，艱辛疑難，生死一線的大陣仗。初閱張倬投書內容，想起去年盧宗漢一案，一時惶急，蒙蔽了理智，強弓硬馬相待，卻碰到一個二楞子，硬挺到底，又不能一刀了斷，進退兩難，這卻如何是好？經過一整夜的反覆思量，終於打定了欲擒故縱的主意。決定以後，他乘天色未明，好好睡了一覺，時將近午方起床洗漱進食，然後精神抖擻，好整以暇地約同巡撫西琳和按察使碩色來到督署簽押房。先請兩人依然藏身密室，再命巡捕將張倬押來。

張倬一夜未曾闔眼，昨日手指和腳踝受夾的刑傷更使他舉步維艱。進得總督大人的簽押房站立不得，幾乎癱倒在地。

岳公爺特意站起來，命巡捕和侍衛們全部退出，親手攙扶張倬斜靠在一張軟椅上，並且捧了一盅茶遞在他手裡，這才用聊天的方式問：「自古以來，總因天下多故，方有人從中取事。今天下承平，並無一省響動，爾師夏靚突令陝西冒昧舉事，則接應者是何地方，何等人物？何處傳檄可定，何處必需用兵？問你時你一概茫然，看起來是胸無定見的了！」

岳公爺態度雖然婉轉，口氣也很溫和，但提出的問題卻一針見血。究竟是統領十萬大軍，兼綰三省的大將軍，一談到軍事，他的本能就立刻顯現出來。

張倬回答：「這倒不難，祇要你拿出實在的憑據，證明舉兵起事，則湖廣、江西、廣西、廣東、雲南、貴州六省，我可以一呼而定。」

岳公爺問他「何所據而云然？」他回答：「這六省的百姓，愁苦顛連，流離逃竄入川，祇要看死亡載道的是那裡的民眾就知道了，這是顯而易見的事。」岳問：「我在四川，深知雲、貴官民相安，你怎麼說可以一呼而定？」張答：「當年吳三桂一麾，雲、貴立起響應，這就是明證。」岳接下來問他江浙、山西、河南、四川等地如何？他都坦白說：「不知道！」祇含糊表示：「我祇知道湖廣等六省，此外若再有川、陝呼應，其他各省都不必顧慮了！」

岳鍾琪聽他答話，心中有了譜，於是回轉頭來再問張倬：「你既然要求確實憑據，不如我派人隨你去聘請你老師和你意中人物前來當面商量如何？」

張倬先已經很快就同意，但隨即反悔說：「沒這個道理吧！我意中人物雖不多，也斷沒有讓你都知悉的道理。」

岳鍾琪使出推車撞牆一招，高聲說：「你既然始終持懷疑態度，不如我竟放你出去，任你要幹什麼就幹什麼，我完全不問，如何？」

張倬被他這幾句話震得清醒了些，想了一下說：「你放我？不得了！昨晚那麼一場嚴訊，外面一定有人知道，將來朝廷責問，你豈不是惹禍上身了嗎？」

岳公爺這時顯出一副無可奈何的表情緩慢地回答：「我如果不放你，勢必要將經過據實奏報，從此朝廷知謀反的人，都來約我，勢必疑我、慮我，我如何能有一日安寧？今天這個騎虎之勢，不得不放你出去。倘因外人傳言，朝廷覺察，我只說是迂腐儒生，條陳時事，語言狂妄，當經刑訊逐釋，便無形跡了。」

岳公爺這番言語雖說得極為誠懇，但前後兩天態度轉變太大，雖然張倬一度動心，但他卻知茲事體大，決不可為了偷生而危及老師，壞了驅虜大計。反覆思量行前老師的話後，一心求死之念復熾，於是回話道：「你所說也言之成理，但是我斷然不信。而且我這次來，抱必死決心，死得其時，死得其所。即使你是實意放我，我也實意不去。」

話到此處，已經再講不下去，岳公爺召來巡捕鄭重吩咐好好對待，並為張倬請醫治療刑傷。隨即與西琳和碩色就今日審訊經過及張倬所言共同商酌奏報皇帝。

奏摺中的結語是：

今遇此等奇幻之事，臣但知有國不知有身，故為各種詭言，意在得具實狀，方可奏聞。乃臣等細勘張倬狡黠奸深，加以嚴刑，既無懼色，即百計誘之，而仍堅不可破。不但一時不能確訊，即訊明請旨，奏摺往返，未免時日耽延。為此密懇聖恩，准將張倬解送到京，請敕親信大臣，設法細訊，務得其實。

岳鍾琪急於把張倬這燙手山芋丟出去，可是雍正帝卻不讓他拋下這個千鈞重擔，硬要他審出個水落石出來。為了表示信任，還親自教他一些騙取口供的方法。

雍正帝在岳鍾琪的這份奏摺末尾硃批是：

竟有如此可笑之事，如此可恨之人。朕觀此人（張倬），不似內地匪類，就其言論天下時勢光景，朕之用人行政，一些不知未聞之人，非是苗疆內多年漢奸，即係外洋逆黨。其語言口聲果似湖廣人否？人品、相貌、學問何如人也？近文近武？不過市井俗人也。可將閑言語試問，便可知矣！

雍正帝以「可笑之事」視此叛逆重案，表示他是以十分輕鬆的態度面對。他認為主犯夏靚、張倬如果不是多年藏身苗疆的「漢奸」，就是「外洋逆黨」。前者顯示清朝定鼎中原初期，若干少數民族仍有不臣之心；後者所謂「外洋」，實在不知所指，勉強歸類，也衹有琉球、日本因地處外洋，且一向瞧不起以畋獵維生，茹毛飲血的滿洲野人。明清之後，所謂倭寇，連番侵擾東南沿海，因此可能被皇帝點名。事實上，當真相大白時，皇帝所想的都錯了。

雖然雍正帝以極其輕蔑的態度定位此案，但在硃批中不但批評了岳鍾琪第一次審訊技巧的錯誤，而且不厭其煩教以應如何審理以求水落石出。皇帝御批：

> 此事在卿利害所關，朕量卿不得已而然，但料理急了些，當緩緩設法誘之，何必當日追問即加刑訊。伊既有膽為此事，必是一亡命愍不畏死之徒，便解京亦不過如此審問。伊必料無生理，何能得其實情！

接下來，皇帝就像一位小學老師教孩子參加演講比賽似的，一段一段教岳大將軍如何問話，並且設想張倬的反應如何回答。當然，一切重點都在怎樣使張倬供出全盤實情。而且怕岳鍾琪在問話時有顧忌，或者在記錄張倬答話時有關礙，特別明白諭示：「不必隱諱一二，據實奏聞。」

其實，雍正帝真是小覷了岳鍾琪。九月二十八日具摺密奏請准將張倬解京審訊，不過是為了事先站穩立場。當天拜發密摺以後，並未將張倬押還獄中，派了一位十分幹練的署理長安縣知事李元，假稱是總督僕人，與張倬一同住在督署中一間閒置空屋內，並且派人送寢具衣物和酒食。李元緩言相詢，張倬則一味支吾；不過，在歷經數晝夜的審訊、熬刑後，乍然有酒有食而且得以安然而臥，一剎那間鬆懈下來，竟然在微醺之後沉沉入睡。這一睡就睡了七、八個時辰。

九月二十九日下午四點多鐘，川陝總督岳鍾琪傳按察司碩色入署，仍於密室坐聽，然後令張倬來至簽押房。這時的簽押房正面所放特大書案上已無一件卷宗文書，祇擺著兩支兒臂粗的紅燭和一個青花香爐，紅燭高燃，香煙繚繞，顯得十分莊嚴且又充滿喜氣。

這時，三等公、奮威將軍、川陝總督岳鍾琪全套官服，翎頂輝煌，端坐在書桌旁鋪著整張虎皮的檀木交椅中，神情肅穆，體態威嚴，顧盼之間，令人懾然。

門帘掀起，署理長安縣知事李元，扶著已經過梳洗並且換了一身乾淨衣服的張倬走進來。岳公爺一見，滿面堆笑，站起來拉著張倬，在他身旁一張椅子坐下，並且命李元出去守在門外，不許任何人靠近。

張倬放眼四顧，室內情景特顯怪異，正待開口，岳公爺說話了。說的都是一些「激切之言」，內容不過是順著張倬所投書信中的言詞加以發揮，專撿他喜歡聽的話講。（按：所說的必是不能讓第三者聽到的「悖逆之言」，因此在奏摺之中他以「偽為激切之言」六個字一筆帶過。皇帝心中有數，因為他認為這樣做是自己教的，所以並不追究。）最後，鄭重其事地表示，他決定按照張倬和他老師夏靚的希望，興兵反清，驅除韃虜，光復大漢江山。當然，這一番言辭是他昨晚再三思考，反覆演練的，自然情辭懇切，唱做俱佳，不在話下。

張倬原出生長沙府安仁縣，除了讀過幾年書，幾乎沒見過什麼世面，人情世故，全然不曉，世態險惡，人心偽詐，更是全無所知；加以秉性鯁直，說一不二。此所以，他能幾番熬過嚴刑，寧死不招。

前一日岳公爺對他所言，他雖當時堅持不相信，但心裡卻起了陣陣漣漪。晚上好睡了一夜，肉體和精神都不似被捕後遭到刑訊時那樣緊繃。晨間醒來，思前想後，假如岳公爺所說的是真心話，老師交代的大事豈不就此完成，天下蒼生豈不因此得救？此念一興，魔障乘虛而入，一個勁朝「假如岳公爺說的是真話」那條路上去想——縱然不去相信他，和至死也不吐露真情的意念依然存在，但多多少少已在逐漸消失中。

當岳鍾琪發了一些牢騷，訴了一些委屈，講了一些朝廷祕辛，直聽得張倬這個鄉巴佬瞠目結舌，心蕩神馳，完全答不上話來，一心祇想說些安慰的話，卻又不知如何措辭才能表達自己這份心意。

岳鍾琪一看張倬的神情，知道事情已成就了八、九分，更不遲疑，要與張倬一同盟誓，生死與共，同享富貴，也同處患難。

張倬此時，似入夢境，一切都聽從岳公爺安排，就在書案前，燃香跪拜，盟起誓來。

雍正帝在看到岳鍾琪奏摺中寫到「令張倬入署與之盟誓」時，有一段硃批是這樣說的：

覽奏，實不禁淚流滿面。卿此一心，天祖鑒之，此等誓盟，再無不消災滅罪、賜福延生之理。朕嘉悅處，實難筆諭。朕與卿君臣之情，乃無量數之善緣同會，自乘願力來協朕為國家養生者，豈泛泛之可比擬。朕實嘉悅之至。

岳鍾琪看到這段硃批，連日來誠惶誠恐，忐忑不安的心情，總算定了下來，於是再次恭上奏摺，「謝主隆恩」：

臣因欲速得逆犯張熙（按：張倬已供認原名張熙，自此以後即用張熙之名）謀逆實情，故偽與盟誓。在臣鄙念，惟知有國，不知有身……乃荷硃批諭旨：「此等盟誓，消災滅罪，賜福延生」，臣感泣悚惶，驚喜交迫。伏念微臣自顧鄙野，逢曠代難遇之聖君，承古今未有之隆眷，正不知從前歷劫何修得此！

這奏摺中使用的文字和表達的感情，今天讀起來實在感到肉麻，然而在昔日君權至上，尤其是對雍正帝，臣下所上奏摺莫不如此，自不足怪；倒是皇帝硃批，也同樣有甚多令人感到過分的言詞，則是古今所罕見。

雍正帝這時寫給岳鍾琪的硃批諭旨，一如他當年寫給年羹堯和隆科多那般讓後人讀起來會產生一種過於油膩而無法消受的感覺。下面這則給岳鍾琪的硃批，似乎可以代表他在籠絡他所需要的臣下時典型內容：

朕生平居心行事，惟一誠實二字。凡諭卿之旨，少有心口相異處，天祖必佑之。朕之誠實，卿必盡知；而卿之忠赤，朕亦洞曉。朕惟朝天焚香，對天祖叩頭，祝願祈我良佐多福、多壽、多男子耳！五內欣悅，覽之！

如果有一位領導人對你說出這樣的話，你的感受如何？你會相信嗎？

張熙此來，原抱有必死決心。投書當日，受嚴刑幾瀕於死，卻未吐露半點消息；第二日岳鍾琪好顏相對，則認定是使詐誘騙，仍堅不吐實老師身分、住址。兩、三晝夜下來，岳公爺軟硬兼施，絲毫未改初衷。這對一個讀書不算太多卻能堅持信念的莊稼漢來說，實在難得，稱得上是一條鐵錚錚的漢子。然而，何以又在岳鍾琪擺下紅燭香案與他對天盟誓後，一瞬間就徹底改變立場，把防範之心拋到九霄雲外，開心見腸，盡傾肺腑，一五一十將全部祕密掏心挖肺地坦誠相向，豈不怪哉？

前文說過，這張熙生長在窮鄉僻壤，世代務農，雖讀過一些書，但基本上是個貧苦的莊稼漢。祇因天性誠樸，講義氣，重然諾，於是養成了一付固執、倔強的所謂「騾子脾氣」！

張熙奉師命前來投書，心中早已打定「不成功便成仁」的決心。見到岳鍾琪的第一天就遭大刑伺候，被整得死去活來，心中已知此來兇多吉少，但他卻處之泰然。第二天岳公爺改變態度，和顏悅色，好言好語，他則認定是騙取口供而「至死不說」。沒想到第三天岳公爺竟然設下紅燭香案與他對天盟誓——也就是用賭咒起誓來堅定雙方結盟的意念——這對他來說，是何等重大的約定與承諾。倆人一拜下去，就算是把生命交給天、交給神，也交給對方了。經此一拜，師命已退居次要——何況他堅信這一拜已完成了師命，完成了老師和他所持的崇高理想。

岳鍾琪原本是四川省人。四川自明末張獻忠入據，大肆殺戮，居民銳減至全省不及百萬人。大清定鼎中原，積極推廣移民，鄰近各省民眾，大量移居——尤以湖廣為數最多。因而各地不同風俗習慣與民間信仰也隨之進入。岳鍾琪憑父親的淵源，棄文就武，少年就在軍旅中打滾。當時四川是清廷進軍雲南征剿吳三桂的前進基地，各方部隊雲集，岳鍾琪從基層幹起，不但對不同省籍的人與事有深刻了解，而且對不同階層人物自有一套應付的方法。他不像年羹堯，既是旗人，又出身親王府包衣，父親歷任封疆，自己則是進士出身且歷任高官，目空一切，威儀棣棣，高高在上，完全與人民脫節。岳鍾琪則以多年與各種不同來路士卒共處所累積的經驗，來對付像張熙這樣直腸楞腦卻又認為自己飽讀經書，胸懷大志的莽漢子，自然游刃有餘。他第一天急怒攻心的表現，是因為受到盧宗漢案影響；一夜深思後的改變，可算得收發由心。至於「盟誓」一舉，完全是落實兵法中「攻心為上」的畫龍點睛之作。一招拍在張熙的罩門上，登時如響斯應。

雍正帝在看到奏摺中「盟誓」後「淚流滿面」，雖然形容太過，但的確掌握了重點。因為千百年來的傳統，「會盟」和「發誓」都是上自帝王將相，下至黎民百姓，相互之間最嚴重、最終極的約定與承諾。違背或者不履行「盟誓」，必遭天譴，這是普遍的共識。難怪雍正帝在硃批中要硬拗到「此等盟誓，再無不消災滅罪，賜福延生之理」。意思就是說：像這樣的（假）盟誓，不但老天不會怪罪，反而會消災滅罪，賜福延壽，藉以安岳鍾琪之心。

倒是岳公爺在奏摺裡並沒有把盟假誓一點特加渲染，衹是輕輕一筆就此帶過。也許這位奮威將軍多年疆場軍旅，生死無常，將天理看淡了，發假誓習慣了；就像今天許多政治人物常以斬雞頭來證明自己清白一樣！

一個窮酸秀才的狂想

閒言表過，書歸正傳，先將那千里投書，猶如飛蛾撲火，自投羅網的張熙來歷敘述一番。根據張熙受審時的供狀，一開頭就頗為悔恨地說：

生長山隈，如蛙囿井。但生處光天化日之下，少小頗知以讀書從學為大。然竟不知讀書之錯，從學之誤，其害一至於此也。

原來這張熙乃長沙府屬安仁縣人，家世寒微，自幼喜讀書，卻從未入塾。一直到二十五歲時，因見到彬州永興縣人曾靜（即張熙受審時向岳鍾琪供出主使人他的老師夏靚。夏靚也是化名）考取秀才被評為全湖南省第一名的文章，十分仰慕，於是前往拜在他的門下，師徒二人閉門耕讀，「不知有所謂人間事」！

幾年下來，張熙已讀遍曾靜極其有限的藏書，再無書可讀。雍正三年（一七二五年）時奉師命前往各省購求「四書五經之大全及朱子語類文集」。於是出省循長江南下，到浙江呂留良家買書。

這呂留良乃是清初一代名儒，家中藏書既富，他自撰文集亦復不少，知名於世。這時，呂留良早已去世，他的兒子呂葆中也在不久前死亡，祇有孫子在家。張熙選了幾部書帶回湖南，曾靜發現其中有呂留良詩稿一冊，內中有《錢墓松歌》和《題如此江山圖》兩首詩，頌吟者再，「始而怪，既而疑，繼而信」，以為呂留良生長江浙人文薈萃之地，其議論文章為天下人景仰，自是絕無差錯。於是就因此一念，師徒二人走上一條不歸之路，惹出一件宮廷內鬥、相互「吐槽」的謀逆大案，更牽扯出一場文字獄，害得多少人頭落地。【註一】

還要附帶一提的是：晚清稗官野史和一些武俠小說中所提到「江南八大俠」之一的女俠呂四娘，都指她是呂留良的女兒，從獨臂神尼——也傳說她是明末崇禎皇帝自縊前以劍削去左臂的那位公主——學成武藝後，深夜入宮，神不知，鬼不覺將雍正帝的頭砍下，帶到呂留良墓前祭奠。以致雍正帝蓋棺時，是以一顆黃金鑄的人頭代替入葬。當然，這是小說家之言，不足採信。但雍正帝猝逝，暴斃之說，甚囂塵上，這又是另外一個故事了！

雍正五年（一七二七年）秋，張熙奉師命持書信去見川陝總督岳鍾琪。他後來在受審時詳細敘述此行經過：

重犯無知，屬在弟子，遂誤聽師命，冒然前往。及到投遞後，岳公始而嚴審，重犯以受犯師曾靜「只去獻議，不必告以姓名里居」之命，且彼時無知之見，誤聽師說，尚固執為事關天經地義之所在，捨身可以取義，所以寧受三木（即夾棍）之重刑，至暈絕不變。

岳鍾琪知重犯死不肯供，不能改移，旋即放夾（鬆刑），許重犯為好漢子，且慰之謝之，以賓客禮待之。於逆書所言事理，無不盛稱以為實。既見重犯堅不告犯師姓名，乃呼天以示之信，及言當身所處之危險，甚至垂淚以示其誠；且具書具儀時，告以必欲聘請曾靜以輔己。（岳公）命（其）住整裝，即欲與重犯同行。更以長安縣李知縣扮作親信之家人王大爺時刻相陪伴，無一不極其機密而渾然無跡。以重犯當時之固執師說，雖死不肯搖奪者，卒乃使重犯實情畢露，然後具摺奏聞。

張熙在供詞中詳述心情轉折過程，並且供出岳鍾琪誘供種種手段，讀之頓感毛骨悚然。不過，供詞中卻獨缺了岳公爺最為得意的關鍵之作「盟誓」一段。究竟是原來就沒有「盟誓」之舉，僅不過是岳為了表現自己不惜甘冒「獲罪於天」而求得張熙口供，以向皇帝表示忠藎呢？還是張熙內心有愧於因「盟誓」而被誘騙供出實情避而不談呢？只有起岳、張二人於地下才能真相大白了。不過，當雍正帝看到這段供詞時，想到自己當時寫給岳鍾琪那段硃批，教他如何如何誘供，不知是否會有「多此一舉」的感覺。

張熙供出老師曾靜和一些有往來的親戚朋友姓名住址，岳鍾琪立即飛報晉京。雍正帝除了照例獎慰一番，立即派副都統海藍「馳驛出京」，密與湖南巡撫王國棟會同緝拿一干人犯。海藍於十月十一日自京師啟程，十月二十七日即兼程趕抵湖南長沙府巡撫衙門，將諭旨交辦事項，密付巡撫王國棟會同辦理。

這一場清初大規模整肅叛逆行動，雖然一切都在祕密中進行，今天回過頭來看整個過程，仍然令人感到十分恐怖。

海藍抵達長沙，是在二十七日下午六時左右，經過密傳諭旨，立即就在傍晚八時許分別展開行動，派遣相關地方首長親自率差役前往寧遠縣查拿嫌犯劉之行和他的學生陳立安；永興縣查拿主犯曾靜；安仁縣查緝張熙之父張新華及至親張照、張勘二犯；華容縣查拿嫌犯譙中翼。

海藍在指派各路負責人時，特別吩咐多帶兵役，謹密搜拿。王國棟也以地方首長身分，密邀各地方文武員弁，調撥兵丁差役嚴加防範。海欽差並指示防堵罪犯乘機逃逸，務期逮獲要犯，毋致疏脫。雖然整個行動部署周詳，而且均在極保密的情況下進行，但調動人馬兵役眾多，涉及三府一州廣大地域，各目標地區與總指揮所在地長沙，距離近者數百里，遠者千餘里，且多山嶺重疊，交通極為不便。因此海、王二人極其小心謹慎以求萬全。

緝拿行動開始後僅十五天，長沙知府孫元就將主犯投書人張熙的父親張新華，哥哥張照和族叔張勘捕獲解送長沙巡撫衙門，交海藍和王國棟處理。

張熙的父親張新華，時年六十歲，原名張仕璜，曾考中秀才，後因例考不到被除名。由此可見張家雖然貧窮，但卻世代耕讀傳家。張新華在供詞中說：張熙是他第二個兒子，隨永興縣曾靜讀書。近年來見他「大言不慚」，因此將他趕出家門。張熙乾脆就住在曾家。今年，張熙回來將祖傳薄田拿去典當做盤費，說是要往川陝上書去。

我被曾靜所愚，兒子做出這樣不法的事，我不能管束，實在該死。

張照是張熙的哥哥，他的供詞很直截了當：

我只曉得種田，他們做的什麼事，我不曉得。

另一個被捕的張勘，曾隨同張熙前往四川投書。他的供詞則比較有內容。張勘說：

曾靜是我師父，張熙則是我族侄，他會行醫。今年五月，曾靜打發他大兒子和張熙到我家，把數兩銀子與我，叫我替他們揹包袱同到四川去。說前頭有好處，並不曉得是什麼事情。

九月十四日到了陝西，張熙叫我到文王陵上拔蓍草（按：周文王陵墓上長的一種草，習俗上可用來卜卦）。到二十四日回來，聽見他說要往總督衙門上逆書的情由，心裡害怕，即時捲起鋪蓋走回，不知張熙後來怎麼樣了。

我是十一月初二日回到家，初三日就被捉住。

張勘把所有責任都推給曾靜和張熙二人，自稱全不知內情。雖經數次刑訊，始終不改口。

再隔三天，巡撫衙門中軍游擊鄔錦以及代理郴州知州張明敘也將主犯曾靜拿獲，押解到案審訊。

根據曾靜初步供詞：他今年整五十歲，永興縣人，是通過考試的生員——也就是俗稱的秀才。每次例考都名列前茅。有一次考試竟被列為第五等，也就是末等而遭革除。這上書的事，是他好幾年就有的想法，而且立定志向要去達成。今年，與其學生張熙商量，張熙回家典當了房屋和水塘作為旅費，於五月初七日啟程。

那張勘也是曾靜叫他同去的。由於投書內容必要有學問的方可與他商量，張勘是個沒有學問的，因此完全沒跟他講，他也不知道書信內容。

至於一干被牽連而遭逮捕的譙中翼等人，有的見過一兩面；有的祇聞其名，都不曾同謀上書的事。他肯定表示：

總是我一人做事一人當，我不肯賴，也不好誣攀別人。

當首次提訊曾靜時，主審官海藍祇單獨問了他一個有迫切性的問題：「六省一呼可定」何所據而云然？曾靜簡單回答：這是和張熙商量的，因為看到當時瘟疫流行，像是天心不順，想來天心也和我等所想相同，於是就這樣說了。其實並沒有什麼具體成熟的想法。

海藍和王國棟奏報拿獲一干人犯和初審大略情況，即時上奏雍正帝，並且將在張新華家中搜出曾靜所寫逆書二冊、上總督岳鍾琪書稿，以及張熙臨行前祭神、祭祖文一同附送晉京。曾靜坦承：

這書上的話，俱是我做就，把與（交給）張熙的，我豈肯賴。

海藍在奏摺結束時並提到：

再查，曾靜狀同禽獸，語屬猖狂，昨游繫鄔錦等拿獲之時，於該犯衣衫上寫對句數聯，並云：「蒲潭先生（曾靜自號）卒於此。」自知罪大惡極，欲尋自盡。幸賴皇上威德，天奪其魄，是以擒獲。

皇帝「出奇料理」

雍正六年（公元一七二八年）九月，曾靜派遣張熙前往西安，投書岳鍾琪，勸他反清復漢，造大清朝的反。此一行動，揭開了謀逆案和文字獄的序幕，整個案件歷時長達四年之久，直到雍正十年（公元一七三二年）十二月方告結束。

全案本因曾靜、張熙師徒二人謀逆引起，而兩人在朝廷上下皆曰可殺，且認為百死不足以蔽其辜的情況下，雍正帝竟獨排眾議，「出奇料理」，不究其往，不窮其罪，特降殊恩予以無罪開釋。並將兩人安置在湖南觀風整俗使處向百姓宣講皇帝編纂的《大義覺迷錄》一書。還特別諭示地方官員和平民百姓，不可蔑視譏諷。雍正帝為此曾頒諭旨，一段是諭知滿朝文武的：

以後不要再向朕上奏此處置曾靜事，即是上本奏章，朕也不再看了！

另一段則是諭知他後代子孫的：

朕之子孫，將來亦不得以其詆毀朕躬而追究誅戮！

這樣的結果，導致朝廷譁然，百姓詫異。向以察察為明、嚴峻忌刻著稱的雍正帝，何以獨厚曾、張二人？他當然自有一番說法，可是他的兒子卻另有所見。乾隆帝繼位後不到兩個月，尚在熱孝期中，就翻了案，將曾、張二人重審後「凌遲處死」——也就是民間俗語所形容的「千刀萬剮」——皇父精心編撰、刊行天下的《大義覺迷錄》也宣布為禁書，全部收繳銷毀，並嚴禁刊刻或藏有，違著從重治罪。

雍正帝和乾隆帝父子，對曾靜謀逆案及《大義覺迷錄》的處理態度和方法，既南轅北轍，且出乎常情、常理。這是什麼緣故呢？

曾靜寫給岳鍾琪的那封《逆書》，和雍正帝頒行天下的那本《大義覺迷錄》，有絕對因果關係，前者為因，後者是果。因此須先將兩書內容略加介紹，才能了解整個案件處理經過，何以會如此錯綜複雜，而最後更出現令人驚詫不已的結局。

首先來談署名「南海無主游民夏靚（曾靜）、張倬（熙）」寫給「天吏元帥岳鍾琪」的那封「逆書」。

「逆書」原件早在岳鍾琪看到後的第三天，就被送往京城供雍正帝御覽去了，終清之世，迄未公開。最近大陸城市出版社出版《大義覺迷錄》一書的編譯者之一薛予生先生，根據全案審訊過程的口供和《清文字獄檔》中記載，大致將「逆書」內容分為四部分：

一、強調「華夷之分，大於君臣之倫」。認為雍正帝是「滿洲」女真人，就是夷狄，「夷狄」即禽獸。「滿人」入主中原是「夷狄盜竊王位」。清朝歷經八十餘年天運衰歇，地震天怒，鬼哭神號」是「夷狄」帶來的惡運，所以要反對清朝的統治。

二、譴責雍正帝是失德的暴君。列出雍正帝謀父、逼母、弒兄、屠弟，貪財、好殺、酗酒、淫色，懷疑誅忠、好諛任佞等十大罪狀。這麼多的罪行，根本沒有資格當皇帝。

三、指責雍正帝是用陰謀詭計而篡位的，因而天地不容，使天下「寒暑易序，五穀少成」，出現「山崩川竭，地暗天昏」，百姓飢寒交迫，流離失所，屍橫遍野。反清憤忿，一觸即發。

四、策劃岳鍾琪同謀造反，稱岳是宋代抗金民族英雄岳飛的後裔。勸他繼承先祖遺志，不應效忠清王朝，要他用手握重兵之機，適時地舉事謀反，為列祖列宗報仇，為大漢民族雪恥。

照以上四點內容分析，「逆書」第一部分是曾靜、張熙謀反的理論基礎，所根據的是千百年來傳統倫理道德。師承則是呂留良。

第二和第三部分則是羅織和突顯雍正帝的罪行，以及指他「得位不正」，來證明謀反的合理性。

第四部分更是以民族大義來框住岳鍾琪，希望雙方攜手合作，達成反清復漢大業。

從曾靜口供內容，可以約略看到他頗為自負，而且很有自信，自認有能力完成此一偉大志業；同時也充分了解如有任何閃失，必然會招致抄家滅族的彌天大禍。

他派張熙投書，並沒選錯人，對投書前後過程的沙盤推演也非常細膩。而且他沒有急迫感，一再叮囑張熙不可莽撞，「逆書」可投則投，不可投則速速返鄉，並仔細安排退路。這一切，都顯示他不是一個急於求成的人。他甚至在決定行動之前就存有「若有差錯就立刻自我了斷，決不牽連任何人」的信念。

曾靜唯一沒有料到的，是岳鍾琪會對張熙使出「盟誓」這一手，不僅張熙一頭栽進這個無底洞，順手也將曾靜一同拉了下去。這大概是曾靜萬萬沒想到的。曾靜師徒都是生長在荒村僻野，既無江湖閱歷，又不曉世路險惡，被岳鍾琪一唬弄，就糊里糊塗著了他的道。

更出人意外的是，自知犯了「彌天大罪」，而且早已抱「必死之心」的這位窮酸秀才曾靜，在被捕後，竟然與雍正帝全面合作，一搭一唱，配合得嚴絲合縫，以致連雍正帝都捨不得下手，留下他來為自己解釋一切需要解釋的往事。這實在是一樁奇事；曾靜也算得上是一個奇人！

《大義覺迷錄》是雍正帝親自撰寫和編彙的。他為使這部書深植民心，擴大影響，於此書刊刻之初，即詔曰：

> 著將呂留良、嚴鴻逵、曾靜等悖逆之言，及朕諭旨，一一刊刻通行，頒佈天下各府州縣遠鄉僻壤，俾讀書士子及鄉曲小民共知之。並令各貯一冊於學宮之中，使將來後學新進之士，人人觀覽知悉。

台北外雙溪國立故宮博物院於民國六十二年（公元一九七三年），曾將院藏清宮中存留《大義覺迷錄》影印，並在故宮圖書季刊第四卷第一期和第二期刊出。根據知名版本學家故宮博物院圖書文獻處處長吳哲夫教授在影印本前的敘錄中說明：

此書半葉八行，行大字十七；小字夾行，行二十三字。版匡高二十公分，寬十四．四公分；四周雙欄，白口單魚尾。

全書釐為四卷，計收上諭四篇；曾靜、張熙口供四十八條；內閣九卿等遵旨覆訊曾靜併請正法，暨曾靜〈歸仁說〉各一篇。

這本書無論是研究歷史或是看故事，最具有可讀性的是雍正帝親自撰寫的兩道上諭。上諭中，他詳細描述六年前繼皇帝位時的經過情形。由於其中有一些是其他官史所無；還有一部分則和他以前說過的話有差異，因此對照來看，更增加閱讀時的興趣。

其次則是由雍正帝口傳諭旨，透過承審欽差訊問曾靜的若干問題與曾的口供。從問答中，不但大略知道「逆書」中一些關鍵內容，而且看到雍正帝在提出問題時「直指人心」，尖銳到無從閃避的程度；以及曾靜為了難熬酷刑，費盡心思，力求配合皇帝內心想法，不惜「以今日之我，全盤否定昨日之我」，冀求早日解脫的可憐相。

在敘述皇帝與叛逆之間問答之前，且先就曾靜個人略加分析。

曾靜出生在與苗疆密邇、漢苗雜處的湖南山區。世代耕讀，很早就進了學，每次例行考試都名列第一，因此在原籍永興縣和四周幾個縣裡小有文名，也有學生遠道而來向他求學——張熙就是其中之一。鄉人認為他是「詩禮大家，方正君子」；也有人讚他有「濟世之德，宰相之量」。這在荒僻的山區中是著實被誇大了。他從沒出過遠門，山區外面的消息，大都是被充軍的罪犯，由北京經過此地前往雲、貴邊荒之地，打尖住宿時口耳相傳所得到的。憑著與生俱來的一點聰明智慧，以及僅有幾本聖經賢傳，平平淡淡過了半輩子教書匠生涯。直到那一年例考失利，被列為五等而受革斥，不但小小的秀才名銜被撤銷，也斷了教書生涯。憤忿之餘，激起了他的「騾子脾氣」，也觸發他蓄之已久的胸中「大志」，決心挺身以天下為己任！

從曾靜回答雍正帝的問題來看，他的知識和見解，都大大突破他所置身的環境和所能接觸到的資訊。

在他所撰寫兩本筆記——後來被指為是「逆書」的《知新錄》和《知機錄》中，對於當前時政的嚴厲批評與改革意見，都十分廣博深入；不一定都有道理，但都很中肯。諸如他提出因土地兼併以致貧富不均的民生經濟問題；天災人禍導致生靈塗炭、民不聊生的社會問題；各級考試與科舉制度「公然講名講利，卑污苟賤」的教育問題；鑄「雍正錢」不順，以致遭人民拒用的金融問題等等，都不是一般老百姓，甚至大多數官員所能認識和了解的。

當然，他也有「大言炎炎」、「出語驚人」的部分。

《知新錄》中有一段說：

皇帝合該是吾學中儒者做，不該把（湖南話「給」的意思）世路上英雄做。周（朝）末局變，在位多不知學，盡是世路中英雄，甚者老奸巨猾，即諺所謂「光棍」也。

若論正位，春秋時皇帝該孔子做；戰國時皇帝該孟子做；秦以後皇帝該程（顥）、朱（熹）做；明末皇帝該呂子（留良）做，今都被豪強佔據去了。吾儒最會做皇帝，世路上英雄他那曉得做甚皇帝！

照曾靜這樣排列，呂留良以後誰夠資格做皇帝呢？應該就是他自己吧！像曾靜這樣的言論，出諸於專制帝王時代，尤其是異族入主之初，文網嚴密，動輒得咎，這樣想法實在驚世駭俗；然而，也因此他才能幹出一樁如此轟轟烈烈的大事來。至於他此後的人生歲月，那又是另外一回事了！

皇帝與秀才口舌爭鋒

曾靜的供狀，多達四十餘條，都數萬字。內容都是由皇帝就「逆書」中重大關鍵之處，先表示他的看法，定了調，再提出問題。曾靜此刻已是待決之囚，三木之下，豈有再自討苦吃的道理，於是一切都順著皇帝的口氣自怨自責，怨越深越好，責越重越好。不過，從一些答問中，可以看到，他能夠將自己前後截然不同的觀點和說法，硬拗成符合皇帝的需要，有的避重就輕，有的哀哀乞憐，言之成理，好像是兩個全然不同的人在表達意見。每一次回話，都是洋洋灑灑，一氣呵成，證明他胸中確有兩把刷子。雍正帝最後決定借重他出來為自己做「化粧師」，是有些道理的。

由於全部供狀條目和文字都太多，祇好選擇兩則較有代表性的予以轉錄。

「逆書」中有「明亡之恨」的話。曾靜認為，明朝之亡，是由於清朝之入侵，因此有「恨」。對於這一點，早在滿清入關時，「皇父攝政王」多爾袞即定了調：

> 前明之亡國，亡於流寇李自成之手，與我朝毫無干涉！

因此，雍正帝根據這一點問曾靜：

> 自有明之季，政教不修，綱紀廢弛，內則盜賊紛起，李自成等擾亂殘虐，淪陷京師；外則邊警時聞，各處蒙古外藩，皆為勁敵。是蹂躪中國，消耗明之元氣，非獨本朝也。迨李自成已陷北京，明愍帝（崇禎）殉國而死，明祚已絕，明位已移，始請兵我朝，來除寇亂。太宗皇帝命將興師，兵至山海關，一戰而勝。李自成二十萬之眾，望風逃

竄，席捲長驅，是以我世祖皇帝（順治）君臨萬邦，廓清群寇，救億萬臣民於水火之中，為明朝報仇雪恥，是我朝深有德於前明，顯然著明可白萬世者也。我朝得國較之湯武征誅，更為名正言順，何明亡之有恨乎？

這篇說辭，原是滿清入關後極力宣揚其入主中原是順天應人的主軸，雖無新意，但在大清立國八十年後，再次由雍正帝說出來，仍然有它的必要性。他要藉這一機會讓大清入主後才出生的一代人民了解這段歷史，證明它得天下是取自李自成而非明朝。

自承為「彌天重犯」的曾靜，對自己在「逆書」中所寫的言論，大都以這樣的話做為口供的開場白：

這個源頭，彌天重犯（自稱）從前全然不知，蓋因失父太早，獨居山僻窮陋者，已數十餘年左右。附近不惟無史冊可以借觀稽考，而鄉黨鄰里，並無知事老成傳聞，但知本朝代明而有天下，初不知明之天下，早已失之於流寇之手。直至舊冬（被捕後），聞大人之說後，又得仰讀聖諭，乃知本朝全是以仁義而興，直駕千古莫媲，其弘功偉績之在當世，不惟明之君臣感其恩，戴其力，即在當時之草木，亦莫不被德而蒙惠。

曾靜這段口供，一開始先說明他並不知道這段歷史，接下來就順著皇帝的話，歌功頌德一番。以一般罪犯的口供來說，公堂之上，詢答之間，向以簡單扼要為先，重點說完就可以打住，太囉嗦了，不但承審官不耐，幾經刑訊的罪犯也無此精神體力。但曾靜卻不然，每次答問都會反覆申言，一定要講到他認為夠了才停止。

這一節也不例外，他就像口試答題般，順著皇帝的話，一段一段回答。先就明朝「上下怠慢，政教全然蕩廢不舉，綱紀頹然倒墜不整」，加以嚴厲批判；然後細說大清入關在明祚已絕之後，「較之武王觀兵孟津，以冀紂惡之改悔，心事更光明正大，表裡無憾。」「其大德直與天地同流！」接下來再呼應皇帝所說，得國較湯武征誅更為名正言順一段，加以演繹，而且更加強調：

> 由是看來，湯武雖以仁興，而君臣一倫猶不能脫然無憾。所以當時成湯不免有慚德，武庚不免以殷叛。豈若本朝之有天下得於流寇之手，名正言順，明臣、漢人皆感激深切，樂為效力致死者乎！

最後的結論，則是每答問終了時制式的悔恨之詞：

> 彌天重犯從前陷於不知，任臆狂悖，妄引《春秋》以自誤，所以有「明亡之恨」等

語。到今知之，痛悔流涕，幾不欲生；而且蒙恩高厚，更覺無地自容了，復有何說。

前面所引一則答問，是有關對國家認同的大問題。接下來再引一則個人對生死榮辱的觀念和認知。

皇帝旨意問曾靜：

你書內云：「可榮可辱，可生可死，而此義（春秋大義）必不可失墜」等語。今欽差審問之時，曾靜繕寫親供全然改變，求哀乞憐，備極稱頌。在曾靜將以為榮乎，將以為辱乎？又未知曾靜之心，此時願生乎，抑願死乎？其爭持大義者何在？著據實供來。

這一問，實在犀利，直指到罪犯的內心，完全無可迴避。

曾靜被捕，歷經多番刑訊，自知難逃一死，為免不再遭受酷刑拷打，祇好將「大義」放在一邊，「求哀乞憐，備極稱頌」，以求速死。因而在應訊時的言辭，處處迎合旨意中的重點，不迴避，不矯飾，完全以正面的態度回應。雍正帝問得尖銳、深入，曾靜的口供也紮紮實實答對。因此對這十分辛辣的問題，一開始就掌握重點，站穩立場，坦白交代。

他供稱：自己以前所謂死生榮辱大義必不可失，祇不過是因錯解《春秋》，錯聽謠言罷了！

其實己身原是皇上子民，並不是因對前明朝有所封賞而加以懷念，致產生背叛不臣之心。如今事發被捕，只為謠言蠱惑，錯解經義而狂悖至此地步，捫心自問，毫無其他因素，一切總是從知識聞見上差錯起。

接下來，就旨意所問「爭持大義」、「乞哀求憐」和「頌德稱功」一一做了解釋。他說：

到今日解出經義，知得謠傳是蜚語詆誣。彌天重犯是螻蟻小民，實是心悅誠服，到此惟有痛哭流涕，自恨當身大義，自悔不能為順則之民。其乞哀求憐，正是彌天重犯今日當身之正義，但恐求乞之誠不至，不能贖補當前之罪，雖蒙皇恩浩蕩，自計於法無可生耳！

至若頌往稱功，亦彌天重犯為臣民之份所宜然。惟所慮者，識淺學陋，不能仰測龍德中正之備，而「頌」與「稱」，有不能至，以是死難瞑目也！

他將「乞哀求憐」，等同於今日之「正義」，且猶恐「求」與「乞」的誠意不足，不能贖補前衍；又將「頌德稱功」視為臣民之所當然，惶然於「頌」與「稱」不能恰如其份而「死難瞑目」。

他還進一步解釋何以如此說的理由是：

蓋君之尊，同天；親，同父。民之稱「天」，子之「頌」父，豈得為過。

最後，他又以一貫悔恨萬狀的言詞為生死榮辱做解釋，以結束這則答問：

彌天重犯從前錯聽流言，錯解經義，所以陷身禽獸，自咎雖生猶死；今既曉得本朝龍興，不同尋常萬萬，又親被聖德，高厚從古所無，此時雖死猶生，雖辱亦榮了。

一個「僻處山谷，離城甚遠，左右鄰里，無讀書士子、良師益友就正」的窮酸秀才，當他因例考失敗而遭革斥，竟在憤激之下，僅憑服膺呂留良一家之言，和師徒二人的膽識，在異族鐵腕統治下，秀才造反，揭起光復大漢河山的旗幟，雖然十分莽撞，但對信念的執著卻是令人欽佩的。古往今來，真正的革命家，大多如此，祇不過是成王敗寇之別而已。

當計畫失敗，夢想破滅，面臨生死關頭，猶能冷靜應對，以其雄健之筆，舌辯之才，與一位同樣能寫能說的皇帝周旋，從萬死之中殺出一條生路。雖然他不曾也未能堅持立場，慷慨赴義；但從另外一個角度來看，當時朝廷對謀逆欽犯用刑之酷，實非任何血肉之軀所可承受。以曾靜對情勢判斷之纖細，他當然知道如此謀逆大罪必無生理，甚且有抄家滅族之禍。縱有千支生花筆，百張懸河口也無濟於事。後來雍正帝免他死罪，是任何人包括他自己在內所萬萬想不到的。

那麼他為什麼還要自我作賤、搖尾乞憐，難道他真以為這樣就可以獲得皇帝的赦免嗎？從曾靜全部口供中，似乎看不出他有這樣看法。他祇是在「頌聖」之外，不斷提到「罪該萬死」、「雖萬死萬剮，亦所宜然」。然而，終究以他三寸不爛之舌和一枝生花妙筆，不但在審訊過程中倖免於酷刑相加，最後還意外獲得皇帝特赦，這在有清一代是為特例，即在數千年專制王朝下，也是異數。

為了追索他何以如此，且再從曾靜在回答皇帝提出「逆書」中各種狂肆毀謗的謠言到底從何而來時，所作的口供中一探究竟。曾靜一開頭就感激涕零地說：

彌天重犯書內千錯萬錯，無一字著實者，總因錯聽謠言，誤解經義，所以釀成大惡，到今日不可疏解。今聖德光潔，毫無瑕玷，而皇恩浩蕩，不可名言。以彌天重犯如是之大罪大犯，尚如是優容寬待，另置優閒清曠之地，且敕部給食賜衣，此誠千古未有之奇典，堯舜所不到之殊恩。即此一事，彌天重犯粉身碎骨，亦不能仰酬皇恩於萬一。

果然，皇帝為了套取口供，給予曾靜若干特殊待遇，其誘供之心，與岳鍾琪並無二致。但一個巴掌拍不響，曾靜似乎已經窺知了皇帝內心之所求，當然也就全力配合。這就是他聰明狡黠之處。他在供詞最後表示：

其實今日仰維皇上如天如地，何可毀謗。天經雲隔，何傷於天，反因雲隔而轉見天之高；地經穿鑿，何損於地，反因穿鑿而轉見地之厚。今皇上之行，如日月經天，雖湖山萬里，莫不共見共聞。彌天重犯幸乞亦如盲得視，復見天地日月了！

曾靜的頭腦和他駕馭文字的能力，實在不像是一個出身於僻野荒村的窮秀才，甚至這個芝麻綠豆大的秀才頭銜還因考到五等而被革斥，永興縣的那位主考學官真是瞎了眼。連雍正帝都被唬弄了的人，焉能不稱之為奇才！

自曝宮廷內幕

《大義覺迷錄》一書中，較曾靜口供更令人重視和有興趣的，是雍正帝四篇上諭。因為在上諭中，他不但將曾靜謀反案和呂留良文字奸逆罪連在一起，更把他稱之為「逆黨奸徒」的幾位弟兄也拉在一起。他的理由是：

蓋其（指曾靜）分別華夷中外之見，則蔽錮陷溺於呂留良不臣之說；而其謗及朕躬者，則阿其那（允禩）、塞思黑（允禟）、允䄉、允禵之逆黨奸徒，造作蜚語，布散傳播，而伊誤信以為實之所致。

上諭中不僅對已死的弟兄們痛加斥責，甚且自曝當年繼皇帝位時許多不為人知的內幕。於是，書中另一部分的曾靜口供，或多或少被後人冷落了！

雍正帝編纂的《大義覺迷錄》一書，除了曾靜的口供和他所寫一篇懺悔錄式的《歸仁說》外，重點就是皇帝親自撰寫的上諭四篇。

列為書中第一篇的上諭，似乎像是一篇序文，皇帝不但大量引經據典，以《六經》、《四書》以及孔、孟學說痛斥呂留良、曾靜所持「華夷之分」的「逆說」、「邪書」；並再三認定大清入主華夏是「天錫人歸，中外景從」。

諭旨最後還特別交代：

> 著將呂留良、嚴鴻逵（呂的學生）、曾靜等悖逆之言及朕諭旨，一一刊刻通行，頒布天下各府、州、縣遠鄉僻壤，俾讀書士子及鄉曲小民共知之。並令各貯一冊於學宮之中，使將來後學新進之士，人人觀覽知悉。倘有未見此書，未聞朕旨者，經朕隨時察出，定將該省學政及該縣教官從重治罪。

《大義覺迷錄》一書中，最受重視、最有可讀性的，是列在書中第二和第三篇上諭。因為它經由皇帝御筆，大量曝露康熙、雍正兩朝嗣統傳承之際的宮廷內幕，這在中外歷史上極為罕見。

由於這兩篇上諭中若干表述，有很大關聯性，因此在本文中將合併處理，以免重複。

前文曾提到過，張熙在給岳鍾琪的「逆書」中，曾指控雍正帝犯有「謀父」、「逼母」、「弒兄」、「屠弟」等十項大罪。一個長年僻處在邊荒僻野的莊稼漢，何由得知數千里外紫禁城中，皇帝一家人這些驚心動魄所作所為？是雍正帝首先要知道的。

經過追查許多不同的消息來源，終於找出傳言的源頭。原來都是出自於京城各王府中的太監，因獲罪被判充軍到廣西、雲南、貴州等邊荒之地，沿途有意不斷釋放各項不同的消息而被傳播開來。

上諭中甚至說，這些罪犯們「經過各處，沿途稱冤，逢人訕謗。解送之兵役，往宿之店家等皆共聞之。凡遇村居城市，高聲呼招：『你們都來聽新皇帝的新聞，我們已受冤屈，要向你們告訴，好等你們向人傳說。』又云：『只好問我們的罪，豈能封我們的口』。」

這些釋放消息的人，除了清初漢人三王之一——靖南王耿精忠之孫耿六格是因三藩之亂獲罪外，其他都是允禩、允禟、允䄉和允禵府中的太監，因主子被雍正帝整肅而遭充軍。他們之所以「到處揑造，肆行流布」的原因，雍正帝認定是「此輩聽伊主之指使」。

諸如被指為十大罪之首的「謀父」一節，是耿六格說的。耿六格被充軍到東北極邊之地的三姓地方，後來移配到西南邊荒的廣西煙瘴之區，遞解途中就將所聽到的傳言沿途散播。

據耿六格受審時供稱，他最初被充軍到三姓地方時，在一個名喚八寶的人家中，聽到同樣充軍到該地的太監于義、何玉柱二人向八寶之妻說：

> 聖祖皇帝（康熙）原傳十四阿哥允禵天下，皇上（雍正帝）將「十」字改為「于」字。
>
> 又說，聖祖皇帝在暢春園病重，皇上就進一碗人參湯，不知何如，聖祖皇帝就崩了駕，皇上就登了位。
>
> 隨將允禵調回囚禁，太后要見允禵，皇上大怒，太后遂於鐵柱上撞死。

經過調查發現，這名叫八寶的人，是十阿哥允䄉當年管都統時的部下，因案被康熙帝發遣到三姓地方去。何玉柱是九阿哥允禟心腹太監；另外四處傳播謠言的關格、王進朝、吳守義，是十阿哥允䄉的親信太監；馬起雲是八阿哥允禩的太監；馬守柱是十四阿哥允禵的太監。這四位阿哥都是在四阿哥胤禛繼皇帝位後，陸續被囚禁或則死亡，或則受盡折磨。

謀父之「謀」

上諭中，首先對「逆書中加朕以謀父之名」提出解釋。

對於「謀父」一節，上諭僅藉此細說繼承大統經過情形，最後以「當茲授受之際，伊等（眾兄弟）若非親承皇考付朕鴻基之遺詔，安肯帖然無一語，俯首臣伏於朕之前乎！」做結語，表示他是奉遺詔繼位，一切合理合法，眾兄弟不得不服服貼貼。

近三百年來，有關康熙帝大位傳承的經過，始終沒有一個合理而又權威性的說法。民間傳說雖多，但大多數荒誕不稽，不被採信；迄今猶眾說紛紜，各有堅持。其中流傳最為深遠的，是傳說遺詔遭到竄改，皇四子胤禛因而纘承大統。

雍正帝是否「奪嫡」？是否「得位不正」？有多種不同的說法；「奪嫡」與「得位」的過程，更是各說各話，還得進一步就已出現的史料加以條分縷析。首先談的就是所謂改「十」為「于」這一點。

按照雍正帝刊在《大義覺迷錄》上諭中所說的傳言是：

> 聖祖皇帝原傳十四阿哥允禵天下，皇上將「十」字改為「于」字。

這段話是雍正帝轉述耿六格聽太監于義和何玉柱說的。整句話看起來，似乎應該是「聖祖皇帝」將「原傳十四阿哥允禵天下」寫在上諭中或者遺詔中，然後「皇上」才「將十字改為于字」做了皇帝。

然而，到今天為止，已經出現的史料中，找不出任何一則類似的康熙帝上諭。祇有在他薨逝後頒布的遺詔中有這樣一段：

雍親王皇四子胤禛，人品貴重，深肖朕躬，必能克承大統，著繼朕登基，即皇帝位。

康熙帝遺詔全篇七百多字，談到繼承人時，寫的是「雍親王皇四子胤禛」八個字，既沒有「十」字，也擠不下一個更改後的「于」字。遺詔是官文書，不但要傳達全國，同時要頒給各藩屬鄰邦。雖然也有人置疑這遺詔是「矯詔」，是康熙帝薨逝後由繼承人雍正帝命人寫的，不足為據，但遺詔中所寫對繼承人的稱謂部分，可以看到它一貫的體例。從大清開國以至光緒，代代相傳，遺詔中對於接班人都是這樣寫法。

原來大清入關建政後，對於皇子的稱謂有一個特殊的規定，就是在排行之上必得加一個「皇」字，諸如「皇太子」、「皇長子」、「皇四子」、「皇十四子」，特別表明是「皇帝」的第幾子。

尤其在歷朝皇帝遺詔中，對於指定繼承人，更是如此。如雍正帝傳位予「寶親王皇四子弘曆」（乾隆帝）；嘉慶帝傳位予「皇次子智親王旻寧」（道光帝）等，都絲毫簡略不得。

現在談到正題。傳言康熙帝「傳位十四皇子」，如果是這六個字的話，當然，在「十」字上面加一小橫，下面再添一勾，就變成了「于」字，稍加小心就可以天衣無縫。但是如果照正規寫法，「十」字變成「于」字後，整句話就變成了「傳位皇于四子」，不但看起來不知所云，而且一個「皇」字挪來挪去，漏洞百出。此外，二、三百年前，「于」字和「於」字原本就不能通用，平常寫來，尤當別字，何況是關係帝位傳承的詔書！

另外有一個類似的傳說：當康熙帝彌留時，傳在側的僅隆科多一人，康熙帝在他手掌心寫「十四阿哥」四字，隆科多出示諸皇子前，先將「十」字抹去，於是胤禛得以承繼大統。這一傳說與另一說胤禛「進一碗人參湯，不知何如聖祖皇帝就崩了駕」同樣不合情理。民間不論貧富，家中長輩臨終時，都是兒孫環伺「送終」，豈有貴為天子在即將嚥下最後一口氣前，孤零零一個人躺在床上，任憑某一特定人士擺布之理？眾多皇子、皇孫、公主、妃嬪和顧命大臣都到那裡去了？尤其是，御醫們怎能在皇帝彌留之際躲得遠遠的，一無作為，任憑他「崩逝」？

附帶一提的是：康熙帝深通醫理，認為南方人適宜於服用人參，北方人則「於參不合」。由此看來，用人參湯毒殺他似乎是錯誤的選項。

康熙帝之死與皇四子胤禛有關的傳說還很多，前文曾逐項簡列，絕大部分都屬野語村言，不足取信。如果以今天的法律來檢驗，從已發現的史料中，沒有任何證據可以證明雍正帝殺害他父親康熙帝，因此他可以理直氣壯地說：「我是清白的！」

此所以曾靜在鋪陳他十大罪狀時，第一項大罪指他「謀」父而非「弒」父。「謀」者，意圖也！也就是說曾有若干想法、若干動作，但是卻沒有對父親生前的精神或身體加以任何傷害，因為誰也拿不出任何證據，包括他的兄弟們，也包括曾靜在內。所以說，曾靜用這個「謀」字，用得極其高明，極有學問。康熙帝之死，似乎與雍正帝無關；不過雍正帝之「繼統」卻應非康熙帝的意願。這就是曾靜所用的那個「謀」字。然而兩者之間有其密不可分的因果關係，遞嬗之間更是錯綜複雜，經緯萬端。

前文曾將康熙帝從六十一年十一月初七日生病，以至十三日晚薨逝，按正史所載，加以鋪陳；現在則再一次參酌其他較為可信的資料，進一步加以論列。

《實錄》中從康熙帝生病之日起，逐日將他的病情及與皇子們的互動詳予記載。雍正帝在上諭中憶述這段經過時，細節處雖小有出入，但大體上是一致的。《永憲錄》所記雖不如前兩種詳盡，但卻透露一段其他史書上所沒有的消息：

己丑（十一月初八日），上不豫。傳旨：「偶冒風寒，本日即透汗。自初十至十五日靜養齋戒，一應奏章不必啟奏。」

照這樣說法，康熙帝是在十一月七日駐蹕南苑時感到身體不適而立刻回轉暢春園。第二天所傳上諭「本日即透汗」，表示病況輕微，睡一夜就好多了。至於從初十到十五需要靜養，一切需要報告的奏章「不必啟奏」，依常理判斷，這並不代表病勢嚴重，不過是年長的人多一份小心而已；何況初九還召見四阿哥胤禛，派他為代表前往主持南郊大祀。

從初十到十二這三天，除了四阿哥從天壇齋所派護衛和太監回暢春園向皇父問安，皇帝均命人傳諭「朕體稍癒」四字而外，暢春園中並無任何動靜。史書上也沒有隻字提及。推測可能由於皇帝八日諭旨有需要靜養齋戒，一應奏章不必啟奏之故。

接下來到十三日凌晨二時許，霹靂一聲，傳出「上疾大漸」——皇帝病危的消息。在月黑風高、寒風刺骨的深夜，一面派人緊急召喚在天壇齋所的四阿哥胤禛；隨即又召喚三阿哥誠親王允祉等七位皇子和步軍統領隆科多等至御榻前，緊急宣諭由皇四子繼皇帝位的末命。

這樣風火雷霆似的宣布皇位繼承人，從《實錄》和雍正帝上諭中的敘述，在感覺上似乎康熙帝已進入彌留狀態，再不採取如此緊急措施，一切就來不及了似的！

但是接下來的發展，好像情勢並無如此急迫。應召疾馳由京城南郊天壇趕回暢春園的四阿哥胤禛，花了四個時辰（八個小時）才趕到。立刻進入寢宮，皇父躺在御榻之上，見他到來，神智清明地娓娓告以自己病勢日漸增加之故。接下來五個時辰（十個小時），胤禛三次（他自己說五次）進見「問安」。史書上除了他外，未提有任何兄弟和妃嬪、近侍、內監同在。

當晚八時許，宣布康熙帝龍馭上賓。雍正帝自述他當時「哀痛呼號，實不欲生」。這時，隆科多才轉述康熙帝遺詔命他繼皇帝位的「末命」。雍正帝後來在上諭中敘述他當時的反應是：

朕聞之，驚慟昏仆於地。誠親王等向朕叩首，勸朕節哀，朕始強起辦理大事。

根據他接下來所說，當天這一經過，眾皇子及宮人內侍，與內廷行走之大小臣工共知共見。為了進一步證明，他更以反方向來證實：

夫以朕兄弟之中，如阿其那（八阿哥允禩）、塞思黑（九阿哥允禟）等，久蓄邪謀，希冀儲位，當茲授受之際，伊等若非親承皇考付朕鴻基之遺詔，安肯帖無一語，俯首臣伏於朕之前乎？

是的，康熙帝薨逝當時，必然有諸皇子、宮人內侍與內廷行走的大小官員在場，這一點經由雍正帝予以證實，似乎是合情合理的。經由這段自白，在多人目視耳聞之下，應該可以消除大部分稗官野史中諸如「人參湯」、「燭影斧聲」、「投擲珠串」、「隆科多抹去掌上『十』字」等等傳言。因為這類舉動，在眾目睽睽之下是無法掩人耳目的。

但從雍正帝自白中，卻留下更多令人不解的疑點。諸如：

胤禛奉召由京城南郊齋所趕到暢春園皇帝寢宮，短短十二華里途程竟花了八個小時之久；他在途中或回到暢春園後是否有什麼必要的耽擱，以致延遲了進入寢宮時間？

胤禛來到寢宮，已經進入彌留狀態的老皇帝竟能和他談論病情，並且接連三次（或五次）進見問安，顯示皇帝尚未落入昏迷狀態。何以皇帝不能等他回到暢春園後，與諸皇子一同聆聽末命？假設淩晨二時皇帝已入彌留狀態，不能等待胤禛，而隨後稍清醒，迴光反照，可以簡單表達意見——一如胤禛進見時皇帝「告以症候日增之故」，那麼進見時也可以當面告訴身為當事人的胤禛。何以守口如瓶，一直保持這個至少有七位皇子和一位重臣俱已奉諭的祕密，至死為止？

七位皇子——其中更有四位被視為「久蓄邪謀、希冀儲位」——和一位與胤禛關係密切，且被視為大位授受之際居關鍵地位的步兵統領隆科多，奉皇帝末命後，從胤禛上午回到暢春園，到傍晚皇帝龍馭賓天，長達十小時中，雙方不可能沒碰過頭。「繼統」大事，兄弟們既然已奉末命，則在此緊要關頭，照常理推斷，見面時，相好的，趨前道賀，不在話下；交惡的，既知大位已定，不能不守君臣之份，以禮相見。豈有相顧默然，若無其事，一直要等到隆科多宣示遺詔才向新皇帝見禮的道理？至於眾兄弟奉詔後「帖無一語，俯首臣伏於朕前」的說法，前文曾就他另一上諭中所說，當晚幾位弟兄曾有極其惡劣的表現，如果不是雍正帝鎮定隱忍，「必致激成事端」。不但他所言前後不一，更暴露康熙帝薨逝之夜危疑詭譎的場景。

這天深夜，住在暢春園緊鄰的外國傳教士，聽到牆外人馬雜沓、往來呼嘯之聲，也看到園內兵卒全副武裝，戒備森嚴之狀。大行皇帝遺體返京城安置在乾清宮後，紫禁城九門緊閉，禁止出入長達六日之久，諸王非傳令旨不得進入。似這般緊張情況，暢春園和紫禁城中，都已全面進入戒嚴。似乎與雍正帝自述大位授受之際「眾皆帖無一語，俯首臣伏」一片祥和的景象有極大差別。究竟實際真相如何？雍正帝有沒有說謊？

如此種種，都因史料淹沒，缺乏證據而無法獲得真相。兩百多年前如此，兩百多年後雖有若干新資料發現，形成一些所謂「合理的懷疑」，但是仍屬各說各話，未能形成「定論」。因此，祇能說曾靜選的那個「謀」字，實在用得好，他從這個字中透露了若干信息，但卻又不加任何實質指證，一切讓後人去思想。

逼母之「逼」

曾靜指控雍正帝第二項大罪是「逼母」。被指為「逼母」的事實，是雍正帝自己就曾靜「逆書」中言語轉錄在上諭的。內容是：

> 皇帝登了位，隨將允禵調回囚禁，太后要見允禵，皇上大怒。太后於鐵柱上撞死。

除此之外，上諭透露另外一些說法：

阿其那（八阿哥允禩）之太監馬起雲說，皇上令塞思黑（九阿哥允禟）去見活佛，太后說：「何苦如此用心。」皇上不理，跑出來。太后怒甚，就撞死了。塞思黑之母親亦即自縊而亡。

太監關格說，皇上氣憤母親，陷害兄弟等語。

前文提起過雍正帝即位後，依規制皇帝和滿朝文武必須先向皇太后行慶賀禮，然後皇帝才能接受群臣朝賀。沒想到當群臣上表請皇太后指定日期接受慶賀時，皇太后竟斷然拒絕，並且說出：「皇帝登基，與我何干？」的重話。

接下來皇帝要給皇太后上徽號，皇太后再次堅拒，脫口說出：「我兒當皇帝，我做夢都沒想過！」雖然皇帝和滿朝文武再三懇請，皇太后拖拖拉拉一直到死為止，都沒有正式接受「仁壽皇太后」的徽號。

康熙帝的德妃烏雅氏，是雍正皇帝和撫遠大將軍王、皇十四子允禵二人的生身之母，何以在丈夫死後，大兒子繼承皇位，自己為國母時竟有如此不近情理的舉動？這不能不令人起疑。曾靜所用的這個「逼」字，表面上看起來是兒子在「逼」母親；深入探討，則似乎是母親在「逼」兒子。也可以說，母子二人各有堅持，相互施壓，相互「逼」迫。結果則是在雍正帝即位後還不到半年，皇太后就崩逝了！雍正元年（公元一七二三年）五月二十一日《世宗憲（雍正）皇帝實錄》載：

皇太后不豫，上詣永和宮（皇太后本應在受徽號後移居慈寧宮，但她堅決拒受徽號，並且一直留住在身為德妃時長年居住的永和宮）親視湯藥，晝夜無間。

《實錄》所載，祇說「皇太后不豫」，並沒有記錄什麼時候開始感到「不豫」，也沒有說是什麼病症。第二天辛丑（二十二日）丑時（凌晨二時左右），「皇太后崩於永和宮」。

從這則紀錄看起來，皇太后自得病到去世不過幾個時辰而已，應該是急症，是突發。在如此短暫時間裡，《實錄》特別強調皇帝「親視湯藥，晝夜無間」。親視湯藥是可能的，但「晝夜無間」四字就用得太誇張了，前後加起來，再多也不會超過十二個時辰，隨侍在側足矣！何需用到「晝夜無間」這樣的形容辭來填補內心的不安？

自從康熙帝薨逝，雍正帝即位，他唯一的嫡親同胞小弟十四阿哥允禵就沒過一天好日子。誠然，允禵的脾氣倔強，皇父賓天奉新皇帝哥哥諭旨回京奔喪前後，心中嚥不下一口氣，發了些小脾氣，說了些氣話，自家骨肉，本當不得一回事，而皇帝哥哥卻蓄意擺出君臣有別的架子，公事公辦，全無私情可言。這情形看在做母親的眼裡，豈不心如刀割？做母親的本都較偏愛小兒子，何況當年康熙帝廢儲再立、再立再廢之間，多少難以言傳的糾葛；以及小兒子受封大將軍王時先皇與德妃之間若干不為外人知的宮中私語，都深藏在母后心底深處。看到小兒子受到欺侮，當然會有強烈反應。不接受朝賀，拒絕徽號，都是在顯示心中的不滿。當一切表態都改變不了大兒子對小兒子的仇視態度，做母親的萬般無奈，祇有一死了之。由於缺乏確切證據，不能指控雍正帝對皇太后之死有任何牽連，但古語所說：「我雖不殺伯仁，伯仁因我而死！」則也應是合理的懷疑。

雍正帝即位後，對他這位小弟的所言所行，會在下文「屠弟」一節詳述。這裡且先談一段雍正帝上諭中所述兩兄弟在皇父和母后眼中是怎等樣人。

雍正帝自詡：

> 朕受鞠育深恩，四十年來，備盡孝養，深得母后之慈歡，謂朕實能誠心孝奉。而宮中諸母妃咸美母后有此孝順之子，皆為母后稱慶。
>
> 朕每奏事，母后輒喜，以皇考付託得人，有「不枉生汝，勉之莫怠」之慈旨。

對於允禵的描述則是：

允禵平日，素為聖祖皇考所輕賤，從未有一嘉予之語。曾有向太后閒論之旨：「汝之小兒子（允禵）即與汝之大兒子（胤禛）當護衛使令，彼亦不要。」西陲用兵，聖祖皇考之意，欲以皇子虛名坐鎮。知允禵在京毫無用處，況秉性愚悍，素不安靜，實借此驅遠之意也。

這裡所錄的幾段話，證諸皇太后臨終前的言語和行為，以及前文所述康熙帝在封允禵為大將軍王時的陣仗，明顯有極大差距，該相信誰呢？明眼人自有論斷。

根據以上各節，曾靜所用「逼母」的「逼」字，應是近乎事實。雖然皇太后在兒子即位後的表現曾令皇帝十分難堪，卻也可以說老太太對大兒子已經看穿了，已經完全不寄予任何希望了！

弒兄與屠弟

雍正帝對於「逆書」中指他「弒兄」與「屠弟」，分別加以辯解。

「弒兄」部分，說得很簡單，祇提到廢太子二阿哥允礽。所說的也祇是自己即位後對二阿哥生活和醫藥上的照顧，以及二阿哥死後「追封親王」、「親往哭奠」，以展悲慟寥寥數語而已。雖然話說得動聽，但對於他一直囚禁到死卻沒採取任何補救行動。至於持續禁錮大阿哥允禔至死；將三阿哥誠親王允祉以「乖張不孝」、「銜恨怨懟」、「背理蔑倫」的罪名，削爵禁錮於景山永安亭以至於死，卻都隻字未提。

大阿哥和廢太子二阿哥，都是康熙帝定罪囚禁的，做兄弟的雍正帝當然可以理直氣壯以遵皇父遺命為理由，繼續囚禁下去，全不涉及他有無「弒兄」。但三阿哥誠親王卻因一度受寵於皇父；或許有一段短時間被認為有爭奪儲位的可能，以此一點心結，就難逃削爵、禁錮，鬱鬱以歿，甚且罪及子女家屬的悲慘下場。從這一點來看，曾靜用一個「弒」字，卻也不能說是完全冤枉他了。

且來看幾段雍正帝對三阿哥的批評。雍正八年五月上諭：

誠親王允祉，自幼即為皇考之所厭賤，養育於外，年至六歲，尚不能言。每見皇考，輒驚怖啼哭。

這似乎不符合實際情形。允祉博覽群書，文字均佳，當他青少年時，皇父曾親自教他幾何曆算之學。後來，彙編《古今圖書集成》和《曆律淵源》二書，備獲康熙帝讚譽，這是遭雍正帝之忌的重要原因之一。

其接待諸兄弟則刻薄寡恩，諸兄弟皆深知其人而鄙棄之。

允祉一直獨排眾議，擁戴廢太子，康熙帝為此有諭旨加以褒獎；大阿哥以「鎮魘」暗害皇太子，也是允祉所舉發。他這樣做法，當然會使其他一些覬覦儲位的弟兄不懌，卻與「刻薄寡恩」牽扯不上。

> 皇考聖躬違和之時，朕侍奉湯藥，五內焦勞；而允祉不但無憂戚之容，且有欣幸冀望之意，為子臣所不忍言者。其天良盡泯，一至於此。

這真是欲加之罪，何患無辭。所謂「憂戚之容」與「欣幸冀望之意」，除非有十分顯著的大動作，否則就難以判定了。何況事隔近二十年（皇父之病在康熙四十七年，皇帝此諭則在雍正六年前後），當日允祉一言一笑神情，豈能重現眼前而加以論斷？再證諸雍正帝於《大義覺迷錄》上諭中，斥責八阿哥允禩時，曾有類似的一段回憶：

> （康熙）四十七年，聖主不豫，朕與諸醫，同誠親王（允祉）等，晝夜檢點醫藥，而阿其那（允禩）置若罔聞。

這兩道上諭，相隔兩年多，這回，「允祉等晝夜檢點醫藥」，而「天良盡泯」的竟換成允禩了！雍正帝每每就同一件事，在不同的場合和針對不同的對象時，有截然不同的反應，這在雍正帝所頒諸於各級官吏的上諭裡，經常出現這樣自相矛盾和前言不搭後語的情形，看得多了，也就不以為怪。

從史料中爬梳，允祉與四弟胤禛，從小時候起，就各走各的路，原本沒有什麼正面的衝突。雍正帝之所以把他這位三哥留到最後才下手，前面所引的幾段罪名，似乎都不構成必須趕盡殺絕的地步。雍正帝之所以出手，根據史料中所存留片斷資料臆測，除了年輕時三阿哥彙編類書和挺皇太子深得皇父嘉許，激發雍正帝內心藏之既久的忌刻舊怨，更令他心所謂危、不敢掉以輕心的是：

從前二阿哥廢黜之後，允祉居然以儲君自命。

康熙六十一年，皇考龍馭上賓，方有大事之夜，朕命允祉管理內事，阿其那（允禩）管理外務。乃允祉私自出外，與阿其那密語多時，不知所商何事。此天奪允祉之魄，自行陳奏於朕前者。

「以儲君自命」，根本未曾實現，而且當廢太子之際，有這樣想法的皇子豈止允祉一人？但以雍正帝的個性，有此一念，即是大罪——當年有此想法，以後未必不會再作如此想，於是就被定成罪不可逭。至於當大位授受之際與皇帝第一大敵允禩「密語多時」，當然更是罪加一等。

不過雍正帝在上諭中忽略了一點，「不知所商何事」一句下面，還有「此天奪允祉之魄，自行陳奏於朕前者。」任何人看了這最後一句，正常的反應是：允祉和允禩所談，必無不利或不敬於雍正帝，不然的話，說出來豈不是自尋死路？也許允祉說這話時是有向皇帝示好之意，倉促間未能盡言，反倒成了雍正帝心中的一大疙瘩，多年後執之以為罪狀之一，豈不冤哉枉也！

「屠弟」不辯之辯

面對曾靜「屠弟」的指控，雍正帝雖然聲稱「不辯亦不受」，但卻在《大義覺迷錄》兩篇上諭中，花了相當多篇幅，辨正並嚴加駁斥；完全不像解釋「弒兄」那樣和風細雨，避重就輕。

其原因是，雍正帝在曾靜投書岳鍾琪一案中，抽絲剝繭，尋根究柢的結果，一切有關他「得位不正」的傳言，幾乎全部來自於他的幾位兄弟。因此，他不惜以暴露當年大位授受之際的宮廷鬥爭內幕，來證明他「嗣承大統」的合法性。

康、雍兩朝，遞嬗過程，與好幾位弟兄都息息相關。尤其是八阿哥允禩，遠在康熙四十七年首度廢太子時就是儲位爭奪戰第一主角；九阿哥允禟和十阿哥允䄉則是左輔右弼的急先鋒。這一鐵三角，多年來使時為雍親王的四阿哥胤禛坐臥不寧，寢饋難安。當康熙帝晚年，顯露有意以十四阿哥允禵為接班人，大位似有所歸，更令他感到芒刺在背，終日惶惶。即令一夕之間風雲變色，夙願得償，自己登上皇位，這幾位兄弟必然持續在明裡暗裡帶給他極大困擾。

雍正帝似乎是一位察察為明，無論善惡是非都要追究到底的完美主義者。雖然即位以後，幾位兄弟如同摻入眼睛裡的沙子，無時不以去之而後快；但登極初期，國事如麻，內憂外患，亟待處理，迫使他不得不把動手時間延遲到四年以後。

皇帝對幾位兄弟下手，是在雍正四年。這一年裡，八阿哥允禩先遭削爵抄家，復被「圈禁高牆」，在極短時期內就死於幽禁之所。九阿哥允禟被削宗籍後移囚保定，備受虐待而亡，死狀奇慘。十阿哥允䄉奪爵、拘禁長達二十年。十四阿哥允禵原被派看守景陵，不久後與其子白起一併禁錮於景山壽皇殿旁十餘載，至雍正帝薨逝，乾隆帝繼位始獲釋。

前文曾詳述當年儲位之爭時，兄弟們惡鬥種種經過。現在則針對曾靜指控他「屠弟」一節加以鋪陳。

雍正帝即皇帝位後，並未因宏願得遂而對有意謀奪儲位的弟兄們稍減其忌恨和防範之心。雖然他一再表示「大業授受之際，太平無事」，然而自大行皇帝梓宮返回大內，「諸王非傳令旨不得進」，而且六日之間紫禁城「九門皆未啟」。這六天中，他究竟在做些什麼？是全力進行皇父崩逝後的善後工作，還是加強自己控制全局的實力呢？

不管怎樣，從雍正帝口中，也從殘存的部分史料中，可以肯定新皇帝在取得政權以後最初的六天中，似乎必須花費很大的力量來安定政局，同時加強本身的權力。而所耗費的心力，主要就是花在他幾位兄弟們的身上。

他在《大義覺迷錄》中駁斥曾靜指他「屠弟」時，強勢表示既不願辯白，也拒絕接受。然而接下來大段文字，卻是一再加以辯解。他指斥的對象一共四位兄弟：八阿哥允禩、九阿哥允禟、十阿哥允䄉和十四阿哥允禵。

雍正帝於康熙六十一年十一月十三日晚，以皇父末命即皇帝位，第二天就傳諭命貝勒允禩與十三阿哥允祥、大學士馬齊、尚書隆科多等四人「總理事務」，所有各方啟奏諸事，除了皇帝藩邸私事外，都送交四大臣；皇帝如有諭旨，也必經由四大臣傳出。

接下來，又諭內閣：「貝勒允禩，十三阿哥允祥俱封為親王。」

這兩道諭旨，是胤禛即皇帝位後在大行皇帝梓宮前最先頒發的。顯然他是要將幾年來心中最忌恨的首要敵人置之高位，故示崇隆，顯示他寬宏大量，不念舊惡，藉以收攬反對派的人心。

從好的方面去揣摹，雍正帝既已當上一國之君，自然想把國家治好。治國必先齊家，修補與眾兄弟們多年來因爭奪儲位導致的不和，則是當務之急。因而他選拔素孚眾望的八阿哥為首席總理事務大臣，應是最好的選擇。如果兩人充分合作，揚棄往昔私怨，悉心為國為民，國必大治，兄弟之間友愛之情也將成為千古佳話。

但是，如果從人性之間「惡」的部分來看，雍正帝如此刻意安排，斧鑿之痕畢現。此所以當事人允禩夫婦對前往道賀的親朋好友會說出「皇上今日加恩，焉知未伏明日誅戮之意」的說法。弟兄們相處四十餘年，宮中發生過多少恩怨糾纏，相互之間了解之深，早已不在話下。尤其是政治運作方面，爾虞我詐，兩面三刀，也不知交手了多少回。似這等手法，如非真心誠意，而且持之以恆，不要幾天就會被看穿。

四阿哥胤禛在登上皇帝寶座尚不及百日——雍正元年二月初十——特別宣召總理事務王大臣、諸王、大臣等發表一篇相當長的諭旨，第一次向諸王（眾兄弟）和大臣們吐露他登基百日的感受，並且鄭重宣示皇權之神聖與不可僭越。

一開始他就不是很高興地指出「外間匪類，捏造流言，妄生議論」，說他特別偏愛十六阿哥允祿，不但讓他承襲莊親王王爵，而且承受其全部家產。他十分強勢地表示：「朕為君上，多封諸弟數人為親王，何所不可？」

接下來，又十分不平地抱怨，他祇不過才當了三個月的皇帝，什麼事都還沒有做，就被認為「且如發遣（定罪充發）一人，即議朕報復舊怨」；「又如擢用一人，即議朕恩出於私，以新進加於耆舊之上……朕為天子，簡用所知之人，乃人君分內之事，臣下何得妄議！」

最值得注意的是，在一連串歷數允禩和允禵的罪過之後，他竟然挑明了直指眾兄弟，質問他們：

> 諸兄弟受朕委屈保全之恩，不思圖報，日每淆亂朕心，激朕之怒。爾若自謂忠臣、孝子、悌弟，並無干犯國法之處，朕即明指所犯之事宣示於眾。朕屢屢寬宥，並不知感，而反議朕凌逼弟輩，有是理乎？

最後，他顯然動了怒氣，嚴辭警告諸王、大臣：

> 朕之弟兄及諸大臣，一切過犯，無不施恩寬宥。豈意眾人並不知感，百日之內，淆亂朕心者百端。伊等其謂朕寬仁，不嗜殺人，故任意侮慢乎？此啟朕殺人之端也！夫啟朕殺人之端者，其人族滅猶不足以蔽其辜矣！

話說到此，已經夠狠的了，但雍正帝顯然覺得還沒有盡情表達出他內心的憤怒和決心，他又說：

爾等各宜砥礪，勿失臣節，敬謹遵奉君上……如不悛改，不感戴朕保全寬宥之意，妄生事端，干犯法紀，朕斷不寬宥，必行正法。前者，睿親王（按：即順治朝號稱皇父攝政王之多爾袞）將伊同列之王誅戮，伊不過攝政王耳。如四輔臣時（按：即康熙帝即位初期受顧命的鰲拜等四位大臣）伊等欲誅何人不可。朕雖庸懦，既為人主，何難將犯法之人正法！

看到雍正帝這篇諭旨，聯想到四年後允禩和允禟慘死經過，再對照《大義覺迷錄》「屠弟」一段中許多言語，雖然都是二百多年前的事，但仍令後人感覺到這位皇帝的怨毒之深與持續之久，直令讀史者不寒而慄！

雍正帝繼位之初，除了極力拉攏積極競逐儲位並且甚孚眾望的八阿哥允禩，對遠在西陲，手握重兵的同胞兄弟十四阿哥允禵，則以「皇考大事，伊若不來，恐於心不安」，而命他「馳驛回京」。且以「軍前事務甚屬緊要」，並令大將軍王將印敕暫交平郡王訥爾素署理。如此一來，另一位競逐儲位的爭強有力對手，就此順利解除兵權，赤手空拳返回京城，「俯首臣伏」於新皇帝之前。

允禵奉召回京奔喪，本是懷著滿腔悲憤——既悲痛皇父賓天，又憤怒四阿哥搶佔了他的皇位——積憤填膺，從回京途中到哭拜靈前就接連發了好幾次脾氣，且與已登基做皇帝的四哥狠狠槓了幾場。雍正帝也毫不相讓，藉送康熙靈櫬去遵化景陵享殿的機會，命他看守景陵，實際上就是將他囚禁起來。

一直是八阿哥允禩爭奪儲位的兩位急先鋒——九阿哥允禟和十阿哥允䄉——從來就受到四阿哥胤禛的蔑視，為了「離散其黨，不令聚於一處」，雍正帝藉允禵回京奔喪，西路軍中「需人」為理由，命允禟遠赴西寧，形同發配充軍。對付允䄉，則委以護送蒙古活佛靈龕返蒙，命他即日離京。允䄉行至張家口外，不願再往前行，宣稱聖旨叫他入口，遂留在張家口觀看風色。皇帝正好以違旨的罪名，將他逮捕回京囚禁。

雍正帝以首席總理事務大臣和親王的爵位困允禩於殿堂之上；將誓不低頭的允禵囚繫於遵化守陵；發遣允禟於西北；拘禁允䄉於京師。把對自己帝位最具有威脅性的這一集團四位領袖人物，以不同的方式，分散在不同的地方，使他們不易串連，暫時降低他即位後面臨的危機。然後，經過接下來一連串的動作，他最終目的達到了，但卻也因之留下了難以化解的後遺症，而這一後遺症竟發展成為他後半生最大的夢魘！

一生就害在「賢」字上

雖然八阿哥允禩在康熙帝時僅獲封貝勒，曾引起認為他該封王的兄弟們不平，直到雍正帝登基之日才得以封王。可是他在朝廷上下，甚至江南民間，卻早已獲得「八賢王」的名號。然而，這個由民意贈給他的美稱，卻顯然害了他。雍正帝賜予「和碩廉親王」封號，不但沒有增益他的權勢、地位和榮耀，反而帶給他痛苦、煩惱和羞辱——而且是極其難堪的羞辱。仔細研究起來，這樣的情況，都來自「八賢王」的那個「賢」字。允禩臨終前也認識到這一點，他曾說：「我這一生，就害在這『賢』字上！」

允禩受封王爵，並命他與允祥、馬齊、隆科多總理朝廷事務，接替隆科多為理藩院尚書；隨後又兼管工部事務。表面上看起來，雍正帝對他真的很不錯，確有修好之意。然而，不到一年時間就露出馬腳來。

雍正帝繼皇帝位後，力求勵精圖治，有其想法和做法是無可厚非的；但如果是專一選擇允禩經管部分雞蛋裡挑骨頭，甚至於「逢禩必反」，那就應屬於私怨了。

前文提起過允禩有「八賢王」的美譽，挺老八的人聽起來，無不感到這是一份莫大的光榮，但落在敵對者耳中卻完全不是滋味。當年由於民意哄抬，無可如何；如今大權在握，自可揮灑由心，專門向這「賢」字入手。

雍正元年（公元一七二三年）十一月二十九日，有一條奏摺內論及昔日滿洲人遇有喪事，親友餽以粥、茶弔慰；入關以後則有多備豬羊，大設餚饌，官兵競相效法，不計產業，遇事奢靡等語。即位剛滿一年的皇帝，開始藉此將矛頭指向他皇八弟和碩廉親王、首席總理事務大臣、兼管工部的允禩身上。上諭開門見山就說：

> 此禮沿行至今，失其本意，竟至過為侈費。昔廉親王允禩值伊母妃之事欲沽取孝名，詭為孝行，迨至百日猶令二人扶掖，匍匐而行。於定例外，加行祭禮，每祭焚化珍珠金銀器皿等物，蕩盡產業，求異於人。其令人扶掖而行至半年者，係何意見？何以至此？至今思之，終不可解。

允禩於母喪後，克盡孝思，被視為「欲沽孝名，詭為孝行」。說這話的雍正帝忘了前一年皇父龍馭賓天時，他否決諸王大臣奏請暫御昭仁殿或弘德殿為「諒陰之次」（天子居喪之廬），以「哀痛方深，何忍安居內殿」，而以乾清宮東廡為倚廬；「晝必席地，夜必寢苫。每日上香奠禮凡五次，哭必盡哀。又慮皇太后高年，過於哀痛，每夜五鼓，必親詣問安乃回喪次。」

這是《雍正實錄》開卷所描寫雍正帝居父喪盡孝的情況。以之與允禩居母喪時相較，做皇兄的似乎更誇張一些。每夜五鼓給母親請安再回喪次，俗語「五鼓天明」，縱然四十五歲時值壯年的皇帝身體好，連續二十七日（康熙帝遺詔中守制的時間）可以通宵不眠，但每天這個黎明時分去打擾母親的睡眠，豈可謂孝？與他所指允禩「欲沽取孝名，詭為孝行」又有何差異之處？

至於指允禩「加行祭禮，每祭焚化珍珠金銀器皿等物，蕩盡產業，求異於人」這一點，雍正帝可能對滿洲習俗一時忘懷了。

滿洲舊俗，有錢人家的家長去世後，須將生前所用過的珍珠金銀器皿及上好衣物予以焚燒。滿清入關後，最大一次喪禮儀式，就是雍正帝祖父順治皇帝的妃子，死後封為端敬皇后的董鄂氏之喪，單是奇珍異寶就接連燒了一天一夜，所發出的五色光芒，照亮了整個紫禁城，還外加兩座她住過的宮殿。既然風俗如此，雍正帝何可以之責怪其弟盡孝！

這篇上諭中還有一段「話中有話」的譏刺言語，暗示這位「八賢王」的人格有問題。雍正帝說，允禩令人扶掖而行長達半年之久，「朕於是時曾恐允禩致殞其生，特加憐惜。及事畢，略無衰損，愈覺充肥。由此觀之，其專事狡詐明矣！」

一位大臣請禁奢靡、倡行節儉的條陳，竟然出乎意料地替雍正帝開了路，自此以後對允禩的譏評和斥責，日勝一日，終於以削爵、抄家、禁錮至死收場。

且再引幾段雍正帝的上諭，看他如何看待自己的兄弟，自己賜封的親王，自己任命的首席總理事務大臣，「較諸弟頗有辦事之材」的頭號敵人——允禩。

雍正二年（公元一七二四年）五月二十日上諭：

今廉親王之意，不過欲觸朕之怒，多行殺戮，使眾心離散，希圖僥倖成事耳。

雍正二年十一月初二日上諭：

王、貝勒、公等悉有一定品制，國家大典攸關，不可稍有逾越，亦不可過為貶損。……近聞廉親王允禩，過為貶損，凡事俱減。於伊為貝勒之時，至將引馬（前導之馬）悉行撤去。此伊專事詭詐，以術巧取謙讓之名，以誑惑不知道理之愚人，邀其稱譽。又以此形容朕為王時所行似為僭越之意。懷奸敗法，莫此為甚！此等詭詐之行，朕一經剖明，宣示於眾，則伊之存心卑鄙險惡昭然矣。

雍正二年十一月十三日上諭：

廉親王存心狡詐，結黨營私。自朕即位以來，凡遇政事，百端阻撓。即如清查工部清片一案，廉親王以重為輕，以輕為重，顛倒錯亂，必欲將朕聲名敗壞。其從前所犯罪過，交宗人府議處者不止數十件，朕俱曲為寬宥，冀其改過自新，並未降職一級，罰俸一月。乃在廷諸臣為廉親王所愚，反以朕為過於苛刻，為伊抱屈。

既然廉親王對政事百般阻撓，蓄意敗壞皇帝聲名，何以不加以處置？既未降職，又不罰俸，反倒是在廷諸臣以皇帝過於苛刻而「未嘗盡以廉親王為非」，豈不是十分不合情理嗎？那倒不盡然，雍正帝在上諭最後一段道出了主題：

廉親王至今尚無改悔之心，諸臣復不醒悟。積習若此，何所底止？因此朕不得不諄諄誡諭，倘諸臣洗心滌慮，盡改前非，則廉親王黨散勢孤，朕得以不傷骨肉手足之情，兼可無負聖祖仁皇帝保全之恩。其令天下臣民咸知朕意。

原來一切還是為了鞏固皇權，防範黨與勾結串連，捲土重來。上諭中的言語，雖是訓斥允禩，卻是說給天下臣民聽的。

雍正二年十二月二十二日，宗人府奏廉親王悖旨准令闕里孔廟修建由地方官監修及陵工輕忽二案。上諭：

允禩罰俸及治罪之處，俱著寬免。允禩百般激朕之怒，使治伊罪，朕豈肯墮其術中，但將伊行事謬妄之處，俾眾聞之耳！自親王以下閒散人以上，若有歸附允禩結為朋黨者，即為叛國之人，必加以重罪，決不姑貸亦斷不姑容也。

雍正三年三日二十七日，莊親王允祿等，遵旨將四位總理事務大臣功罪分別定議具奏。上諭首先對怡親王允祥備加讚譽，認為他「極其敬慎，遵守臣節」，著賞一郡王，任由他在諸子中指名奏請受封；隆科多著賞給世襲頭等阿達哈哈番（爵位名稱，漢譯「輕車都尉」），也是任他從諸子中選任承襲；馬齊則賞給拜他拉布勒哈番（職官名，漢譯「騎都尉」）。對列名總理大臣之首的廉親王允禩則諭曰：

廉親王因不得遂其大志，又以朕疏遠允禟、允䄉、允禵，致生怨恨，不惟不輸誠效力，且每事煩擾朕之心思，阻撓朕之政事，惑亂眾心，專欲激朕殺人。

至於對他的獎懲，則以「廉親王種種悖謬之罪，朕既盡行寬宥」，其他的就不再談下去了。

雍正三年四月十六日，皇帝派人驗看工部製造兵器盔甲，發現「刀刃無鋼，盔有裂縫」，加以嚴辭譴責，話語之間，已由「內部矛盾」發展成為「敵我矛盾」。上諭：

朕與廉親王允禩，分屬君臣，誼屬兄弟，今觀允禩之於朕，則情如水火，勢如敵國。……處心積慮，必欲自居於是，而以不是歸於朕。

雍正帝下手摧毀八弟允禩在臣民中長久建立的名聲時，幾乎無所不用其極。四年春正月，有一道諭諸王大臣的旨意，內容十分罕見。諭曰：

允禩愈加悖逆，將朕所交之事，毫不實心效力。每事敗壞，不但伊姦詐多端，伊妻更屬殘刻，允禩平日甚畏之。

接下來，身為兄長的皇帝先舉出皇父在康熙四十七年御乾清門聽政時的一段話以證明：

允禩之妻殘刻，皆染伊外家安郡王惡亂之習，幾致允禩絕嗣。

當時這位被點名的媳婦聞聽此言，甚為恐懼，這才容許允禩「收女婢一、二人」，並生下一子一女。

雍正帝接下來說：

朕即位以來，於允禩無恩不施，無事不教，乃允禩終懷異心，並不悛改，未必非伊妻唆使所致！

皇帝又舉一個例證：當年即位晉封允禩為親王時，這位福金娘家人來向她道賀時，她回答說：「有什麼好賀的，不知幾時人頭落地呢！」皇帝為了這位弟媳婦桀驁不馴，曾「屢降嚴旨」，又令皇后面加開導，要她勸允禩「心存感激，實心效力」。但經過多次訓教，允禩夫婦同心一意毫無感激之意。夫妻二人「劣跡昭著，允禩之妻，亦不可留於允禩之家」。說到這裡，皇帝再舉一個例證：當年開國之初，禮親王代善福金殘刻，皇父太祖高皇帝努爾哈齊「特遣王等將伊處死」！

在公私兩面都站住腳後，皇帝諭示：

今，爾等前去，將朕諭旨降與允禩之妻，革去福金，休回外家。降旨與伊外家人等，另給房屋數間居住，嚴加看守，不可令其往來潛通消息。再將此旨降與允禩，嗣後伊若痛改其惡，實心效力，朕自有加恩之處；若因逐回伊妻，懷怨於心，故意託病，不肯行走，必將伊妻處死，伊子亦必治以重罪。

從雍正帝這道諭旨看起來，允禩之妻被指「殘刻」，應該屬於女性所最易犯的「忌妒」，而不是後人對雍正帝指其「殘忍陰刻」的那種「殘刻」。她不能生育，卻又不讓身為皇子的丈夫納妾，這在三百年前的社會——尤其是皇家所最不能容許。無怪後宮有上百位妃嬪、答應和二十幾位皇子的公公——康熙帝大為不滿而嚴加斥責。

從另外一些史料中，還可以看到這位福金除了醋勁大（不許丈夫有別的女人），嘴巴大（隨便對皇帝發牢騷）而外，她還具有爽朗佻㒓，不拘小節的個性。這在滿族宮廷禮節繁重，家規森嚴的環境中，又是一項大罪。

根據十阿哥允䄉府中家庭教師秦道然在受審時的供詞中透露：

一日，我去看何焯（康熙帝指派給允禩府中的家庭教師），那時八爺奉差不在府內，見一太監手拿一小盤子，裝了佛手（按：一種瓜果類植物，形如佛手，故名），口稱「是福金賞的！」何焯叩頭謝了。八爺既不在府內，福金差內監將東西賞人，於大體甚不合。

又聽得何焯家人說，一日八爺與何焯講話，福金從門外望見，就大笑起來，笑聲聞之於外。這個成何體統！就是平常人家也使不得，何況王府裡。

我想，福金將東西賞何焯，自然不止這一次；若是八爺平日不受制於福金，如何八爺不在府裡，福金就敢差太監將東西賞人？再王府內外規矩甚嚴，若八爺不受制於福金，如何聽見如此大笑不怒？福金也如何便敢如此？

這位生性奇妒又不拘小節的福金，在她被逐回母家時，「伊毫無畏懼，忿然而去」；於是皇帝下令「庶人允禩妻自盡（這時允禩已廢爵削籍，成為一介平民），仍散骨以伏其辜。」所謂「散骨」是死後火化，將骨灰散揚於山野，也就是死後遭「剉骨揚灰」，是僅次於「凌遲」和「腰斬」的重刑。其實，如此遭遇，這位福金早在四年前丈夫受封和碩廉親王時，就已經料到了。

雍正四年初，當皇帝將他三年前得以身登大寶的兩位推手——年羹堯和隆科多，殺的殺，囚的囚，解除了一大部分內心揮之不去的陰影後，開始轉移目標到他四位兄弟身上，認真而果決地採取行動。

兩三年來，雍正帝採取一種「圍點打援」的策略。他將身為反對派領導人的八阿哥允禩困在京城，給與極其崇隆的爵位與官位，但卻不給他半點權力。縱使他有心和好，善盡本份，全力擁戴這位皇帝哥哥，但是所換得的先是指桑罵槐，嘻笑怒罵；繼而發展到做就是錯，不做更錯；最終則備受屈辱，罪及妻兒。始終追隨他，擁戴他的允禟、允䄉和允禵，則被分散在遠近不同的地方，各有不同的遭遇，而其悲慘遭遇則幾乎是相同的。

雍正帝在對待允禩時，完全像落在貓爪下的老鼠一樣加以耍弄，長達兩年多的時間裡，允禩的活動空間日漸被擠壓，所受到的屈辱則日益嚴重。三不五時在朝廷上當著滿漢王大臣和文武百官，或則痛加斥責，抬不起頭來；或則譏刺耍弄，令人無地自容。群臣中，有的希意承旨，上書奏請處置——一般來說都是削爵罷官、嚴加禁錮之類；甚至請求將他抄家滅族的也有。這類奏書，幾乎每個月都在朝會時有一兩件被拿出來當著允禩的面炒作一番。而他則不得不跪在殿中俯首聆聽，然後叩頭如搗蒜。皇帝裁示或曰：「俱著寬免」；或曰：「朕曾降諭旨，斷不治允禩之罪」，以表示天子聖明，重視兄弟骨肉之情。

就這樣零敲碎打，求生不能，求死不得，一直到年羹堯自裁，隆科多獲罪，雍正帝才藉允禩賭咒發誓他從未將康熙帝硃批諭旨焚毀，如果有的話，他「一家人」死光光這一毒誓，被皇帝指為所謂「一家」，意涵對雍正帝甚至其他諸王的詛咒，於是先將允禩革出宗室——也就是趕出家門，根本上從玉牒（皇家宗譜）中除名，原和碩廉親王爵位改為「民王」（有王之名而無王之實）；接下來很快連「民王」這個虛銜也廢去，乾脆列為庶民——普通老百姓。然後下令自行改名，允禩自請改為「阿其那」，他的兒子弘旺也改名為「菩薩保」。先發歸正藍旗卓鼐佐領下服役，隨即又責令交宗人府「圈禁高牆」。

清初，皇親國戚——尤其是皇帝至親兄弟或子侄，犯了大罪時，除了死刑外，最常見的刑罰就是「圈禁」和「圈禁高牆」。前者較輕，後者極重，沒有一定的刑期，略似今日的無期徒刑，祇不過看皇帝高興，隨時可以釋放，甚至官復原職，但卻也可以一朝斃命。

「圈禁」大多是在家裡或指定的地點，形同軟禁，一切生活條件都比較寬鬆，可以與親近家人在一起，祇是行動受到限制而已。如廢太子允礽二次被廢後，幽禁於咸安宮一直到死，生活上並沒有太大的改變，允禟就曾說過：「這叫什麼『圈』法？比我們只隔一層門罷了。」

「圈禁高牆」則嚴重多了。圈禁房舍通常一至三間，房屋四周砌以高牆，少則三丈，多則五丈，如置身井中。牆厚五尺，沒有門，祇開兩個小洞，一個供人必要時出入，須加封條鎖鍊，除非特殊情況不得開啟；一個則設置木製轉盤專為提供囚犯食物之用。轉盤的功能是為了使看守的人無法和囚犯面對面或交談接觸。高牆之內，除極簡單的生活必需用品外，空無一物。長年隻身獨處，肉體和精神上的摧殘，無與倫比。

四年六月，允禩「圈禁高牆」已三個多月，諸王大臣希冀承旨，落井下石，復臚列他罪狀四十款，要求皇帝將他與允禟、允禵同正典刑。雍正祇將他四十項大罪暴露於中外，仍不願判他死刑，落人口實。又過了三個月，就在九阿哥允禟被虐死在保定府不及一個月，這位「丰神清逸，仁誼敦厚」，「禮賢下士，仁民愛物」的「八賢王」，終於因患「嘔噦」之症而卒於禁所，好不容易走完了從極其尊貴榮耀到受盡屈辱以至於死的人生旅程。

這段故事到此還沒有完結。允禩死後，諸王大臣竟然還奏請皇帝將他「戮屍」。雖然皇帝「不許」所請，但回溯二十年前康熙帝廢太子後，令諸王大臣舉一皇子為皇太子時，滿朝王公大臣眾口一辭齊心擁戴「八皇子」的往事，十足凸顯人性中醜陋的一面。

又過了將近半個世紀，已到了乾隆四十三年，雍正帝四子清高宗弘曆頒了一篇上諭，他極其委婉地說：

聖祖第八子允禩、第九子允禟，結黨妄行，罪皆自取。皇考（指雍正帝）僅令削籍更名，以示愧辱。就兩人心術而論，覬覦窺竊誠所不免；及皇考紹登大寶，怨尤誹謗，亦情事所有，特未有顯然悖逆之跡。……允禩、允禟仍復原名，收入玉牒，子孫一併敘入。

乾隆帝此舉，可謂善為先人補過。其實，乾隆帝繼位後，對於他皇父生前殘虐兄弟的往事，有他自己的看法，六十年當國，尤其將近晚年，大多加以平反。在這一點上，他是值得稱道的。

至於史書稱允禩之死由於患「嘔噦」所致。這嘔噦二字經查《辭源》「嘔」者就是嘔吐；「噦」者則是氣逆，照字面上淺顯解釋，似乎類似喘哮之疾，也就是上呼吸道的疾病。俗語所說，一口氣接不上來大概就是這樣。一位對中西醫病理學頗有研究的學者則認為是一種屬於呼吸道或消化系統的腫瘤。究竟允禩因何致死，已不可考，但他因精神肉體長期受虐致死則應該是最接近事實的。

九阿哥慘死「高牆」

康熙帝第九子允禟，似乎是一個行事大而化之，生性憨直卻重義氣的漢子。在儲位競爭激烈時，他最初全力支持八阿哥允禩，出錢出力，奔走聯絡，受責受謗，甚至削爵幽禁，全然無怨無悔。

當八阿哥在廢太子案後被康熙帝判令出局，允禟一度幻想自己也有可能脫穎而出，但當同一派系的小弟——十四阿哥允禵被選派為撫遠大將軍王，顯然儲位有歸，立刻放棄自己想法，全心全力加以支持，絲毫不減當年挺八阿哥的熱情。

允禩和允禟先後成為爭取儲位的中心，允禟和允䄉則是最忠實的支持者，這四位的立場十分堅定，態度也很明確，因此在其他阿哥心目中，羨慕者有之，忌刻者亦復不少。尤其是以不爭為爭的四阿哥胤禛，內心嫉恨之深，有逾仇讎。

從史料中窺測，允禟此人既不得皇父的關愛，也不受眾多兄弟們的敬重，雍正帝在辱罵他幾位弟兄時，以罵他為最兇，而且絕大部分言語都是侮辱謾詈鄙抑之詞，不像他在數落允禩時那樣理性。

且看一段皇帝哥哥辱罵弟弟的話：

至塞思黑（允禟改名），乃係癡肥臃腫、矯揉妄作、粗率狂謬、卑污無恥之人。皇考（康熙帝）從前不比之於人數；弟兄輩亦將伊戲謔輕視。

且伊蠢然無知，行事悖謬，不量己才，不知羞恥……自古以來，亦未有不自度量，硯顏無恥，悖謬干法如塞思黑者也。

允禟很會搞錢，也很肯花錢，而且出手大方。後來張熙投書案引出來散播謠言的主犯何玉柱，就是允禟貝子府中親信太監之一，曾由他穿針引線，向外官和宗室訛詐許多銀兩。

有清一代，皇子長大成人，分封建府時，皇帝都會從內庫帑銀中分別賜予數萬甚至十數萬兩銀子。皇子們的月俸銀子不多，頂不住長年食指浩繁，奢侈浪費，因此就像《紅樓夢》中的榮、寧二府，經常鬧饑荒。規矩的，靠皇帝不時賞賜或則借債度日，膽子大的就胡亂惡搞了。

允禟在康熙帝二十五個兒子中最有錢。他原本也和其他阿哥一樣，分府時得了皇父十幾萬兩銀子，後來因與康熙帝權相明珠家結親，現金增加到四十多萬兩銀子，田產房屋也值銀三十多萬兩。

不過，他的開銷也大，先是支援八阿哥禮賢下士、累積清譽的花銷，每次出手少則上萬，最多一次給了十萬兩銀子。後來十四阿哥受封大將軍王，為了力挺他爭取儲位，也是全力奉獻，毫不吝嗇。開銷太大，坐吃山空不是辦法，於是就「開平納賄，索詐文武官員錢財」；並憑仗皇子特權，經營生意，賤買貴賣。落下很不好的名聲。

當年康熙帝命詞臣秦道然去允禟家教書，深得允禟信任，不但成為貝子府中的管家，也為允禟出謀畫策，參與密勿。允禟獲罪，他當然被牽連，遭到以果親王允禮為首的審判團嚴加審鞫。根據秦道然的供詞，認為允禟「是個糊塗不堪，無才無識的人」。康熙帝也很清楚，所以「諸王子內從不曾讚他一聲；亦從不曾交他辦一件事。」「當二阿哥未廢之時，他原立心想幫助允禩；及二阿哥既廢，又見允禩的保舉不成，心上料著允禵有分，因更深相接納。他自己口裡也常說，我是無望的。」

不過，雖然秦道然在受審時的口供盡量貶抑允禟，但根據他的了解則以為允禟並非如表面上那樣，看起來像是無用之人，「圖受用又好酒色，不像有大志的」。雖然允禟自己也說「我不圖什麼！」但他心上卻很有圖謀的意思。秦道然舉證：允禟曾向秦道然說：「人才難得，你該替我留心。」秦以為，他既然說無所圖謀，卻又要留心人才，是為什麼呢？

雍正元年，皇帝召撫遠大將軍王、十四皇子允禵回京奔皇父之喪。並以西路軍情關係重大，命九皇子允禟出駐西寧。允禟藉大行皇帝之喪，屢請緩行，遲至百日後經雍正帝嚴譴才就道。二年四月，宗人府劾允禟擅自遣人至河州買草，勘牧地，違法肆行，請予奪爵；皇帝一如對允禩般「予以寬免」。

雍正三年，皇帝聞知允禟縱容家人在西寧生事，派遣都統楚宗前往「約束」。楚宗到西寧時，允禟根本不理睬，也不出迎，楚宗遂以欽差大臣身分「傳旨詰責」。允禟祇好出面，卻又說道

：「上責我皆是，我復何言？我行將出家離世！」楚宗照實奏報，皇帝以允禟傲慢無人臣禮，手詔深責，並且牽連及允禩、允䄉、允禵私結黨援諸事。

同年七月，陝西人稱允禟為九王，皇帝終於採取行動了。手詔斥為「無恥」，奪允禟貝子爵位，撤去所屬佐領，就地在西寧予以幽禁。四年正月，允禟以從西洋傳教士穆經遠處學得的拉丁文字母，造作祕函與京中家人及舊屬通訊被查出，皇帝諭曰：

> 從來造作隱語，防人覺察，惟敵國為然。允禟在西寧，未嘗禁其書札往來，何至別造字體，暗藏密遞，不可令人以共見耶？

諸王大臣請治允禟罪，皇帝命革去黃帶子（按：清制，以太祖努爾哈齊之父，顯祖的直系子孫為宗室，繫黃金色帶子為標誌。）削宗籍（等於俗稱「逐出家門」），遞解回京；並令自行改名為「塞思黑」。

雍正四年四月，派都統楚宗、侍衛胡什里，押解允禟馳驛從西安一路來京。五月，又命侍衛納蘇圖前往保定府傳諭直隸總督李紱令將允禟留在保定。

自此，允禟一步步走向死亡之途。整個旅程經過，從故宮中所發現九件當年直隸總督李紱給雍正帝的奏摺中，記錄得十分詳細。尤其是皇帝親筆硃批，透露出一個領導人，對他的政敵，既欲其死又不願承擔責任；對他的部下，既擺出君父的尊嚴，又不斷耍弄心機手段，把天下後世的人都當成傻瓜。這般心態，透過筆墨，躍然紙上，十分傳神。

雍正四年（公元一七二六）五月十一日下午，宮中奏事侍衛納蘇圖到保定，口傳上諭：「允禟奉旨回京，路過保定時，著總督李紱即將允禟留住保定。欽此！」

李紱知道此事非同小可，立即「飛檄密飭」由陝西到京城沿途直隸州縣各官，如遇允禟入境，儘先通報並立即派員役祕密送至保定。

接下來李紱又在總督衙門前準備了三間「小房」，四面加砌牆垣，等允禟來到，立即送入居住，前門加封，另設轉桶為傳遞飲食之用。高牆之外，四面另有小房，派同知（介於府與縣之間的中級文官）二人，守備（武職）二人，各帶兵役「輪班密守」。

李紱特別強調：「允禟係有大罪之人，一切飲食日用，俱照罪人之例，給與養贍。」

李紱是雍正帝的親信大臣之一，雖不如李衛、田文鏡等視為心腹，但長期隨侍在側，十分了解皇帝心目中對這幾位兄弟的想法，因此除了「守密」而外，對允禟監禁之所及日常飲食，特別強調「俱照罪人之例」，絕無寬待。

這是李紱奉到有關允禟前來保定第一道口傳諭旨後的奏摺。雍正帝硃批「知道了！」但是卻說納蘇圖傳錯了旨意。他說允禟自會由楚宗押送前來交給你，你只要預先準備圈住的地方就行了，所有派出往前面迎接的人，都撤回來。

但在同時間李紱另一份不相干的「奏繳硃批摺」上，雍正帝卻批道：

納蘇圖來奏，你有「候允禟到，看光景便宜行事」之語，萬萬使不得！凡事應如何行處，朕自然諭你，豈有如此大事令你懸揣而行之理。所以急急復命他來諭朕之心，不然他傳奏糊塗了。

納蘇圖口傳諭旨，李紱奉旨後的奏摺中本無「便宜行事」的內容，似乎是在與納蘇圖言談中所說。因為奏摺上並沒有寫出來，所以李紱一看情形不對，立刻否認說過這樣的話。他在第二摺中說：

其侍衛納蘇圖錯傳諭旨之處，已蒙硃批示知。至於「便宜行事」，臣並無此語。

在六月初十日第二封奏摺中，李紱報告都統楚宗已於初九日將允禟帶至保定，除了否認說過「便宜行事」外，並對前次奏摺中「飲食日用待以罪人之例」加以解釋，坦白承認這樣處理「俱出臣等執法，非由上意耳。非敢謂別有揣摩，臣覆奏摺內亦並無此意。」

最後兩段話，是針對皇帝指責的「便宜行事」四個字做文章。雖然李紱強調「非敢謂別有揣摩」，事實上他的確是在「揣摩」後才這樣做、這樣說的。如今被皇帝點出來，慌不迭全然加以否認，並把責任全部承擔下來。這就是伺候雄猜之主的不二法門。

李紱第三摺奏報都統楚宗已將允禟押交至保定，以及加以「圈住」情形。

第四次奏報則是允禟圈留保定「一切俱照牢獄囚犯」的摺子。但隨後加了對隨同允禟前來的四名家人處置情形：「伊家人四名係奉旨酌量帶來之人，故臣等令與塞思黑一同拘禁。但臣等細思塞思黑罪惡深重，豈宜容其家人同在一處。臣謹與都統臣楚宗商議，即於本月二十六日將伊家人四名俱行提出，交按察司司獄另行拘禁。」

對於這一奏摺，雍正帝的硃批是：

此必是楚宗的瘋主意！李紱，你乃大儒、封疆重臣，豈可聽彼亂為，不自立主見？此事大錯了！

從這則硃批來看，雍正帝對李紱和楚宗在處理圈禁允禟一案上開始有意見了。

第五次奏摺的主題是李紱奏報允禟「暈死復甦」經過，同時也對處理本案在思想上和行動上所持有的態度，坦誠奏聞皇帝，因此全文較長；雍正帝的御批也多，除了末尾硃批，文內還另有夾批。尤其是從許多夾批中，可以清楚看到皇帝極其矛盾的心情——也可以說是他在不經意中，透露了內心真實走向，因此需要用較多筆墨來描述。

李紱在奏摺一開始，完全不提允禟「暈死復甦」這一主題，先從本身個性說起：

竊臣賦性迂愚，過於偏急，屢蒙天語訓以和平；然氣質所限，至今未能變化，嫉惡過嚴，時時有之。

雍正帝看到「嫉惡過嚴」四字，立刻批了八個字：

眾知其惡，自然嫉也！

李紱奏摺中「嫉惡過嚴」四字應是廣義的複數，皇帝硃批八個字則是指明了特定對象——允禟，並且認為這個「嫉」是理所當然的。

李紱接下來寫道：

若失之寬縱，臣自信不至於此。況塞思黑等，柔奸巨猾，眾所共知。

雍正帝在看到「眾所共知」四字，又硃批了一段話：

> 眾何由而知？眾如果知，何勞朕數年心血也。

這自問自答的兩句話，乍聽起來，滿腔委屈，做臣民的豈能不愧死！然而事實真相果然如此嗎？

李紱接下來對「便宜行事」一語做了解釋。他說：

> 五月十一日，侍衛納蘇圖傳旨到保定，臣詞氣過激，至有「便宜行事」之奏；隨欽奉御批有「萬萬使不得，豈有如此大事令你懸揣而行」之諭。

皇帝此處硃批是硬梆梆的：

> 今日仍是此旨。便宜行事則朕假手於大臣，如何使得！

李紱又引述「舜之待象」與「周公之待管叔」兩件歷史故事說明他的立場。他認為象之所謀，在舜未有天下之前，祇是一件家庭事故而已，故以封為放而曲全之，沒什麼了不起的大罪；管叔所謀則在周既有天下之後，是為叛亂，理應殺無赦。因此他在奉命圈住允禟時，「實深憤激」，因而有「便宜行事」之想，但當奉到皇上硃批有「萬萬使不得」之諭，這才想到：

聖上如天之仁，或出於常法之外，止欲嚴行圈住，錮其終身，俾與聖世之草木鳥獸同盡天年，亦未可知。

李紱解釋先前何以有「便宜行事」之想，原是為了「實深憤激」而起意由自己出面殺死允禟，以示「君憂臣辱」的忠藎之誠——其實又何嘗不是想押這一寶以遂皇帝之願呢！後來奉諭「萬萬使不得」，又揣測皇帝是要避免「屠弟」之名而「錮其終身」，「與草木鳥獸同盡天年」。誰知皇帝自有主張，完全不領他的情，就在這裡潑了他一瓢冷水。這節硃批直指其心：

即此，朕意尚未定。爾乃大臣，何必懸揣！

寥寥數語，顯示出皇帝內心的矛盾。所謂「朕意未定」應該是指究竟「將塞思黑明正典刑」，還是「錮其終身，與草木同盡天年」，皇帝還沒有決定，兩者俱有可能。之所以難以決定的理由是：如果按照自己主觀意念，當然最好是立即「明正典刑」一了百了；但藩邸時與幾位弟兄歷時二十餘年的纏鬥，幾乎通國皆知，如今自己身登大寶，想在歷史上留名，這「屠弟」之舉，非到萬萬不得已，豈可行之。

既然皇帝意猶未定，做臣子的怎能任意揣測。李紱自以為處處在替皇帝設想，替皇帝找理由，焉知根本就會錯了意。雍正帝把皇權抓得滴水不漏，做臣子的怎可「懸揣上意」！此所以多年後李紱獲罪時，皇帝還把允禟之死再翻出來批他一頓。

事實上李紱從皇帝硃批中，確實已有一些領會，他在奏摺中說到搜檢允禟行李時說：

> 去其刀刃等物，既防其鑽穴竄逸，亦不欲其速盡，以仰體皇上如天之仁。然臣於近日聞都統楚宗言其（允禟）與年羹堯私書往來之事，斷不可容於聖世，雖皇上更有寬大之恩，亦非臣民所願，豈敢失於寬縱。

在這兩段文字下，分別有皇帝的硃批，對楚宗之言，批的是：

> 此不過楚宗防汝之論耳，已被塞思黑之累矣。與阿其那（允禩）、塞思黑對面數日，有能不被二人之奸詐所愚者，朕未見也。

把楚宗言語定為防李紱之論，做為領導人在事件尚未終了之前就對屬下加以分化，這是什麼統御術？此外，阿、塞二人有如此大魔力，是不是太誇張一些？

接下來在「豈敢失於寬縱」一節的硃批則一再叮囑：

凡有形跡，有意之舉，萬萬使不得。但嚴待、聽其自為，朕自有道理。至囑、至囑！必奉朕諭而行，干係甚巨。

雍正帝的硃批，經常寫著寫著就會露出馬腳來。什麼是「有形跡，有意之舉」？為什麼「萬萬使不得」？何謂「嚴待」？如何「聽其自為」？皇帝「自有道理」，道理為何？這一連串的囑咐，後面隱藏著極大的陰謀，一切都得等候皇上諭旨才能行動，因為「干係甚巨」，巨大到祇有皇帝一個人知道。

再下來，李紱才說到這篇奏摺的主題——報告允禟一度暈死經過：

現在給與塞思黑飲食，與牢獄重囚絲毫無異，鐵索在身，手足拘攣，房小牆高，暑氣酷烈。昨已報中熱暈死，因伊家人用冷水噴漬，踰時始甦。

這一段，雍正帝有兩節硃批。前一段對飲食部分他表示：「這又太過矣，不過粗常茶飯，不必加意供奉就是了！」說得平和，卻又對自己親兄弟「鐵索在身，手足拘攣」視同江洋大盜一般常日綑綁並無絲毫憐惜之心。後一節則更對前批「又太過矣」所想表示的一絲絲善意完全加以抹殺，他略帶嘲諷地說：

此即汝被愚處，未聞死而復活者！

到了這般地步，皇帝猶對這位階下囚的兄弟以如此心態視之，對照下節硃批，讀史者實在不知應如何對其人其事加以評騭。這節硃批是：

朕躬自省實無愧於衷，自有天地、神明、皇考聖靈在天鑑察。汝但遵旨而行。

李紱第六摺，奏報允禟病危情形：

……從前飲食如常，至七月十五日（按：允禟被押解至保定已整整兩個月），忽患泄瀉，隨即痊癒。至八月初九日以後，飲食所進甚少，形容亦日漸衰瘦。至二十二日，早上有鴟鳥（貓頭鷹）在房檐上呼鳴半日始去。塞思黑自後不入內室坐臥小房，門外看守人役送飯至轉桶亦不來取。從旁窺聽，覺其語言恍惚。至二十五日早，聲息愈微，呼亦不應。至晚更覺危篤。……（臣與布政使德明、及中軍副將李逢春等）同至小房，揭開封鎖，見塞思黑果臥於門外。臣親入室查看明白……塞思黑已昏迷不知，不能轉動，目暗語喑，惟鼻息有氣，兩手動搖，喉吻間有痰響而已。似此危篤，難以久延……。

雍正帝看了這篇奏摺的硃批是：

朕不料其即如此，蓋罪惡多端，難逃冥誅之所致。至今日汝不曾被其欺，朕被其欺也！

多設人密查，如有至塞思黑靈前門首哭泣嘆息者，即便拿問，審究其來歷，密以奏聞。著實留心，不可虛應故事。

第二天，八月二十七日，卯時（晨六時許），康熙帝第九子，當今皇帝九弟，貝勒允禟身故。李紱奏請皇帝諭示「應作何發送」？

雍正帝硃批：

好好殯殮，移於體統些房舍。……

李紱隨即遵旨「於塞思黑行李包內揀出青色素緞袍，套靴襪等件，裝裹入棺」，將棺木移至「體統些官房」。並且親自祕傳同知色爾特、守備陳明道，飭令各帶謹慎差役，於停柩官房門前及各處街道嚴加密查。又另派謹慎首領、千總、把總等員弁輪班互相監視密查，持續七日之久，不但沒有哭泣嘆息之人，也絕無一人至允禟門前停留，或至靈堂前私相談論。

皇帝仍不放心，硃批：

多訪些時，尚未到亦未可知！

雍正帝不但對允禟看得緊，盯得嚴，對其妻子和家屬也絲毫不放鬆。甘肅巡撫石文焯在一封奏摺中祇提了一句有關允禟妻子起解的話，皇帝就在硃批中指示：

塞思黑之家屬，嚴之又嚴禁守！

另外，雍正帝曾懷疑直隸巡撫李維鈞奏報允禟的岳父正紅旗固山額真齊什詐死，要他「密密細訪」齊什是不是真的死了？李維鈞詳細查訪齊什得病時的醫生和旅店主人，證明他確因患不治之病死亡，並非詐死回報。皇帝的硃批則是：

知道了！齊什生平欺詐，至死而為人不信，亦其自取者也。

誰人不信？皇帝自己不信而已。

從一些細微末節處，可以看到這位做兄長的，對於兩位兄弟怨毒之深，防範之嚴和處置之酷，若非有深仇大恨，何克臻此！

除了主犯允禩及其家屬受到嚴厲處置，與本案相關幾位主要人物，也都在幾年後「秋後算帳」，或則治罪，或則下獄。

奉命押解允禟由西安至保定的都統楚宗和侍衛胡什禮，事後被指在解送途中曾以刑具械繫允禟，隨後又予解除。械繫既未奉旨，解除亦未報准，更嚴重是因此壞了皇帝名聲，於是降旨逮捕治罪。

一直頗邀聖眷，而且在處理允禟拘囚案小心謹慎的直隸總督李紱，三年後，因被控在幕後指使御史謝濟世奏劾河南巡撫田文鏡——雍正帝第一寵臣——而被皇帝在諸王大臣前翻舊帳加以斥責：

> 如塞思黑自西大通調回，令暫住保定。未幾，紱奏言遘病，不數日即死。姦黨遂謂朕授意於紱，使之戕害。今紱在此，試問朕嘗授意否乎？塞思黑罪本無可赦，豈料其遽死？紱不將其病死明白於眾，致生疑議，紱能辭其過乎？

當然不能，於是復下刑部嚴鞫。

這時正是曾靜、張熙投書案在如火如荼進行之際，「屠弟」之說炒得正火熱，雍正帝借力使力，就此對允禟之死做了解釋，而李紱這個證人也因之得到「寬免」。

雖然當年押解和負責圈禁高牆的三位執行人都以「處置不當獲罪」，但當事人允禟則在多年後乾隆帝繼位得以恢復原名，並且歸還宗籍，其子弘晸更受封不入八分輔公國，總算在形式上得到平反。

康熙帝第十子，敦郡王允䄉，雖然在所謂「八皇子黨」中並沒有起什麼特殊的作用，但卻是雍正帝繼位後最早受到整肅的兄弟。

允䄉除了在康熙五十七年受皇父之命，辦理正黃旗滿、蒙、漢三旗事務以及附和允禟與允禵，全力支持允禩爭取儲位外，似乎在眾多兄弟中並無顯著的地位。

他在四哥雍正帝的心目中，被定位為：

> 卑鄙性成，行止妄亂。文學武藝蒙皇考訓誨數十年，終於一無所成。平生無一事可以上慰皇考聖心，貽皇考一日之悅豫。抑且賦性陰險，朕兄弟中最為微末無恥之人，既不自知其庸懦無能，又不肯安份守己，恣意倔強。

把自己兄弟貶抑到如此不堪地步，卻又指不出一件具體事證，似乎祇有雍正帝的心思和筆墨可以如此。

雍正帝即位之初，為了分散「八皇子黨」的力量，對八、九、十、十四等四位兄弟各有處置，已如前述。對允禵是藉遣送蒙古澤卜尊丹巴胡土克圖骨灰靈龕返回喀爾喀的機會，命他隨同齎印冊賜奠。

一行出張家口，進入蒙古地區不久，允禵竟假託聖旨要他回來，於是就進入張家口內留住。這是雍正元年十二月的事。

雍正帝覽兵部奏聞此事，竟批交總理事務大臣廉親王允禩議奏。

皇帝此舉，很明顯在考驗允禩，如果允禩警覺性高的話，為了自己，也為了允禵，堂而皇之奏請皇帝將違旨抗命的允禵嚴加議處，不但自己得以脫困，說不定允禵也可能獲得寬免。沒想到允禩竟虛晃一槍，以「作速行文令允禵仍舊前往」，並將不行諫阻之長史（祕書長）額爾金「交部議處」回奏。

這一下讓皇帝抓住了小辮子，板起面孔諭示：

覽所奏，殊為多事。允禵於中途私回，不肯前往原奉差遣之處，今天何必令其出（張家）口，若仍令其出口，似朕有意將伊逐往嚴寒之地矣。……伊既已進口，亦聽其自便。至額爾金原非允禵意之所重，現今指使允禵之人尚未處分，額爾金何必治罪！著允禩再議。

這一記回馬槍，殺得允禩暈頭轉向；尤其諭旨最後「指使允禟之人尚未處分，額爾金何必治罪」的裁示，更是話中有話。終於逼使允禩不得不嚴加議處，奏請：

將允禟革去多羅郡王，撤其所屬佐領，沒入家產，解回（京城）交宗人府永遠禁錮。

雍正帝覽奏，並不因此放過允禩，他乾脆挑明了說：

允禟之事交與允禩者，特以觀其如何處置，並無他意。向來允禵、允䄉、允禟等，俱奉允禩為師，伊所指示，即便遵行。故朕望允禩教誨伊等，使之改過。乃不但不行教誨，反激成伊等妄為，……如此不法，任意妄行，皆由允禩指示，其意惟欲朕將伊等治罪，以受不美之名。

果然，雍正帝這一「誘人入罪」的手法得逞了。祇是他性子太急，忙不迭要將得意之作令眾人領悟，以顯示自己天縱英明。至於旁觀者會不會有所憬悟；後世讀史者會不會有負面評價，似乎不在他考慮之列。

經過上諭中對允禩的嚴批，對諸王大臣的示儆，言詞犀利，含義深遠，在在顯示皇帝至高無上權威。

雍正二年四月二十六日，上諭：

允䄉不肯前往奉差地方，並不請旨私自回來，詐稱抱病，任意出入邊界，朕已寬容數月。伊毫無惶懼之意，公然違旨居住彼處。近召入王大臣等嚴降旨意，允䄉未嘗不知，亦竟不差一人前來謝罪奏請，殊失臣節。其以朕為不能治伊之罪乎？允䄉素係凶暴無知之人，著革去王爵，調回京師，永遠拘禁。

允䄉就此被囚禁長達十四年。雍正帝薨逝後的第二年，繼位的乾隆帝將他釋放，封為輔國公。又過了四年才去世。

大將軍王誓不低頭

康熙帝晚年，被朝野視為最可能贏得儲位、甚至皇位繼承人的皇十四子允禵，也同時被他同胞兄長皇四子雍親王胤禛視為繼皇八子允禩之後最大的政敵。胤禛當上皇帝，由於允禵所具有的特殊背景，使得做哥哥的雖然恨之入骨，卻又不能像對付允禩、允禟般痛下煞手。儘管在上諭中多次痛斥，但真正處理起來卻又舉棋不定，難以措處。這是雍正帝繼位後很長一段時期存於心中的隱痛，久久揮之不去。

康熙六十一年十一月十三日深夜，聖祖駕崩，四阿哥胤禛當上皇帝。次日凌晨所頒幾道緊急詔書中，有一道就是傳召遠在西寧的撫遠大將軍王、十四皇子允禵馳驛回京奔喪。詔書中並令將大將軍印、敕暫交平郡王納爾素署理；命輔國公延信赴甘州管理大將軍印務，又令總督年羹堯往甘州或肅州與延信同管軍務。

允禵獲知皇父龍馭賓天，備極哀痛，昏亂中，別無他念，祇求立即就道，早日回京，在大行皇帝的梓宮前盡哀。對於此行的吉凶禍福，似乎完全沒有去想。

回京途中，晝夜奔馳，雖然體力消耗極大，但腦筋卻日見清明。回想奉派為大將軍王時，皇父給予他崇隆的優遇，每次諭旨和頒賜飲食衣物的舐犢深情，甚至不久前回京時的諄諄諭示，在在均有深意存焉！本以為早日克敵致勝，凱旋還朝時皇父當有一番安排，不想聖祖突然晏駕，繼位登極的竟然是從無預期的同胞兄長四阿哥胤禛。這份驚詫，很快轉為懷疑；從懷疑中逐漸演化出諸多不願也不敢想像的可能，進而一變為滿腔憤怒。這樣的憤怒，在千里疾行中愈來愈烈，終於凝聚成此後一生中兄弟之間無可化解的怨毒。

前文敘述胤禛和允禵兩位同胞兄弟的母親仁壽皇太后拒絕接受群臣朝賀一段故事時，曾提到這位老太后個性倔強；也說到這兄弟二人受她遺傳，同樣有寧折不彎的個性。但比較起來，做哥哥的因為摻雜了一部分陰柔，在緊要關頭還會有一些妥協；而做弟弟的則更像她母親一樣，堅持原則，誓不低頭。

允禵還在回京途中，就給皇帝哥哥一個難題，以皇子和大將軍王的雙重身分，行文禮部，詢問到京城時，究竟應該先謁大行皇帝梓宮呢？還是先去晉見新皇帝？如何行禮？用何儀注？這明擺著是在找碴。依情、依理、依法，當然是叩謁梓宮為先；至於見皇帝時的行禮儀注，當了三十多年的皇子豈有不知之理，何必要問。對於這一點，雍正帝忍下了，由禮部通知先行叩謁梓宮。至於覲見新君，按雍正三年二月二十九日皇帝在《上諭內閣》中回憶當時情形，猶有餘恨地說：

凡一切外來諸臣，即蒙古扎薩克王公等一到，皆近至朕前，抱膝痛哭。而允禵遠跪不前，毫無哀戚親近之意。朕向前就之，仍不為動。彼時（侍衛）拉錫在旁扶朕，領之使前；伊出，遽將拉錫罵詈，到朕前大肆咆哮云：「我本恭敬盡禮，拉錫將我扯拽。我是皇上親弟，拉錫乃擄獲下賤，若我有不是之處，求皇上將我處分，若我無不是之處，求皇上即將拉錫正法，以正國體。」其咆哮之狀，無禮已極。

雖然允禵似乎有意使皇帝哥哥難堪，但雍正帝鑑於熱孝在身，仍然忍下了！

上諭中又說：後來梓宮奉移山陵之時，皇帝令侍衛拉錫、佛倫傳旨，允禵倨傲不恭，並且和兩人爭鬧不休。這本不關允禩的事，但允禩卻從帳幕中走出來勸解，並且叫允禵下跪接旨，允禵方跪。皇帝特別指明：「可見伊以朕旨為輕，惟允禩之言是聽，此即其明證也。」說著說著又忍不住將另一位兄弟，同時也是元兇的八阿哥扯進來。

不管怎樣，懷著滿心傷痛，悲憤回到京城的允禵，打定主意，不管死活，就是和雍正帝槓上了！三次過招，似乎做弟弟的佔了上風，做哥哥的則硬是忍下來了。這就是雍正帝的狠處。

雖然如此，雍正元年四月，大行皇帝梓宮奉移景陵時，諭貝子允禵「著留陵寢附近湯泉居住，俾得於大祀之日，行禮盡心。」就此，不著痕跡的將允禵軟禁在京城之外，付予守陵之名，以免留在京中生事。

五月，仁壽皇太后崩逝，雍正帝諭總理事務大臣等：

> 貝子允禵，原屬無知狂悖，氣傲心高，朕屢加訓諭，望其改悔，以便加恩，但恐伊終不知改；而朕必欲俟其自悔，則終身不得加恩矣。朕惟欲慰我皇妣皇太后之心，著晉封允禵為郡王。伊從此若知改悔，朕自疊沛恩澤；若怙終不悛，則國法具在，朕不得不治其罪。允禵來時，爾等將此旨傳諭知之。

雍正帝晉封允禵為郡王，似乎有些心不甘情不願，若非皇太后崩逝，必無此舉。封是封了，話卻講得很難聽。其實允禵對這位兄長早已看穿，鐵了心「終不知改」，且有「我今已到盡頭之處，一身是病，在世不久」之語。一個郡王虛銜，對他這位曾任大將軍王而且朝野視之為皇帝接班人來說，實在不值一顧。

康熙帝任命允禵為撫遠大將軍王，使朝野都認為皇帝有將允禵立為皇太子的打算。從史料研判，此一推測相當接近事實。這一突發情況，在康熙帝第二次廢皇太子後，儲位未定之際，對於另一位覬覦皇太子位的胤禛來說，迫使他必須立刻做出適切的反應。

如今回過頭來看雍正即位前後這段時日，對於隆科多和年羹堯兩位重要關係人近乎諂媚的籠絡，應該和他纘承大統有絕對關聯。

就因為朝野臣民一度認為康熙帝的接班人是皇十四子允禵，甚至在胤禛當上皇帝那一刻，民間就傳出他使手段奪了十四皇子的皇位，傳言甚至很快遠播朝鮮。因此他在繼位後一波波的上諭，都在解釋他「得位之正」以及允禵決非皇父所屬意的繼位人選。從雍正元年（公元一七二三年）開始，到雍正六年（一七二八年）曾靜逆書案發，這樣的宣傳攻勢，一波接一波，長達六年之久，從未停息。可見他對允禵的問題所下功夫之深。

雍正二年，皇帝正位將及兩年，已脫離新手上路階段，推展政務之餘，開始對他所稱「四凶」的四個兄弟陸續分別採取行動。**【註二】**

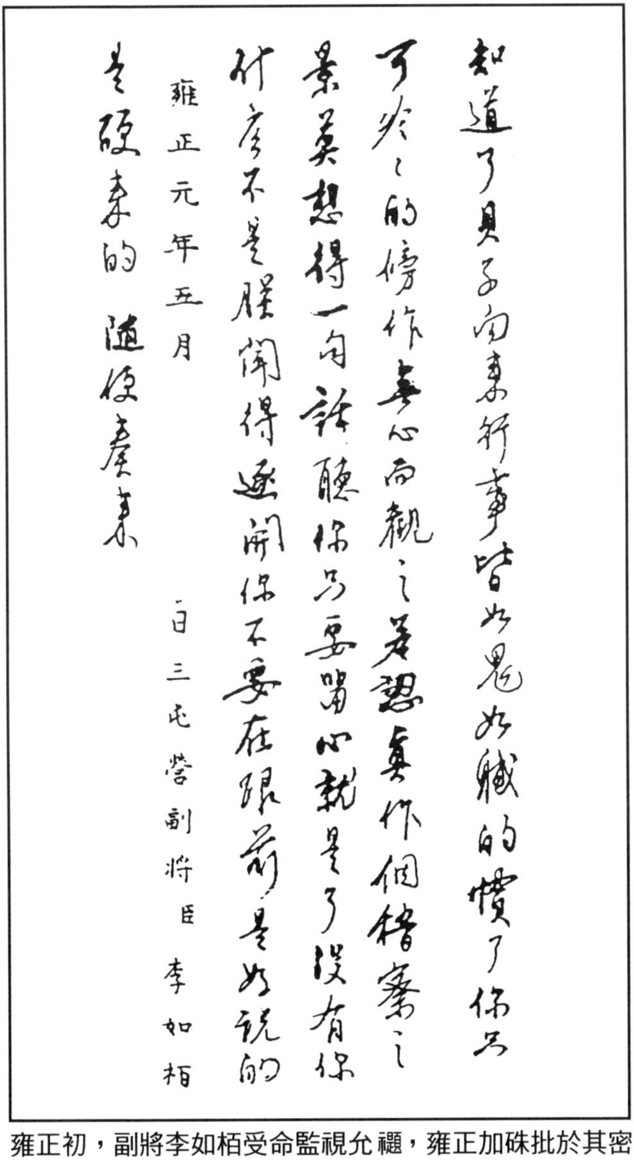
知道了。貝子向來行事皆如鬼如蜮的慣了，你不可笑々的傍作無心而觀之，若認真作個稽察之景象，莫想得一句話聽。你只要留心就是了，沒有你什麼不是，假閒得遂閒，你不要在跟前，是如此說的。有便奏來的隨便奏來

雍正元年五月　日　三屯營副將臣李如柏

雍正初，副將李如柏受命監視允禵，雍正加硃批於其密摺上。「如鬼如蜮（有筆誤）」乃雍正對其弟的評騭。

八月二十二日，皇帝有一篇長達二千五百多字的上諭，總結他即位前後「宗室不睦，互結朋黨，待間乘時，成伊大志」種種「不知大義，擾亂國經」情事。還特別就十四阿哥允禵出征事專題解釋皇父意之所在。

上諭說：

如大阿哥允禔、廉親王允禩、郡王允禵、貝子允禟，俱各不知本份，結為朋黨，欲成大事。皇考（康熙帝）洞鑒其情，禁錮允禔，令允禵出征西寧，置之遠地。無知之人反謂試用允禵，將定儲位，允禵遂妄生覬覦。

舉國盡知，皇考年高體弱，置繼統之子於數千里之遠，有是理乎？禁錮允禔、遠置允禵者，特知二人昏悖狂肆，恐亂國家也。

另一篇上諭則說：允禵是「生性糊塗急暴，不知天高地厚之人，皇考知伊在家必然生事，特遠遣出征在外者。」連續兩篇上諭都是強調允禵之所以被選為大將軍王，出駐西寧，是為了他生性糊塗急暴，不知天高地厚，恐在京生事，所以才把他放逐到數千里之外，有如充軍一般；決非要他建功立業，傳以大位。

雍正帝在召見諸王、大臣、九卿時特意宣諭這兩道御旨，並且分別載諸《實錄》和《上諭內閣》中。皇帝和文武百官似乎都得了失憶症，忘記了七年前——康熙五十七年（一七一八年）十月二十六日，聖祖諭曰：

十四阿哥既授為撫遠大將軍領兵前去，其纛用正黃旗之纛，照依王纛式樣。

又在十一月十五日大兵起程，康熙帝「御太和殿，排設鹵簿前進，其出征之王等以下，俱戎服；其不出征之王，貝勒等以下，俱蟒服以從。上親詣堂子行禮，次鳴角，祭旗纛。」似這等偌大陣仗，幾乎與皇帝御駕親征無殊，翔實載諸史冊。當時身為雍親王的四皇子胤禛親身參與，大部分諸王、大臣和文武百官也全都在場。硬要把它掰成為了怕十四阿哥「在京生事」，藉此把他「遠遣出征」，而且言之鑿鑿，載在史冊，其顛倒黑白，淆亂是非，莫此為甚！

然而，不管皇帝心裡再怎麼彆扭，允禵究竟是自己唯一的同胞兄弟，尤其是皇太后在日，無論允禵對他態度多麼惡劣，他都得硬生生忍下去，除了在言語上痛斥一番，不能有任何進一步動作。好幾次諸王大臣希承上意，奏請處置允禵，建請予以削爵、禁錮，甚至正法，皇帝都諭示「均行寬免」。允禵所居景陵附近的湯泉，本是京郊溫泉勝地，順治、康熙父子在位時，經常前往「泡湯」。做哥哥的也讓他長期住在那裡。因此，他名義上的守陵工作，過得十分閒逸——不像「

四凶」中其他三位兄弟那麼整天誠惶誠恐，不知何日死期將至。

一直到雍正四年，有一個名叫蔡懷璽的「奸民」，就像張熙投書勸岳鍾琪造反一樣，投書允禵要他做皇帝。這才使雍正帝下決心徹底解決這一久繫心懷的難題。上諭內閣：

從前所以令允禵在馬蘭峪（景陵附近）居住，原欲其瞻仰景陵，感發天良，痛改前非，洗心滌慮；而允禵並不醒悟悔改，蔽錮日深；奸民蔡懷璽又構造大逆之言，冀行蠱惑。看來馬蘭亦不可令其居住。著滿都護，常明馳驛前往，將允禵帶來。

朕思壽皇殿（禁紫城中）乃供奉皇考、皇妣聖容（畫像）之處，將允禵於附近禁錮，令其追思教育之恩，以歲月待其改悔。伊子白起甚屬不堪，亦著帶來與允禵一處禁錮。

雍正帝雖然為了有生之年天下臣民的感受，以及大去之後歷史與後人的評議，始終不願留下「屠弟」——尤其是殺害唯一同胞兄弟的罵名；然而，卻在為「四凶」定罪的最後一道上諭中，對允禵所使出極其惡毒的一招，曝露其內心中對這位胞弟憾恨之深。

雍正帝在四年九月二十九日，諸王、文武大臣奏允禩、允禟逆天大罪，應戮屍示眾；同黨之允禵、允䄉並應正法（處死）。奉上諭：

諸王大臣所奏，乃執法定罪至公之論，但阿其那、塞思黑既伏冥誅，其戮屍之罪，著從寬免。允禵乃狂妄無知之人，為阿其那、塞思黑所愚，入其邪黨，聽其指揮，尚非首惡，故將伊拘禁於壽皇殿之旁，俟其悛改。

這第一段文字看起來，把一切罪過歸諸於允禩和允禟；自己同胞小弟允禵不過是「為其所愚，入其邪黨，聽其指揮」罷了，全文語氣充滿開脫之意。不想接下來卻是：

當日，皇考拘執阿其那之時（康熙四十七年廢太子、允禩拘禁，允禟、允禵為此與皇父爭執，故事已詳前文），允禵與塞思黑公然挺身保奏；允禵且曾邀約朕躬。伊等又私藏毒藥，願與同死。昨阿其那身故之後，朕遣人詢問允禵云：「阿其那在皇考之時，爾原欲與之同死。今伊身故，爾若欲往看，若欲同死，悉聽爾意！」此時，允禵回奏「我向來為阿其那所愚，今伊既伏冥誅，我不願往看」等語。據此，則允禵似有悔心之萌；或伊偽作此語，欲留其身以圖將來報復，均未可定。著暫緩其誅，以觀其後；若竟不悛改，仍蹈罪愆，再行正法。允䄉痴庸卑鄙，若將伊與阿其那同列，亦覺不稱，今既已禁錮，亦免其正法。

雍正帝這篇上諭處處設有陷阱。將往事提出時，先問允禩：「允禩死了，你要不要去看他？要去看的話，當年『同生共死』的諾言你要不要履行？」一個專制時代的皇帝，用這樣口吻和內容問待罪的重犯，擺明了就是要他死，何嘗有絲毫商量之意。不想死的話，就明白承認自己是個孬種！以允禵的個性，豈能接受？但是皇帝卻轉述允禵的「回奏」說他不願去看允禩，因為「向來為阿其那所愚」。這像是大將軍王一貫的口吻嗎？

上諭接下來既說「允禵似有悔意」，緊接著又說「或伊偽作此語欲留其身以圖將來報復」。前一句讓人看了鬆一口氣，後一句立刻收緊，使人噎住透不過氣來，一放一收之間，已是置身生死邊緣。

雍正帝在上諭中所說的話，載在《上諭內閣》中，絲毫假不得。至於他引用允禵的「回奏」，並無旁證，也根本不可能有任何證據，他說了就算！但是，從《永憲錄》這本經常為研究清代史事的學者專家視為比較可信而且時加引用的書中，所載兩段資料，似乎可以認為允禵當時應該沒有說過「回奏」中的那幾句話。

《永憲錄》卷四載：

（雍正）八年（一七三二年）秋，因怡親王（允祥）薨，（皇帝）降旨矜卹允禵，欲加委任。相傳令大學士馬爾賽諭以聖意。回奏有殺馬爾賽方任事語。

十三年（一七三五年），上不豫，特旨召見（允禵），先示勉勵之訓，後申寄托之意。（允禵）堅以病辭。

這兩則紀錄，顯示雍正帝有和解示好之意，然而允禵都拒絕了。前一段雍正要他出來做事，職位顯然很高，但他卻提出一個令任何人都無法考慮的要求：「先把派來傳達旨意的武英殿大學士兼吏部尚書馬爾賽殺掉才接受任命！」這樣答覆，才像秉性倔強的撫遠大將軍王口吻！後一段「堅以病辭」也堅決表示與皇帝哥哥至死不妥協。

就從這兩則記載來看，要說允禵會講出前述「回奏」中自稱受愚那樣的言語，似乎應該存疑的。

用「祥瑞」證明「天命」

曾靜在「逆書」中，列舉雍正帝十大罪，排列在前的「謀父」、「逼母」、「弒兄」、「屠弟」等四項，因其指控強烈，罪行嚴重，所以在前文中花較多篇幅，詳予敘述。接下來「貪財」、「好殺」、「酗酒」、「淫色」、「誅忠」、「好諛任佞」等六項，都是歷朝歷代眾多皇帝或多或少都犯過的惡行，不足為奇，因此將之做包裹式的評論。

因為歷史上凡是犯了「貪」字的皇帝，幾乎都是花天酒地，淫佚享樂的昏君，以聚斂所得供其享受。雍正帝在位十三年，「朝乾夕惕」，虔心國事到了廢寢忘食的地步，絕對不能說他是昏君。尤其他秉性好鬥，跟兄弟鬥，跟臣下鬥，跟所有反對他和不聽他話的人鬥，這樣鬥爭性強烈的人，他為了一己千秋之名，應該是與「貪」字絕緣的。

誠如雍正帝自己辯解，既已身為天子、富有四海，普天下土地、財貨莫不為他所有；既屬己有，取之不盡，用之不竭，又何必「貪」呢？歷史上也曾有過少數皇帝曾有「貪財好貨」的紀錄，雍正帝可決不是如此昏君，這是可以肯定的。

至於「好殺」，雍正帝自己曾說：「朕性本最慈，不但不肯妄罰一人，即步履之間，草木螻蟻，亦不肯踐踏傷損」。看到這一段話幾乎想笑出來！似乎和雍正帝這個人怎麼也連不起來。歷史文件中記錄他言行時，總給人一種威嚴肅穆、煞氣逼人的感覺；但在位十三年中，實際經他口諭或旨意誅殺的人卻寥寥可數。這並不代表他不想殺人——尤其是他從心底裡懷有恨意的人——祇不過他會營造輿論，使眾人皆曰可殺，他才「俯順輿情」，以正國法。尤其是關係重大或身分特殊的罪犯，僅止加以禁錮，決不下令誅殺；縱令滿朝文武再三請求，他總是諭示：「著予寬免」，卻又不加釋放或定罪，一直到不堪被虐或因病致死。因此，在獲罪的兄弟和重臣中，除了年羹堯一人是由皇帝下令「自裁」，其他沒有一個人是他下令誅殺的。

平情而論，雍正帝一生對他的敵人，恨意極深，殺意也不能說沒有，但是，和歷史上許多嗜殺的皇帝比起來，他似乎不是一個「好殺」的皇帝。

古今中外，酒、色二字總是分不開。這兩樣對雍正帝來說，好像都不是他所好。從史料中蒐尋，雍正帝自謂「朕之不飲，出自天性，並非強致」，應是事實。「色」的方面，雖然他口出大言：「朕常自謂，天下人不好色，未有如朕者！」似乎誇張了些，但證諸其後宮，除皇后外，妃嬪三、五人而已；較諸他皇父康熙帝妃、嬪、大小答應二百餘人，實在不能算是好色。又以他一天從早忙到晚，批起奏摺來，動輒數千言，通宵達旦，無論時間、精力都不允許心有旁騖在這「色」字上。

因此，「酗酒」與「淫色」這兩項指控，曾靜似乎是厚誣了他！

接下來雍正帝被指控的罪狀是「誅忠」。

曾靜「逆書」中所指雍正帝「誅」了哪些「忠」臣？由於未見原文，我們不知道。但按草擬「逆書」時的政治情況研判，應以年羹堯、隆科多二人為主。這部分也與「逆書」前四項罪行前後呼應。

如果是針對年、隆二人而言的話，曾靜所指就有商榷餘地了。按「逆書」指控，雍正帝「謀父」、「逼母」、「弒兄」、「屠弟」，矯詔非法奪取皇位，是在年、隆二人全力支持和大力幫助下才得以完成的，如此悖逆行為，對大清皇朝來說，此二人豈得謂「忠」？誅之是理所當然的。

除了年、隆外，雍正帝還認為曾靜所指之「忠良大臣」為鄂倫岱、阿爾松阿、阿靈阿、蘇努等被他囚禁和殺害的宗室貴冑。這些人他不但不以為「忠」，更視之為「罪惡滔天」的奸黨。以曾靜的立場，如果僅限於反雍正帝就是「忠」，則他所持基本主張「華夷之別」又置於何地呢？他的反清復漢理念又如何推行呢？似乎雙方都困在文字遊戲的漩渦中，卻忘了自己基本立場。

曾靜最後一項指他「好諛任佞」，這一點倒是可以說一說。胤禛自承受封雍親王十餘年，通曉人情物理，看盡「讒諂面諛」，「洞察其虛假而厭薄其卑污」。這話有一部分是事實，從《實錄》中偶爾也會看到他指斥臣下過於肉麻的諂詞。但這不過表示天子聖明而已。事實上他對某一些阿諛讒諂的言語和行為，不僅不排拒，反而欣然接受。

雍正帝在位十三年，「祥瑞」之物、「祥瑞」之象層出不窮，凡是歷史上被人傳說過的，幾乎全都出現了。從朝廷到各省、府、道、州、縣無不奏報「祥瑞」。其瘋狂不亞於大陸大躍進時，各地爭報稻米產量劇增至不可思議的程度同樣荒謬。

「祥瑞」之顯現，從雍正帝即位那天開始就誕生了。康熙六十一年十一月二十日舉行登基大典時，連續幾天的陰霾慘淡，「天忽晴明，赤日中天，臣民歡呼，占為聖主之瑞」。到第三天，「卿雲」出現在空中。

中國自遠古以來，「五色卿雲」出現就被視為明君在位，國泰民安、百姓蒙福的祥瑞之兆。自此以後，卿雲就不斷出現。尤其是雍正帝寵臣雲貴總督鄂爾泰就連續兩年奏報「卿雲現」。一次是在六年（一七二八年）十月二十九日皇帝萬壽節那天，雲南四府三縣地方出現「五色卿雲，光燦捧日」。第二年閏七月又摺奏貴州省思州和古州在一個月之內，祥雲連續出現七次之多。有人不認同鄂爾泰這樣諂媚的行為，雍正帝竟表示：鄂爾泰陳奏祥瑞，是出於真心熱愛君王的表現；凡認為他是逢迎、諂諛的人都出於幸災樂禍的邪惡心態。這樣一來，各地奏報卿雲出現紛至沓來。

除了「卿雲」，搞得最熱鬧的就是「嘉禾」。雍正元年（一七二三年）八月，大學士等奏稱：江南、山東出產的稻、麥，大多雙岐、雙穗，甚至蜀黍（玉米）有一本四穗的。這表示「皇上聖德之所感召」，請宣付史館。於是，在卿雲以外又多了一個題目，從一本兩穗、四穗，以後各地越報越多，甚至互相比較。雍正五年（一七二七年）皇帝最寵信的河南巡撫田文鏡竟奏報境內稻穀有一莖十五穗的。皇帝十分高興，告訴朝廷百官，這是田文鏡忠誠任事、感召天和的表現。

於是，接下來陝西巡撫張保送來一莖十二穗的麥子；總兵官馬覿伯奏報塞外屯田所產麥子有一莖十五穗的；貴州巡撫張廣泗奏報稻穀粟米一莖多達十五、六穗，稻穀每穗多達四、五百粒甚至七百粒；粟米每穗長達二尺多。雍正帝則將進呈的瑞穀實物繪圖刊刻頒發各省督撫觀覽，並製成《嘉禾圖》、《瑞穀圖》，親自撰文說：「覽各種瑞穀，碩大堅實，迥異尋常，不但目所未見，實亦耳所未聞。」以證明此一祥瑞千真萬確。

卿雲和嘉禾，炒得最熱鬧，此外還有蓍草、靈芝、甘露、麒麟、鳳鳥的出現；以及五星聯珠和黃河清的異象。這些都是古書上視為千百年難得一現的祥瑞之物和天象，一股腦兒出現在雍正帝執政期間。似這般空前絕後的祥瑞，也祇不過才短短十三年而已，較諸他老爸和兒子秉政各六十年，文治武功都不遜於他，卻並不見有他那麼多祥瑞；而他口口聲聲說不受諂諛，卻又特重祥瑞。

祥瑞之說，似乎變成了彌補他「得位不正」的填充劑。就他內心的渴望與感受來說，每一次祥瑞之物出現，每一次祥瑞之象顯現，都代表上天對他繼承皇位和接掌皇權的肯定。

「萬言萬當，不如一默」

雍正六年（公元一七二八年）秋，湖南偏遠的永興縣失意文人曾靜，派遣他的學生張熙前往西安，向陝西總督岳鍾琪投書，要他反滿興漢，造大清國的反。這一件「逆案」，隨後發展成為清初一件極其重大的文字獄，前後歷時將及四年，被牽連的人多達數百，已死的開棺戮屍，涉案的或則凌遲，或則斬立決，抄家滅族，流放極邊。自古稀老者以至襁褓嬰兒，無一倖免。

然而，最令人不解的是，始作俑者的主犯曾靜和張熙師徒二人，雖然在逮捕初期曾受刑訊，到最後不僅沒有被判重刑，反而受到雍正帝詔令付予重任，並由官方負責保衛二人的人身安全，這不能不說是咄咄怪事！

雍正七年（一七二九年）十月初六日，全案發生已過了一年。怡親王允祥、大學士、九卿、翰、詹、科、道等，遵旨訊問曾靜，然後共同合詞公奏，請將曾靜、張熙照大逆不道律，即行正法。

雍正帝御乾清宮，召入諸臣，諭曰：

> 今日諸臣合詞請誅曾靜、張熙。伊等大逆不道，實從古史冊所未有。以情罪論之，萬無可赦。但朕之不行誅戮者實有隱衷。

接下來，皇帝將張熙投書，岳鍾琪刑訊，張熙寧死不招，岳鍾琪百計曲誘，許以同謀，與之盟神設誓，張熙始將涉案人姓名一一供出等情，詳細向群臣複述了一遍。然後表示：「岳鍾琪誠心為國家發奸摘伏」，如果當時是「朕身曾與人盟神設誓，則今日亦不得不委屈，以期無負前言。」這也就是說，岳鍾琪為了國家，在神前發了假誓，他所承諾的，朕「若不視為一體，實所不忍。」

除了要向神明有一個交代，更重要的是：「況曾靜等僻處鄉村，為流言所惑，其捏造謗言之人，實係阿其那、塞思黑門下之凶徒、太監等，因犯罪發遣廣西，心懷怨忿，造作惡語，一路流傳，今已得其實錄。」

根據這兩項理由，雍正帝作了以下的判決：

若非因曾靜之事，則謠言流布，朕何由聞之，為之明白剖晰，俾家喻而戶曉耶？且從來國家之法，原以懲一儆百。如曾靜等之悖逆，諒宇宙內斷無第二人，即後世亦可斷其必無有與之比者。何必存懲一儆百之見。所以寬宥其罪，並非博寬大之名而廢法也。

雍正帝的「辦」功真是一流，祇為了要讓曾、張師徒為他宣揚其「得位不正」的傳言，是出自於阿其那、塞思黑兩位兄弟及其黨羽「捏造謗言」所致，不惜將實際進行造反、大逆不道「宇宙內斷無第二人」的叛亂現行犯，「寬宥其罪」；反而將因此案被牽連的呂留良、嚴鴻逵等思想犯開棺戮屍，抄家滅族。這是什麼邏輯？他不但說得振振有詞，理直氣壯，而且做得煞有介事，乾淨俐落。此所以雍正帝之為雍正帝也！

曾靜由於在整個審訊過程中，精密細緻地配合雍正帝想法，尤其是對皇帝和朝廷的施政極盡吹捧之能事，這才換得免罪不死之身，更被派往湖南「觀風整俗使」衙門行走，為闡揚皇帝御編《大義覺迷錄》做宣傳，並宣揚雍正帝「聖德」。

雍正帝此一令舉國朝野跌破眼鏡的做法，後來卻也出現了完全出人意外的後果。

雍正八年，湖南巡撫趙弘恩和觀風整俗使李徽，聯名奏報皇帝：曾靜回到湖南不久，省城長沙就出現傳單，要百姓們在八月十九日那一天，大家去捉曾靜，並把他沉溺到深潭中溺死。這一行動究竟是反映百姓們對曾靜叛逆行動的否定，還是對他變節投靠清廷的不滿？因缺乏整個事件進一步發展的史料，所以無從猜測。

另一件事似乎更嚴重了！

雍正帝於十三年八月二十三日子夜，猝然薨逝於圓明園中。四子寶親王弘曆遵遺詔繼位，是為乾隆帝。

乾隆帝登極不到兩個月，在熱孝期中，迫不及待頒下一道上諭：

> 曾靜大逆不道，雖置之極典，不足蔽其辜。乃我皇考聖度如天，曲加寬宥。

夫曾靜之罪不減於呂留良，而我皇考於呂留良則明正典刑，於曾靜則摒棄法外者，以留良謗議及於皇祖（康熙帝），而曾靜止及於聖躬（雍正帝）也。

今朕紹承大統，當遵皇考辦理呂留良案之例，明正曾靜之罪，誅叛逆之渠魁，洩臣民之公憤。著湖廣督撫將曾靜、張熙即行鎖拿，遴選幹員，解京候審，毋得疏縱洩漏。其嫡屬交與地方官嚴行看守，候旨。

全案經過長達近四個月的重行審理，同年十二月十九日，乾隆帝諭刑部：

曾靜、張熙，悖亂凶頑，大逆不道，我皇考世宗憲皇帝（雍正）聖度如天，以其謗議止及聖躬，貸其殊死。並有「將來子孫不得追究誅戮」之諭旨。然在皇考當日，或可姑容，而在朕今日，斷難曲宥。前後辦理雖有不同，而衡諸天理人情之至當，則未嘗不一。況億萬臣民所切骨憤恨，欲速正典刑於今日者，朕又何能拂人心之公惡乎？曾靜、張熙著照法司所擬，凌遲處死！

在下令以「千刀萬剮」的極刑處死曾靜和張熙外，乾隆帝還通令全國將皇父親自撰寫和彙編的《大義覺迷錄》全面收回銷毀，嚴禁民間藏匿，違著處以重刑。

由於當年雍正帝嚴諭「將來子孫不得追究誅戮曾靜和張熙」，乾隆不得不引用雍正帝嚴懲呂留良而對曾、張網開一面的做法作為範例，對曾、張處以極刑。就他的說法，這兩種不同的處理方式，在天理人情上是一致的。然而在今天看起來，乾隆帝這樣的處理方式，雖然嘴上說是遵照皇父的做法，內心卻是違背了皇父的命令。

父子二人對曾靜、張熙悖逆案的處理，南轅北轍，原因是各人處境不同，非關對錯。雍正帝是當事人，乾隆帝則是旁觀者。前者激越、衝動；後者沉穩、冷靜。近三百年後的今天回過頭去看，似乎兒子做的比較正常。縱然如此，皇父敲鑼打鼓，大張旗鼓所做的，都已既成事實，傳之久遠，兒子再有多大力量也無從補救，徒喚奈何！

晚近研究清史的學人們，絕大多數認為《大義覺迷錄》一書，對雍正帝的殺傷力極大，後人對他「得位不正」的諸多傳說和疑點，極大部分從這本書中他親口所言得到證實。這也就是孟心史先生在〈世宗入承大統考實〉一文中所說的：

> 傳云：「吉人之辭寡，躁人之辭多。」世宗雖欲以宣傳救事實，轉蹈言多必失之弊。孝子慈孫欲為補救，而筆舌之流播太廣，顧此失彼。
>
> 古云：「萬言萬當，不如一默」，又況本係作偽，安怪其心勞日絀乎！

旨哉斯言！今日之為政者，類多如此，甚且等而下之。能不以之為鑑耶？

【註一】　這呂留良原是清初名儒，著作等身，因曾靜、張熙師徒謀逆案牽連而抄家滅族，絕大部分著作也被挖版銷毀。因此他的著作中究竟作何大逆不道之言，已難考證。不過，從《大義覺迷錄》所記雍正帝諭旨詢問曾靜有關呂留良著作和文稿中部分言辭看起來，大多數是屬於華夷之辨與道統問題。當然，對於滿清入主華夏，「盜竊大位」更是口誅筆伐，不留餘地。這豈是大清朝廷所能容忍的！至於主要影響曾靜和張熙「謀逆」的那兩首詩，因詩稿已送呈御覽，應該已在結案時與其他逆書一併銷毀，不過在審詢過程中，曾提及一二，可以略見端倪。

【註二】　中國上古帝堯和帝舜時期，有四位不守臣節的大臣，分別是：渾敦、窮奇、檮杌、饕餮。這四人在唐堯時期為帝堯所容忍，虞舜繼位後則「去之」——加以流放。

雍正帝曾在上諭中解釋「四凶」於堯時能被「姑容」，而舜則加以「殛放」的理由，以諭示他處置允禩等四位兄弟的正當性。自此以後，允禩等四人就被欽定為「四凶」。

被雍正帝以「四凶」論比的允禩、允禟、允䄉、允禵四兄弟，或則受虐而死；或則長年禁錮。一直到雍正帝薨逝，他的愛子弘曆嗣位——是為乾隆帝，才一一加以平反，被除籍的回歸宗譜；被強制改名的恢復原名；被削爵的授以爵位；被禁錮的加以釋放。後之史家因之稱譽乾隆帝善為先人補過。如此看來，乾隆帝肯定認為皇父對自己兄弟們的所作所為是不對的，如果稍有懷疑，決不致此。

於是問題就來了！雍正帝對這四位兄弟究竟有什麼深仇大恨，究竟有什麼不解冤仇，要用如此狠毒手法來處理呢？這樣的做法連自己的兒子都不以為然，且以煌煌詔令來改變他當年連篇累牘的諭旨，這其中「不可說、不可說」之處，已是昭然若揭。

第六章　這一夜，雍正奪嫡

比較接近事實真相的史料，不是被刪削，就是遭竄改，既然如此，何不從陳腐而且不盡真實完整的史料中跳脫出來，建構一種另類歷史探索方式，也許可以演化出更接近事實真相的結果。

大清帝國入關建政後，第二代康熙與第三代雍正之間的帝位傳承，因一本名為《大義覺迷錄》的書所曝露大量宮廷內幕，導致「雍正奪嫡」的傳說，成為清初三大奇案中最為眾所談論的故事，歷時近三百年而不衰。

雍正帝「得位不正」的傳言，在他登上皇帝寶座的同時就開始在民間口耳相傳，經過六年後，由皇帝親自纂編的《大義覺迷錄》遍布國中，由於雍正帝大力推廣，連帶使傳言幾乎達到無人不知，無人不曉的地步。

如是者又過了七年，雍正帝崩逝，四子寶親王弘曆繼位，是為乾隆帝。他對皇父自我出面辯白的做法有不同意見，立即將這本書毀版，並通令全國嚴加搜查，集中焚毀。雖然如此，民間傳說卻反而因為沒有書本作證，越來越離奇，甚至到荒謬的程度。

直到二百多年後，大清皇朝覆滅，皇宮中所存留的原始檔案文件陸續公開，並在眾多史學專家們悉心探討下，才得以將這一段歷史由傳說、演義，發展成為學術研究目標。

綜合海內外史學界對雍正帝「纘承大統」疑案，大致可以分為三種不同的看法：

一是說康熙帝原要將皇位傳給十四阿哥允禵，由於雍正帝與隆科多聯手竄改遺詔而取得皇位。這就是民間所傳的「奪嫡」——篡奪了皇位；也就是一般所指責的「得位不正」。

二是認為康熙帝原本就屬意四阿哥胤禛，因此他繼皇帝位應該是合法的。

三是指四皇子胤禛既沒有竄改遺詔，也沒有獲得皇父傳位於他的「末命」；他是在康熙帝崩逝前後，運用權謀和手段取得帝位的。

以上三種說法，隨著時間推移和若干原始資料出現，陸續發展出新的研究和討論課題。迄今各有所見，各有堅持，但卻缺乏使人信服的定論。

開國時期的故事

筆者將本書定名《這一夜·雍正奪嫡》，似乎已經有了「選邊站」的意向。其實說白了祇不過是藉兩百多年來民間習知而且印象極深的這四個字做為書名罷了！

究其實，「奪嫡」二字安在雍正帝身上，似乎還有很大的商酌空間。

康熙字典：「嫡」，正室曰嫡；正室所生之子曰嫡子。

辭源：「奪嫡」——以庶子奪嫡子的地位。帝王時代凡以庶子嗣位而廢其嫡子者，皆謂之奪嫡。

但對大清朝來說，雍正帝無論他使用任何非武力方式取得帝位，都有先例可援，既無所謂「奪嫡」，也沒有得位「正」與「不正」的問題。

從大清前身的後金汗國大汗努爾哈齊算起，天命十一年（公元一六二七年）七月，大汗努爾哈齊因攻寧遠敗於明朝名將袁崇煥，且負重傷，在返回盛京途中崩逝。其時，他十六個兒子中，除了長子褚英因罪被禁高牆早逝，其他十五個兄弟都健在。

努爾哈齊崩逝時，並沒有指定繼位人選，祇在幾年前曾諭示分掌八旗的貝勒「擇一有才德能受諫者嗣朕登大位」。《東華錄》太宗實錄載：

太祖高皇帝賓天，大貝勒代善長子岳託、第三子薩哈廉告代善曰：「國不可一日無君，宜早定大計。四貝勒（皇太極）才德冠世，深契先帝聖心，眾皆悅服，當速繼大位。」……代善書其議以示諸貝勒，皆曰善！遂合詞請上（太宗皇太極）即位。

從這段紀錄看起來，當時位居長子的大貝勒代善，「謙讓」由四貝勒皇太極繼汗位，並非太祖努爾哈齊之命；而且實際遞嬗過程又並不如《東華錄》所寫的那樣平順（也曾一度發生激烈鬥爭，迫使阿濟格、多爾袞、多鐸之母大妃自盡以殉）。但卻從無人指認他是「篡奪」。

崇德八年（公元一六四三年），八月初八日，太宗皇太極暴崩於盛京清寧宮之南榻。由於是猝逝，自然沒有遺命，於是繼統問題再度成為諸王交爭之點。昔日因「謙讓」而擁戴皇太極繼汗位的禮親王代善，倡議由皇太極長子豪格繼位，獲得一部分八旗將領的支持；另一主流勢力的睿親王多爾袞則主張立皇太極第三子福臨為帝。多爾袞戰功彪炳，位高權重，且與同母弟多鐸分領八旗中的兩旗，其勢力在諸王之上，豪格自知不敵，不敢接受代善的擁戴，於是皇太極幼子年甫六歲的福臨得以繼位，是為世祖順治帝。多爾袞與鄭親王濟爾哈朗輔政。一直到順治七年多爾袞病逝，次年順治親政才算真正掌握政權。

太宗皇太極暴崩，並無遺命，他的長子豪格本就該順理成章繼皇帝位，但在多爾袞運作之下，以第三子福臨纘承大統，這是名副其實的「奪嫡」。然而當時和以後，從來沒人說過順治皇帝的帝位是「篡奪」，是「得位不正」。

順治十八年（公元一六六一年）正月初七日，順治帝因染患天花崩逝。死前的三天裡，為了繼承人選，曾與母親孝莊皇太后有過一番爭執。皇帝認為第二子福全年稍長且賢；皇太后則屬意第三子玄燁。母子之間，相持不下，還虧德國來華的耶穌會教士湯若望進言，以玄燁已出過痘疹有免疫能力，而福全則未出痘為理由，於是順治帝妥協以玄燁繼帝位，是為康熙帝。雖然棄長立幼有違立「嫡」之旨，但卻是大清開國第一位皇帝以正式「遺詔」的方式指定繼統人選，奠定了嗣統傳承的規制。

太宗皇太極與世祖福臨父子二人的繼承大統過程，都曾經過一番形勢極其險惡的宮廷內鬥，雖不見刀光劍影，血流漂杵，卻也算不得是一場「和平轉移政權」。箇中情形，在《滿文老檔》、《太祖實錄》、《太宗實錄》及《東華錄》之中均有頗為詳細的記載，使後人得以窺知若干真相。

四皇子雍親王胤禛繼皇帝位的經過，按官史所載，既無聖祖康熙皇帝生前留下白紙黑字的「遺詔」；臨終時的「末命」——如果有的話——又是經過轉述，而非出自大行皇帝之口，因此才會受到多方面質疑，產生各種不同的傳言。姑且撇開多項傳言不談，僅就前述近代史學界所持三種不同看法分析：所謂「篡奪」，證諸大清皇朝兩代傳承前例，似乎難以成立。至於康熙帝原屬意胤禛而合法嗣統，則就現有史料詳加檢驗，仍難有足以令人信服的證據。因此，就祇剩下在康熙帝崩逝前後的空窗階段，胤禛運用權謀和手段取得繼承人地位一途了。

本書行文至此，對於大清國世宗憲皇帝愛新覺羅・胤禛如何登上帝位這個主題，已到圖窮匕現的地步，勢必非有一個說法不可；否則，枉費如許筆墨，如何交代！

時序已進入二十一世紀，爭論近三百年的「康、雍遞嬗」問題，並未隨時間推移和一些新史料出現而有令人滿意的答案。

比較接近事實真相的史料，不是被刪削，就是遭到竄改，這幾乎是眾所認同的事實。歷經兩次改朝換代的大變動，幸運留存下來的部分官方檔案文書，足以幫助探索事實真相的資料，也大概都被使用過了；除非奇蹟出現——決不是如溥傑所發現的那樣資料【註一】——否則在現實情況下對這段史實的探討，將很難有更大的空間。

既然如此，何不從陳腐而且不盡真實完整的史料中跳脫出來，將相關的歷史人物賦與生命，然後根據十八世紀時代這群人的行為模式，用二十一世紀的思維方式與新觀念來加以重新詮釋，建構一種另類歷史探索方式，也許可以演化出一個更能接近事實真相的結果。縱然力有未逮，也不過在已有眾多傳言中多添一項，又待何妨！

奪嫡五人組

在既有的史料和傳說中，四皇子胤禛繼康熙帝纘承大統，不論是合法或非法，除了當事人雍正帝胤禛，大家一致認定還有另外兩個得力助手同時扮演著關鍵性的角色：一個是口傳大行皇帝末命，奉遺詔宣諭由四皇子胤禛「繼朕登基，即皇帝位」的理藩院尚書兼步軍統領隆科多；還有一個則是在緊要關頭猶置身數千里外，看似無所作為，實則其穩定政局之力不亞於隆科多的川陝總督年羹堯。

然而，無論史書或傳言，在康熙六十一年十一月十三日深夜暢春園的舞台上，觀眾的目光卻忽略了另外兩位同樣具有舉足輕重份量的要角——八皇子允禩和十三皇子允祥。缺少了他們倆兄弟，這一場宮廷鬥爭大戲雖不致演不下去，至少決不可能如此平順。

胤禛與隆科多結合，是基於相互需要，無所謂誰主動，誰被動，機緣湊巧，一拍即合。

前文曾提過，胤禛在藩邸時，雖然韜光養晦，以「天下第一閒人」自許，但內心對於激烈的儲位之爭卻始終寄以高度關切。康熙四十七年首次廢太子前，他與好幾位兄弟都被視為擁允禩的「八皇子黨」；甚至連康熙帝都有這樣懷疑。受首次廢太子案牽連，一度被皇父禁錮的多位皇子們，胤禛也在其中；祇不過後來張廷玉修《實錄》時沒有把這一段經過記錄下來罷了。

首次廢太子後，康熙帝一方面對於年長的幾位皇子們各自集結黨與，競逐儲位，極度不滿；一方面又籌劃復立二阿哥為皇太子。於是對聲勢最盛，威脅性最大的「八皇子黨」給予嚴厲的打擊。

康熙帝嚴打允禩和「八皇子黨」所下的重手，並且確定復立允礽為皇太子，使胤禛認為允禩在這一階段競逐接班人已經希望渺茫，於是一方面表露脫離「八皇子黨」的意向；一方面找機會與皇太子親近以贏取皇父的好感。在三方面交相互動下，允禩的處境愈趨惡劣，胤禛則因皇父健康情況日漸衰頹，獲得較多問安侍宴機會而增進父子間的感情。

康熙帝二次廢太子，雖然再度引起立儲爭議，但因不久以後選派十四皇子允禵為撫遠大將軍王，而被視為儲位已有所歸。首先是允禩面對現實，承認這位當年拚死擁護自己的小弟嗣統有望，回過頭來表態支持。這一來，原「八皇子黨」成員和宗室王公、滿朝文武都希承上意，望風嚮應。

胤禛雖然同樣感受到從皇父以降認定「大位已定」這股狂風的吹襲，但充塞胸臆間那股倔強之氣卻足以頑強抗拒。他的信念是：二阿哥允礽自幼受皇父如天眷顧，兩次立廢，費盡心血，如今下場如此，天意何在？皇父對十四弟允禵尚未明白宣示意向，何況皇帝體氣日衰，允禵又在千萬里之外，一旦有變，到時究竟情況如何，難以懸揣。凡事均在人為，祇要確定目標，全力以赴，天助自助，沒有做不到的。

盱衡全局，胤禛當前主要對手允禵遠在千里外，雖號稱大將軍王，手握重兵，但有雍親王府家臣年羹堯居川陝總督要津，掌握前方大軍兵援糧餉轉輸樞紐，必要時絕對有箝制允禵的能力。

另外一位對手允禩，近幾年來，在康熙帝連番打擊下，處境日蹙；尤其是在允禵被派為大將軍王後，朝廷上下對他的重視和仰望大大降低，所剩餘的影響力遠不如昔。雖然如此，但百足之蟲，死而不僵，憑藉多年積累的聲名，雖不足成事，卻絕對有敗事之力。因此仍必須設法加以籠絡，運作得當的話，甚至可以引為助力。

此外，兩次廢太子後，康熙帝持續打擊進言建儲的宗室王公和朝廷大臣，使群臣對有關立儲一事幾乎已視為禁忌，除了揣摹上意，迎合皇帝意旨，沒有人願意提出其他想法。這一形勢，更使「以不爭為爭」的胤禛可以有廣大的空間，視實際情況發展，隨一己意願來操作。

經過長時間對滿朝文武縝密觀察與評比，胤禛最後選擇當時出任理藩院尚書兼步軍統領的隆科多，做為自己競逐儲位首要拉攏的對象。

提到隆科多此人，可算得是身世烜赫，簪纓貴胄。他的祖父佟圖賴，既是大清開國功臣，又是康熙帝的親外公；父親佟國維，是康熙帝的舅父，也是康熙帝的岳父。隆科多是佟國維第三個兒子，他的親姑母是康熙帝的生母孝康章皇后；康熙帝孝懿仁皇后更是他嫡親姐姐（這位皇后後來也被雍正帝奉為嫡母）。兩朝皇后出於一家姑姪，實為異數。因此佟氏一門在清初有「佟半朝」之稱。

隆科多在康熙十七年就被授以御前一等侍衛，這侍衛整整當了三十年，可見他與皇帝關係之親密。康熙五十年擢任步軍統領，全銜是「提督九門步軍巡捕三營統領」，俗稱「九門提督」。又過了九年，擢理藩院尚書，仍兼步軍統領。

這九門提督等同現今的首都衛戍司令。根據隆科多自承「提督之權甚大，一呼可聚二萬兵」，這應是事實，京城內九門、外七門的警衛，城中各堆撥柵欄（類似今之派出所）當差，以及海淀暢春園、靜宜園、樂善園護駕警蹕的官兵，總數加起來還不祇兩萬人，單是皇帝長日居住暢春園的禁軍就多達三千人。有這樣龐大軍力掌握在手中，當然在緊要關頭可以左右情勢發展。

隆科多除了手上有龐大的武力為籌碼外，在胤禛的盤算中，還有兩項值得自己重視的條件。

原來佟國維一門子侄，除隆科多外，都是「八皇子黨」中要角，挺允禩不遺餘力。隆科多久侍康熙帝，深知皇帝痛惡皇子們交結黨與，競逐儲位，因此與各個不同勢力全然不相往來，一心希承上意。這也是他能夠贏得康熙帝信任，長期出掌步軍統領的重要原因。隆科多此時無黨派的立場，也與胤禛長時間對「儲位」以不爭為爭的作法頗能相融。

胤禛同時也看透了隆科多目前尷尬的處境和內心的忐忑不安。他雖然獲得康熙帝信任，但也體察到如今皇帝已是風燭殘年，來日無多，改朝換代，勢所必然；一朝天子一朝臣乃是古往今來的鐵律。自己以不結黨而贏得皇帝信任，但皇帝一旦不諱，不管是八阿哥反撲，或是十四阿哥還朝，都將陷入困境。以是，憑仗自身眼前所擁有的優越條件，擇木而棲，找一位可賴以保首領的靠山，實是當務之急。

胤禛窺測隆科多內心如此，環顧當下，頓興「捨我其誰」之感！

於是，雍親王四皇子胤禛在康熙六十年前後，就多方設法接近隆科多。

按皇室規制，皇子不能和大臣們私下往來。官史上就曾記錄雍正帝在藩邸（當雍親王時），曾聞翰林院掌院學士兼禮部侍郎蔡珽醫術高明，託人邀請一見，蔡珽謝不往。後來年羹堯從四川入京覲見，雍正帝又要他轉邀蔡珽見面，蔡珽仍堅辭。一直到蔡珽出任四川巡撫，前往熱河避暑山莊覲見康熙帝，當時胤禛扈駕也在熱河，這才有機會見到一面。雍正帝後來回憶當時「召珽來見，珽謂不當與諸王往來，辭不至，以是朕重之。」可見清初皇室家規之嚴。

胤禛渴望與隆科多聯繫，卻苦無機會，沒想到最後竟然是由康熙帝一手為他們兩人撮合。這一次見面，揭開了清初歷史重要的一頁，自此以後，口口聲聲「向者不特無意於大位，心實苦之」的四皇子胤禛，開始充滿信心，一步一步邁向乾清宮正大光明殿的皇帝寶座前進。

在胤禛心目中，除了隆科多與允禩，還有一位重要人物——時任川陝總督的年羹堯。胤禛與他雖份屬主、奴，且曾一度關係惡劣，但究竟是自家門下，好使喚，較可靠。

年羹堯，漢軍鑲黃旗人，康熙三十九年（一七〇〇年）進士。年家原是最早撥歸雍親王府的家臣，他當了四川巡撫以後，有一次寫信給還是四皇子的胤禛，落款稱「臣」而不稱「奴才」，被胤禛狠狠罵一頓。可見旗下包衣無論在朝在外，官做得再大，回到王府仍然是「奴才」。

康熙四十八年（公元一七〇九年）年羹堯由內閣學士出任四川巡撫，五十七年晉升四川總督，次年又授定西將軍，兼管軍務，六十年授川陝總督並提調西南五省。

康熙五十七年（一七一八年）十月，皇帝任命皇十四子允禵為撫遠大將軍王，率大軍援藏。年羹堯久居西陲，兼綰西南五省，尤其熟諳川藏情形，因此大將軍王允禵對他依畀甚深。

年羹堯長期獲得康熙帝賞識，不次拔擢，授以封疆重任，並非由於「主子」雍親王的推轂。在西北、西南邊陲廣大土地和各族人民不斷紛擾戰亂中，他治軍嚴苛，賞罰分明，制敵機先，令出必行，雖然馭下流於殘虐專斷，但確實對弭平戰亂有極大的效果。尤其是在兵員糧餉轉輸供應方面，他以極其嚴厲的規制使之不失其時。這些都是他贏得聖眷歷久不衰的原因。

有這樣一位家臣，置身於可能被遴選為帝位接班人的大將軍王允禵身邊，長年與共，不但對手一言一行洞若觀火，如有些許風吹草動，立可先發制人。胤禛不須花費半點功夫，就能掌控當前首要對手動向，簡直就好像是康熙帝特意替他安排好的一顆棋子。

隆科多與允禩、允祥

康熙六十一年十月初九日，皇帝特派雍親王胤禛帶領世子弘昇、公延信、戶部尚書孫查齊和隆科多等，前往通州查勘糧倉，前後歷時長達九天，到十八日才查勘完畢，回京覆命。此次奉旨查勘糧倉，皇帝極為重視，諭令嚴加察查。自帶頭的雍親王以下，均不敢怠忽，雖然通州密邇京師，卻都齊聚留宿行館，日夜奉公，不敢私下脫隊，回返府邸休息。

這一來，天賜胤禛一個大好機會，使他和隆科多可以藉日間查勘所得，長夜聚談，不致招人懷疑。

兩人雖份屬甥舅，平日除皇父召見或皇子定省問安時偶見一面，極少私下交往。此次得機朝夕與共，胤禛幾經籌算，早有定見，自然抓住時機，深相接納。而隆科多則因內心正惶惑於本身前途何去何從，亟需有一個可以交換意見的對象。在雙方經過進一步試探後，由於各有所需，卻又目標相同，終於取得共識，攜手合作。

在通州的這段時期，胤禛和隆科多甥舅二人密集討論各種不同情勢發展的可能，雖然沒能即時深入談論實際細節，但至少已經達成合作應付未來突發情況的默契。胤禛指定十三阿哥允祥為他的全權代表；隆科多則提出由康熙帝最親近的總管太監梁九功為聯絡人，藉以掩人耳目。

在通州勘查倉糧九天，回京後須將結果和建議回奏皇帝，胤禛和隆科多又密集聚會了好幾次。一直到十一月初七日康熙帝「不豫」，由南苑回駐暢春園的前一天，胤禛才將查勘結果、處理辦法以及對經管監督人員如何處分，疏奏皇帝。

從十月初九奉派查勘到十一月初七日結案，前後花了一個月，這是胤禛當皇子期間，皇帝指派他所做重大的工作之一，也是最後一件差使。從這一件差使中，他意外建構了隨之而來十三年「雍正皇朝」的基石。這非他始料所及，更不是康熙帝的意願。但不可否認，這一結果是康熙帝間接促成的。

胤禛主動向隆科多表達善意，而隆科多以姻長身分立刻加以回應，是有理由的。

前面說過，康熙帝對他的老岳父——也就是隆科多的父親佟國維，因為全力支持八阿哥，早已加以疏離，甚至死後一等公的爵位也不予承襲。隆科多深感改朝換代在即，若不尋求有力支持，佟家在朝廷中將就此一敗塗地。環顧眾皇子，大阿哥和二阿哥已遭囚禁；三阿哥一心做學問；八阿哥一直是儲位呼聲最高的皇子，祇要康熙帝沒有明白指定繼承人，他出線的希望極大；而如果允禩真的登上帝位，他早已有完整的班底，擁他的人一大群，他再投靠已無足輕重。這一趨勢對他最為不利。現在枱面上最紅的十四阿哥，已經擺明了被老八、老九、老十等兄弟包圍，臨時插隊實在很難。

算來算去，就祇剩下四阿哥胤禛。這幾年觀察下來，他既無班底，又無外力。以自己目前身居要津，總綰京畿軍權，不但負責皇帝安全重任，而且可以口銜天憲，代皇帝傳旨。如果胤禛有意的話，自己正好是他求之不得的幫手。並且在談條件時，也將佔有很大優勢。

於是，在胤禛一聲聲「舅舅長」、「舅舅短」的親暱呼喚下，隆科多瞻望前途，一片大好，就此「撩落去」了！

胤禛另一個需要拉攏的人選是他的八弟允禩。

兩兄弟早年在皇父首次將皇太子二阿哥允礽廢斥以前，原是一「掛」的。那一個階段，皇太子允礽橫行霸道，胡作非為，朝野側目，使眾兄弟離心離德。絕大多數的兄弟，都支持丰神俊逸，禮賢下士的八阿哥與之對抗，「八皇子黨」在朝廷中形成一股極大力量。這時胤禛也與允禩走得很近，可以算是「八皇子黨」中人。

當康熙帝首次廢太子後，以諭示群臣共同推舉新太子人選的「陽謀」引蛇出洞，使「八皇子黨」爭逐儲位的企圖曝露後，遭到康熙持續長時期的嚴厲打擊，不但處境日艱，聲勢日絀，連身為兄長的胤禛也跟他劃清界限。雖然如此，好幾位弟兄和不少宗室王公、文武朝臣仍然死心塌地擁護他。

允禩基本上是一位名副其實的「貴族文士」，講究身段，注重形象，缺少霸氣，容易妥協；甚至可以說他秉性柔懦，遇事委屈求全。這樣的個性讓他贏得「八賢王」的美譽，卻也是導致他悲慘下場的主要原因。

胤禛透過他最要好的兄弟十三阿哥允祥與允禩聯繫。在二十多個兄弟中，允祥是唯一能夠與他這位四哥善始全終，而且感情深厚、至死不渝的兄弟。在「大位遞嬗」過程中，允祥以胤禛分身的地位出現。他溫順平和的個性與善於協調的長才，在若干關鍵時刻，使事態發展能夠化險為夷，轉危為安。因此，他雖然不是整個事件的主角之一，卻是事件進行中的一股安定力量。

胤禛對於即將面臨所發生的大事——說白了就是皇父一旦崩逝後所作的全盤規劃，三百年後的今天，將整個事件發展過程重新加以解析，似乎可以拼湊出以下這樣一幅畫面。

整個「雍正奪嫡」大戲的主場景是在暢春園。

第一主角是雍親王四皇子胤禛。在正式宣布由他繼皇帝位之前，他的一切意圖和動作都在極度保密中，除了允祥，沒人知道他在想什麼，做什麼。表面上，整個事態發展與他毫不相干，而且事前事後他都堅決否認知悉，更別說參與；然而，他卻是幕後全權主導者。

第二主角是身任九門提督、步軍統領的隆科多。憑仗他國舅的特殊身分，和執掌軍權的實力，既可以獨侍聖主，傳達末命；又可以調動人馬，宣布戒嚴。由他出面主持全局，縱然有人想要鬧場，也是難以得逞的。

第三位主角則是有「八賢王」之稱的八皇子允禩。多年累積的聲名和人氣是他最大的本錢。以他曾被朝野上下共同支持為皇位繼承人的輝煌歷史替胤禛背書，不僅使這位四阿哥繼承大統名正言順，還可以消弭允禟、允䄉和允禵的反彈。

另外一位兄弟——允祥，不僅是胤禛的分身，也擔負整齣戲的串場重任。與年羹堯相比，雖然同樣大部分時間隱身幕後，但其重要性則一。

最後要特別提到一位地位特殊且十分重要，然而卻從頭到尾不為人知的小人物——康熙貼身總管太監梁九功。此人有很長一段時期，尤其是康熙帝晚年，是皇帝最常使喚的傳話人。當年兩次立廢皇太子時，絕大部分重要諭旨都是經由他的口傳達給滿朝文武官員。眾阿哥們，包括四阿哥胤禛的一些言語，也都是由他負責代為陳奏。

梁九功在暢春園這場大戲中，隆科多拉他做為助手，擔任連絡和傳達消息的重要工作應是不二人選。

當這場大戲落幕，胤禛如願當上皇帝後一個多月，也就是雍正元年元月，這位「幼侍聖祖，備加信用」的梁九功，竟因犯法拘繫景山，畏罪自盡。犯什麼法？畏什麼罪？不知道；祇知道「上（雍正帝）念其勤勞，特加軫卹，給銀發喪」。

梁九功這個小人物，是在前面提到三位主角——隆科多、允禩、年羹堯之前，最先「橫」死的一個。這件事除了《永憲錄》簡單提了一筆，其他官書稗史都不載。

值得一提的是，兩百多年後一齣名為《連環套》的京戲，其中盜御馬一折裡有個角色——太尉梁千歲就是此人【註二】。

風雪之夜一席談

雖然胤禛和隆科多有將近一個月的聚議，兩人根據現實和可能出現的情況也獲致若干原則性協議，但一直到十一月初九日才進入實際運作階段。

這一天，康熙帝命胤禛代他前往天壇主持冬至祀天大典，胤禛以侍疾請辭未獲允准。允祥、隆科多和他在暢春園西北隅一牆之隔、皇帝賜第圓明園中祕密見了一面。三人都認為皇帝精神尚佳，風寒小疾不日即可痊癒，因此未加深談。胤禛祇提出皇父體弱，應避免煩囂，藉便靜養，提請隆科多轉奏。

隆科多返回皇帝寢宮後，將胤禛之意回奏，當蒙嘉納，就在當天（九日）傍晚，由梁九功傳旨：

自初十至十五日靜養齋戒，一應奏章，不必啟奏。

接下來的三天，《實錄》記載：皇帝未見任何人。十日，胤禛三次遣護衛、太監等回暢春園候請聖安時，隆科多就以極機密的方式簡單通知他：皇帝在當天凌晨有輕微中風現象，右手足痲痺，言語困難，但神智尚清楚，似乎病情穩定。目前仍在保密中，並未告知任何人。

這就是胤禛在初十這天——也就是才到天壇齋所的第二天——接二連三派人回暢春園的原故。原來在當天黃昏時分，允祥就獨自一人悄悄來到天壇齋所。他詳細告知皇父病情轉變經過；並說正好前一晚有「靜養齋戒」的諭旨，除御醫外，眾皇子和大臣們都沒有請見。幾位妃嬪、侍女和太監，都在梁九功嚴格監控下，准入不准出，所以一切都得以保密，完全在掌控之中，靜觀皇父病情變化。

胤禛對於這一發展，似在意料之中，且曾與允祥多次研討應對之策，因此，在胸中早有成算的情況下，兄弟倆能夠十分冷靜地「照計而行」。

接下來的十一和十二兩天，胤禛遵照皇父諭示在天壇齋宮「誠敬嚴恪，虔誠展祀」，每日派遣侍衛太監等回暢春園「候請聖安」。得到的回答也同樣是「上傳諭，朕體稍愈」，並無半點異狀。

暢春園中則由隆科多與允祥，假圓明園靜室，分批聯絡負責拱衛京師的中、高級將領——左、右兩翼總兵、紫禁城內九門和外七門千總，以及駐守暢春園正黃旗參領。這些將領大都是隆科多出任步軍統領十年來培植的核心幹部，向心力極強。

十二日子夜，康熙帝二次中風，陷入昏迷狀態。

這一情況，即時告知身在天壇齋宮的胤禛。他接到消息，立刻變裝易服，隨帶兩名侍衛，經由便道繞過暢春園疾馳返回圓明園。

允祥和隆科多早已在後院密室等候。胤禛了解皇父病情確實已經陷入昏迷狀態後，立即依照原訂計畫，由隆科多調動暢春園內外駐防旗兵全面戒嚴，禁止任何人在園中走動，寢宮內外，更是防衛森嚴。

允祥則趁這戒嚴前片刻空隙，獨自一人，冒著風雪，經由側門進入暢春園中允禩臨時居住的院落，排闥而入，將他從睡夢中喚醒。

就在允禩睡意尚未消失，允祥不待他開口，就告訴他皇父病情有變，在此之前，曾口傳末命，將皇帝位傳予四阿哥；隆科多承旨後，已立即遣人往天壇齋宮傳喚四哥速來。

話猶未了，院中響起一陣人馬雜沓之聲，重帘掀起，祇見十來名禁軍，頂盔貫甲，全副戎裝，闖進院來，分別把守各通路門戶，允禩的侍衛和太監都被一一看管，不得擅自行動。

允禩見狀，自是既氣憤，又惱怒。好在他這一生中，幾次被囚禁，這樣陣仗，早已司空見慣，自知大有蹊蹺，於是不動聲色，兩眼緊盯著允祥，靜觀其變。

允祥原是「八皇子黨」核心人物，首次廢太子案中，曾被康熙帝囚禁多年，允禩對他本有一份歉意，因此不曾發作。允祥先將門前窗下禁軍叱退廊下，遠離臥室，然後拉著允禩並坐在臥榻之上，細說原委。

允祥首先對允禩解釋，據他的了解，四哥這位「天下第一閒人」，從來就「無意於大位」，但皇父「大漸」之前的「末命」，竟然是將皇位傳與他，大出意表。為此特在傳眾兄弟們進見前，趕來與八哥商量。

允禩乍聞允祥之言，一時驚詫得不知如何答對。允祥不待他多加思索，緊接著把準備要說的話搶先說出來。

允祥說，眾弟兄們和朝廷上下這兩年來，都認定皇父有意傳位予十四弟允禵，皇父本人意向也十分明顯，祇是沒來得及正式宣告而已。如今遺命有變，允禵又遠在數千里外，國不可一日無君，必須立即妥予措處。

接下來，允祥將目前情勢做了一番分析。廢太子二阿哥允礽和大阿哥允禔雖都在禁錮之中，但仍擁有一些潛在勢力，成事不足，卻敗事有餘；三阿哥允祉和七阿哥允祐久已浮沉書海，無心與聞政事。大部分小兄弟們一向都以八哥馬首是瞻，無奈這十餘年來，皇父對八阿哥積怨過深，屢屢嚴加訓斥。「大去」之頃，為人子者實不忍再增益其憾恨。全盤情勢如此，何去何從，特在得知皇父末命後，趕來與八哥商量。

允禩幾次想打斷允祥的話，怎奈允祥態度誠懇，若干不悅耳的話既說得極其委婉，又是句句實情；雖然心中總感覺到有一些不對勁，但在這個節骨眼中卻一下子找不出漏洞在那裡。

正思忖間，院中起了一陣輕微騷動，重帘掀起，全身勁裝，手握佩劍的隆科多，伴隨著雪花披肩，神情肅穆的四阿哥雍親王胤禛走進來。允禩趕忙站起，倉促之間，一時不知如何向這位已奉皇父末命、即將繼承大統的四阿哥見禮。倒是胤禛疾行兩步，張開雙臂，與這位八弟行了一個隆重而又親密的抱見禮。

屋中四人分別見禮後，允祥和隆科多先行離去，留下胤禛和允禩二人單獨密談。允禩本要和四哥重行見禮，胤禛辭謝了，拉著允禩一同盤膝對坐在臥榻上敘話。

胤禛雙眼熱淚盈眶，略帶哽咽，神情極其誠懇地向允禩表示自己「向無意於大位」，甚而「

心實苦之」的心情。然後說到隆科多適才告知皇父命他繼承皇帝位的末命，他事前全然不知，如果早知，或者皇父親口告知的話，「自別有道理」。

他對所謂「別有道理」的解釋是：如果事前得知，他會婉辭皇父的聖意而舉薦十四弟允禵。他不是不了解允禩較允禵有才能、得民心，可以做一個更好的皇帝，但這些年來皇父對允禩結黨謀取儲位的行為曾屢加嚴斥，朝廷上下，甚至舉國臣民，無人不知。似此情況，豈能君臨天下！

胤禛所說的，雖與允祥的話大同小異，但一個站在第三者立場分析，一個是主動說出內心的話，份量既有不同，影響自然也深厚得多。談了好一會，最後，胤禛極其嚴肅地表明自己的立場：自己雖「向無意於大位」，且有揖讓之心，無奈皇父口傳末命後，行將「大去」，自己受命繼承大統已無可更改，如在此時違逆上意，私相授受，實為大不孝，不僅無以承皇父眷顧天下蒼生之至意，更難對列祖列宗在天之靈！

說到這裡，胤禛忍不住痛哭撲倒在榻上，久久不息。【註三】允禩何嘗見過素來方正嚴肅的四哥這等模樣，一時方寸大亂，不知如何料理，楞在一旁。

胤禛哭了一陣，在允禩極力勸慰下才慢慢停止。見允禩對自己所說並無回應，時機緊迫，祇好把壓箱底的最後一招抖出來。

他重拾前面所說「雖無意於大位，卻又必須恪遵皇父聖命」的未竟之言，重申自己對繼承大統確是「心實苦之」，願做一個清淨無為之君，今後朝廷政務，統由允禩以總理事務大臣名義全權處理，所有啟奏諸事，除藩邸事件（私人事務）外，餘俱交送總理大臣。凡有諭旨，必經由總理大臣傳出。（按：這一構想，就像今天政府從總統制一變而為內閣制，一切行政權全部從皇帝手中轉移給總理事務大臣。）

允禩自允祥闖入臥處，一個多時辰裡，人來人往，言來語去，既見到了不應見到的人，又聽了許多不該聽的話。更糟的是，一切都如夢似幻，又如電光石火，完全無法抓住重點加以思考，更談不上應對了。

說時遲，那時快，還等不及允禩有所反應時，允祥又急匆匆趕來，告知皇父已入彌留狀態，催四哥、八哥立即前往。

允禩自我洗腦

康熙六十一年、壬寅，十一月十三日（公元一七二二年十二月二十日），京城已入嚴冬，晝短夜長，辰巳之交（上午九時許），天剛亮不久。暢春園整夜風雪不停，妝點得園中樹木盡皆白頭，卻因彤雲深鎖，朔風凜烈，不見其美，反而凸顯偌大御園空漠肅殺氣氛。

胤禛和允禩隨允祥冒風雪趕往皇帝在園中治事和寢膳的澹寧居，沿途遍布皇帝親領的正黃旗護軍，瀋寧居四周更加派侍衛，一個個弓上弦、刀出鞘，把這座殿宇包圍得如鐵桶一般。

三人進得後殿寢宮，祇見幾位御醫圍在御榻前，隆科多在一旁聆聽他們解說皇帝病情，御榻後面隱約可見三兩位妃嬪，其他宮女和太監都站得老遠。殿正中燒著一大盆熊熊炭火，雖然很暖和，但炭火散發出來的味道，卻讓人不舒服，呆久了更令人昏昏欲睡。

梁九功一見胤禛進來，立即上前迎接，正要行大禮，允祥立刻機靈地把他拉到一邊，允禩看在眼裡，沒有任何表情，緊隨在胤禛身後一同來到御榻前。

胤禛向前大跨一步，即時匐伏在地，恭行大禮；身後的允禩、允祥、隆科多和太醫們跟著也都一同拜倒。胤禛拜罷，並未起立，膝行兩步，來至榻沿，將雙手搓揉了幾次，並且還用口中熱氣呵了幾下，這才將皇帝露在錦被外瘦骨嶙峋的右手握在自己雙掌之中。眼看皇父雙目緊閉，呼吸急促，忍不住熱淚盈眶，無聲飲泣。

隆科多示意梁九功將胤禛扶起，然後邀同允禩、允祥齊至內室偏間，傳太醫前來細問皇帝病況。其實，不問也可看出皇帝已近彌留，龍馭上賓祇在早遲而已。隆科多看了一眼屋角擺設西洋教士進貢的時計，已將近午初，於是低聲和允祥商議，大家一夜未眠，且都滴水未進，是否稍作憩息，略進飲食，俾有精力應付大事？胤禛自叩拜皇父後，即雙手合十，口中低聲誦唸佛經，對周遭一切均視若無睹。倒是幾個時辰裡一直聽別人講話卻始終沒表示意見的允禩，這時開口了，他同意隆科多的建議，但特別叮囑暫時不可驚動園中其他弟兄和留守的王公大臣們。

其實暢春園中留住的眾皇子們和王公大臣們，早已焦躁不安，數度與滿布園中執行戒嚴任務的禁軍發生衝突，如不是御前侍衛再三以「奉旨」鎮嚇，必將激出事端。

允禩到這個時候才終於開口，自有他的道理。

允祥和胤禛，早年與他交好，一度並肩共抗二阿哥皇太子允礽「昏亂失德」。首度廢太子時，且曾一同遭到囚禁；允祥長期繫獄，近年始得釋。胤禛獲釋後雖然往來較疏，但卻從無杆格。察其言行，除潛心佛道，「似乎循理守分，不交結一人，不與聞一事，於問安視膳之外，一無沽名妄冀之心」。皇父晚年全力培植十四弟允禵，亦未發現有絲毫移愛胤禛跡象。至於十三弟允祥與四哥交好甚厚，早已深知，今晚種種行動，概可了解。祇是隆科多與胤禛素少往還，率先傳達皇父未命，以及種種特異舉動，原因何在，難以懸揣。

至於夜間允祥及胤禛二人所言各節，均屬事實，自己空有八賢王之名，但在皇父長年打壓之下，風華褪盡，距儲位日遠。近年來能稍著力處，即在與允禟、允䄉全力支援允禵建功立業，早日凱旋，明正儲位。兄弟之情甚篤，或許下半生還可安富尊榮，保首領以歿。至於昔年力爭大位之想，已被現實銷磨殆盡，久已成過眼雲煙。

如今皇父以風寒微恙，三日內疾已大漸；隆科多代傳末命，傳大位於四阿哥，事出突然，令人震驚。回思昨夜今晨胤禛、允祥及隆科多——尤其是後兩人言語行為，諸多詭異之處，無法不啟人疑竇。

皇父「不豫」次日，曾傳旨五日內「靜養齋戒」，一應奏章不必啟奏，等於是斷絕寢宮內外一切聯繫。皇父病情及宮中事務由隆科多以「內弟」和「舅舅」的身分全盤掌控，外人完全不得而知。及至皇父病情惡化，暢春園內外全面戒嚴，亦是隆科多以步軍統領身分發號施令。無論於公於私，他都有足夠的份量和能力主導一切。

經過一番回想，一番沉澱，允禩開始對自己的立場要做一個選擇。這選擇不僅註定他後半生的貴賤榮辱，甚至關乎他的生死存亡。

事實擺在眼前，隆科多口傳皇父末命，不論是昨晚先悄悄透露給允祥，或者皇父賓天後傳達給眾皇子、王公大臣們，胤禛繼承大統的事實算是確定了！

因為皇帝口述「遺詔」是在大漸（陷入昏迷）之前，這時由隆科多一人承旨；皇帝在傳旨以後隨即昏迷，不省人事，因此，除非皇帝奇蹟似忽然甦醒，否則隆科多所傳末命即告確定，如有任何置疑，就犯了「大不敬」之罪，抄家滅族都有可能。

當然，這樣認定必須有一個基本條件，那就是傳旨的人具有足夠的力量為後盾——包括權力和武力。而隆科多在這關鍵時刻，都能紮紮實實地擁有、靈靈活活地運用。

同樣具有相同條件，可以和隆科多一較長短的，還有十四阿哥允禵，他同樣擁有龐大武力，同樣得到皇父賦予的權力，某些方面甚且猶有過之。然而，在這關鍵時刻，他卻遠在數千里之外，不僅無法展現他的優勢，甚至連知都不知道。等到知道時，大勢已定，徒喚奈何！

允禩沉思至此，長吁一聲：「機會已失，悔之無及！」夜間允祥對全盤情勢的分析和胤禛諸多應許，重上心頭。他首先必須肯定胤禛的一切承諾都是出自真心。因此若不是這樣，則接下去所有推論都無法成立，最後祇會落得一個難以想像的悲慘結局。這些年來的大起大落，使他已經盡量不朝這個方面去思考。

於是，允禩從與人為善的角度去想。數十年兄弟共處，這位四哥雖然城府極深，孤岸自傲，但卻還不曾見其詭詐陰狠，言而無信。如依今日清晨兄弟抵足密談時胤禛的應許，非僅大位遞嬗平順，不致發生皇父所擔憂「日後朕躬考終，必至將朕躬置乾清宮內，爾（兄弟）等束甲相爭」的情況，反而可能出現皇帝以虛君之位與兄弟共理朝政的羲皇盛世，這是多麼了不起的構想！

對允禩來說，兄弟共治早有成規，與太祖武皇帝所制訂的「八王共治」無殊。如今四阿哥淡泊謙沖，遵循祖宗家法，如此一來，對大清基業和億萬子民都將受益無窮。

允禩一開始就選擇從這個方向去思考，由於是順著自己希望去想，因而越想就越覺得有道理。很自然地，先前對允祥和隆科多一些不可解的言語行為，就被逐漸淡化了。

允禩行年四十，前半生「八賢王」聲名尤在皇太子之上，備受朝野擁戴；近十年連遭打壓，削爵禁錮，嘗盡世間冷暖，本已心灰意冷，祇求安度餘生，沒想到在皇父將逝，新皇未立之際，有如此意想不到的轉折，不論是禍是福，都得好好把握，千萬不可錯過——為了大清國，也為了自己後半生。

「隆科多傳旨，遂立當今」

冬夜，暢春園持續被這場大風雪肆虐。十三日二更時分，黑夜中連響起陣陣雲版聲，多處院落和通道隨即燃起燭光和火炬。已在園中守候多日的皇子和王公大臣們，顧不得積雪沒脛，倉皇奔向澹寧居。

這時，澹寧居燈火通明，警蹕森嚴。護軍們大批出動戒備，全副武裝，如臨大敵；御前侍衛們更是刀劍出鞘，往來門前廊下，不斷梭巡。到來的人，除極少數幾位成年皇子得以進入寢宮，其他都在廊下祇候。

進入寢宮的皇子是：三皇子誠親王允祉、七皇子淳郡王允祐、八皇子多羅貝勒允禩、九皇子固山貝子允禟、十皇子敦郡王允䄉、十二皇子固山貝子允祹和十三皇子允祥，一共是七位皇子。

另外還有一位從皇帝「不豫」之日，就沒離開過寢宮的「舅舅」隆科多。

七位皇子進入寢宮，在隆科多引導下，按排行一個個恭行大禮，然後趨向榻前探視，這時康熙帝的呼吸已極其微弱，緊閉雙目，不到近前，感覺不到他還有一絲生氣。眾皇子含淚飲泣，不敢出聲。

等到七位皇子都參拜完畢，在隆科多示意下，排成一列肅立在御榻右側，隆科多則獨自立在左側。正當三皇子誠親王允祉剛要開口詢問四阿哥何在？隆科多提高音量叫了一聲：「接旨！」

眾皇子驚詫中應聲跪伏在地。

隆科多以緩慢而平穩的音調傳達皇帝旨意：

皇四子胤禛，人品貴重，深肖朕躬，必能克承大統，著繼朕登基，即皇帝位。

當「即皇帝位」的「位」字語音未歇，九皇子允禟猛然起立，話還沒來得及出口，就被緊捱著他的八皇子允禩一把抱住，硬生生將他按伏在地，然後在他耳邊低喝一聲：「住嘴！別亂來，跟著我做。」

隆科多反應極快，允禟的行動，他視若無睹，反倒是三皇子允祉有些置疑的神情被他看到，不待允祉開口提出問題，主動搶先解釋：皇帝是在半個多時辰前出現迴光返照現象，當著太醫、梁九功和侍衛人等口傳末命，傳位於四皇子胤禛。隨即陷入昏迷狀態，於是立即派人分別通知眾阿哥和王公大臣們前來。四阿哥已在趕回途中，不過風雪載途，道路泥濘，恐還得片刻。為了能在皇上「大漸」之前，將此一「末命」當面傳知眾人，所以未及等候。

大行皇帝彌留之際，眾皇子面臨重大衝擊，本已有些惶亂，隆科多之言，縱然不夠詳盡，卻在倉皇間，一時回不過神來立刻反應，追詢箇中可疑之點。

就在大家一片惶惑不安之際，康熙帝停止了呼吸。龍馭賓天，寢宮內外哭聲震天，衝破怒號的風雪，迴盪在整個暢春園中。

同時，澹寧居前院，奔來了幾匹怒馬，最前面一人，全身上下一片銀白，連頭帶臉被雪籠罩，已不辨形貌，駿馬疾馳至階前，來人翻身滾落，五體投地，悲號著爬入寢宮。跪在地上的眾皇子們轉頭一看，正是六天前派往天壇恭代祀天的四阿哥胤禛，連忙挪出一條通道讓他爬行到御榻邊。

胤禛匐伏在地，「哀慟號呼」，不斷捶胸頓足（「擗踊不已」），「實不欲生。」胤禛直哭得聲嘶力竭，癱臥在地，低聲嗚咽。就在他略事喘息之際，隆科多再次起身，向寢宮內和廊下跪伏的眾皇子及王公大臣又一次宣諭大行皇帝的「末命」——也就是「遺詔」。

這一次隆科多再口傳大行皇帝遺詔時，就不像前一次那麼平靜了。

首先，當胤禛聽罷之後，立刻「驚慟昏仆於地」。

同時，三阿哥誠親王允祉趨近隆科多前，就皇父口傳末命前後情況，要求作更詳細說明。神情激憤的九阿哥允禟和十阿哥允䄉則被允禵拉向一旁加以安撫；七阿哥允祐和十二阿哥允祹則與允祥在寢宮一角低語。廊下眾阿哥和王公大臣們聽到隆科多口傳末命，雖然反應不一，但在寢宮中靜無聲息，情況不明，院外燭火照耀如同白晝，四周刀槍如林，兵馬往來。當此緊要關頭，誰都不敢輕舉妄動，一個個呆若木雞，靜待事態發展。

當隆科多以「舅舅」的身分將大行皇帝口傳遺詔的經過細節反覆向允祉說明，在皇父已然升遐，當時在場的梁九功隨聲附和，太醫們唯唯否否的情況下，三阿哥允祉雖然未盡釋疑，卻不得不相信他的話。衡量此時內外情況，縱然他已是長兄地位（按：大阿哥允禔和二阿哥允礽均在禁錮之中，獲罪之人，已無表達意見權利），卻無權無勇，空頭王爺一個，提出異議或稍有置疑，這「大不敬」之罪肯定吃不了兜著走。

允祉一時沒話可說；允禟和允䄉在允禵對整個事件發展和他與胤禛妥協過程，大略說清楚後，雖然允禟仍心有不服，激憤難消，但情勢所迫，一時也想不出辦法來。允祐和允祹本在弟兄中無足輕重，對於誰來繼承大統，並無成見，因此在允祥拉攏之下，默默以對。

隆科多和允祥，環顧內外，似乎大勢已定，一切均在掌控之中。於是由隆科多扶起胤禛，併立於御榻之前高聲進曰：

大行皇帝深惟大計，付授鴻基，宜先定大事，方可辦理一切喪儀。

說完，率先以臣下之禮，參拜新皇帝。

隆科多的話，寢宮內外都聽得清清楚楚，他這一拜，正好讓允禩也隨之拜了下去；不但他自己，還順勢拉了允禟和允䄉一同跪拜。這一來，內內外外所有的人都一齊跪倒在地，齊聲高呼「萬歲！」

隨即，諸王大臣恭議殯殮大禮，決定立即奉大行皇帝返回京城乾清宮安奉。命淳郡王允祐守衛暢春園，固山貝子允禑往乾清宮敷設几筵，十六阿哥允祿和世子弘昇肅護宮禁，十三哥允祥、尚書隆科多備儀衛、清御道。

這一任務編組，是《實錄》所載；但《永憲錄》則有不同：

上晏駕後，內待仍扶御鑾輿入大內。相傳隆科多先護皇子雍親王回朝哭迎，身守闕下，諸王非傳令旨不得進。次日（十九日）至庚子（二十五日）九門（禁城內九門）皆未啟。

「諸王非傳令不得進」和「九門皆未啟」，應是康熙帝薨逝及雍正帝繼統這一關鍵時刻，所必須採取的重大措施。

雖然這段時間形同戒嚴，新皇帝尚未正式登極，但胤禛卻不得不立釋出若干重要訊息，並且做出一些重大決定。

首先，兌現前晚答應允禩派他為總理事務大臣的承諾。不過，內容有了一些更改。《實錄》這樣記載：

命貝勒允禩、十三阿哥允祥、大學士馬齊、尚書隆科多總理事務。（皇帝）諭曰：朕苫塊之次，中心紛瞀。所有啟奏諸事，除朕藩邸事件外，餘俱交送四大臣。凡有諭旨，必經由四大臣傳出，並令記檔。

總理大臣由一變四，除允禩、允祥兄弟，另加馬齊及隆科多，已非原議仿祖制「兄弟共治」局面，似近於順治、康熙兩朝之「輔臣」情況。

也許為了彌補這項允諾被打了折扣，同時又諭內閣：

貝勒允祺、十三阿哥允祥俱封為親王。

接下來，新皇帝諭總理事務王大臣允祺，著速行文大將軍王十四阿哥允禵「馳驛來京」。軍前事務著公延信速赴甘州，管理大將軍印務（隨後又諭令將印敕交平郡王訥爾素署理）。另並行文川陝總督年羹堯，於西路軍務、糧餉及地方諸事，俱同延信管理。

在這道諭旨之末，特別加了一段：「現在軍前大臣等職名，一併繕寫進呈。」新皇帝迫不及待要在登極之前，將允禵調職，同時也急於了解西路大軍各級將領的情況，以防不測。

連續兩道諭旨，先是暫時對允祺有一個交代——雖然交代得並不完整。接下來就是剪除心上最大的一個疙瘩——將十四阿哥允禵解除撫遠大將軍王職務，「馳驛來京」。

這兩件事辦妥後，十六日，以大行皇帝遺詔頒行全國，並移靈至景山壽皇殿。

康熙六十一年，壬寅，十一月二十日，辛丑（公元一七二二年十二月二十七日），愛新覺羅・胤禛即皇帝位，以第二年為雍正元年。是為雍正皇帝。這一年他四十四歲。

是日黎明，鹵簿全設，各官齊集於朝。新皇帝全身素服，先詣梓宮（靈柩）前跪、上香，默告自己繼位係受命於大行皇帝，並行三跪九叩頭禮。這就是登極最重要的程序——「受命」。受命畢，至東偏殿，換穿禮服，先去永和宮向皇太后行禮，然後御太和殿，升寶座，鳴鐘鼓，王以下文武各官行朝賀禮，最後是頒詔大赦。

從這一天起，他一共當了十三年皇帝，雖然遠不及他父親康熙帝和兒子乾隆帝各都做了超過六十年的皇帝，但在歷代帝王中卻也算不得是個短命皇帝。

雍正十三年（公元一七三五年）八月二十三日子夜，胤禛猝逝，有早已封存的傳位詔書，命四皇子寶親王弘曆繼位，是為乾隆帝。

乾隆帝恭上皇父雍正謚號為：「敬天昌運建中表正文武英明寬仁信毅睿聖大孝至誠憲皇帝」，廟號「世宗」。

乾隆二年（一七三七年）三月，葬於易州泰陵。

【註一】　二十多年前，大陸出版一本有關清朝末代皇帝溥儀的書，書中提出一個驚人的祕密，說是溥儀和弟弟溥傑幼年在宮中養心殿玩耍時，偶然發現牆上匾額後面有一卷紙，打開一看，竟是康熙帝遺詔，上面親筆寫「授位十四子」，驚詫之餘不知所措，於是又由溥儀將它放了回去，並且兄弟相約，發誓絕不洩露這一天大的祕密。

這個所謂的祕密公開後，北京社科院薛瑞祿先生寫了一篇訪問傳言中當事人溥傑的文章，文中說明所謂康熙帝親筆遺詔乃是誤傳，實際上溥儀兄弟看到的乃是「乾隆供在養心殿東廂房佛龕裡、用紙密包的雍正殺害其弟的密詔」，紙包上還有乾隆御筆：「如後世有開看者，便不是我的子孫。」為什麼呢？溥傑以為「大概是出於想為其父『贖罪』和懺悔吧！」

隨後，著名清史學者楊啟樵教授在一九八五年夏親自約訪溥傑，問起上述「康熙遺詔」，溥傑也說是誤會，應該是「殺弟密詔」，並且「有一番形容」。楊教授本想提出幾個相關的疑點，「但看到他誠摯、認真的表情，把話吞回去了。我不想他受窘。」

因此，楊教授的結論是：「殺弟密詔不可能存在，溥傑先生的軼聞，只是他童年的追憶和一些傳說的混合。」

再註：上述註釋的內容，摘錄自楊啟樵教授大作《揭開雍正皇帝隱祕的面紗》一書第六篇〈溥傑先生「雍正殺弟口碑質疑」〉一文。事前未經楊教授過目，亦未請求准予引用，謹致歉忱，並申謝悃。

【註二】梁九功在《永憲錄》一書中記為梁九「公」；但在《實錄》中則屢次記為梁九「功」。

【註三】雍正帝在上諭中，多次自承繼位之初，曾在兄弟和近侍大臣面前或則「垂涕」而道；或則「痛哭」勸諭；或則勸告「至於泣下」。有了皇帝的自白，衡酌當夜情勢需要，筆者才膽敢出此描述。

雍正帝第一次哭泣是在上諭中提到皇考薨逝，自己即位之初，「召允禵來京，彼時朕垂涕向近侍大臣云：痛值皇考升遐大故，允禵不得在京，何以無福至此！」

第二次也是回憶即位之初，「召諸兄弟於養心殿，朕以肝膈肺腑之言，痛哭向諸兄弟勸諭之……。」

還有一次則是即位以後「留阿其那（允禩）在京，所以加恩厚待，冀其感激醒悟者無所不極其至。且披肝露膽，誠切勸告至於泣下，所少者，惟下跪懇求耳！」